NF文庫
ノンフィクション

ドイツ最強撃墜王
ウーデット自伝

エルンスト・ウーデット
濵口自生訳

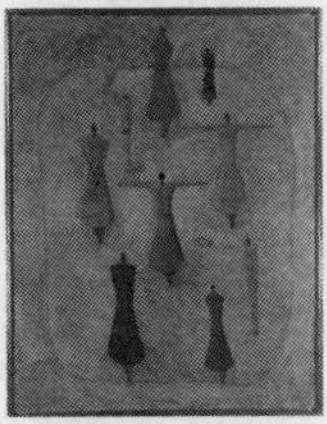

潮書房光人新社

序

わたしはこの本を、わたしたちの後からくる若者たちのために書いた。なぜなら、いつかかれらはわたしたちの行為の審判者となるからだ。わたしはこの本を戦死した友たちに捧げる。なぜなら、かれらはわたしたちすべての者の中で、最善を為した者たちだからだ。そしてわたしが、その上になおこの本に目的を持たせるとするならば、それは以下のことを明らかにしたいからだ。わたしたちの中には、商人になりたいと思う者もあろうし、兵士を志す者もあろう、また人生を大いに楽しみたいと願う者もあれば、存在の小舟は、歴史の永遠の流れの中をただ運ばれていくに過ぎぬと人生を達観し、自身の幸福など一顧だにせぬ者もあろう。しかし、わたしたちひとり一人の運命は、ただ自らの手のうちに握られていて、それを決定するのは己自身なのだということを。

エルンスト・ウーデット

ドイツ最強撃墜王ウーデット自伝——目次

第一次世界大戦時のヨーロッパ
デュースブルク
ドルトムント
エッセン
デュッセルドルフ
ドイツ
ケルン
ライン川
フランクフルト アム マイン
マイン川
ルクセンブルク
ルクセンブルク
ダルムシュタット
メス
(メッツ)
第一次大戦時の
仏独の国境
シュトゥットガルト
ナンシー
ストラスブール
ノイブライザッハ
ドナウ川
サン・ディエ
ミュールハウゼン
ヴォージュ山地
ミュンヘン
エピナル
ハプスハイム
ボーデン湖
リヒテンシュタイン
ベルフォール
モンペリアール
スイス
ベルン
ファドゥーツ
オーストリア=ハンガリー

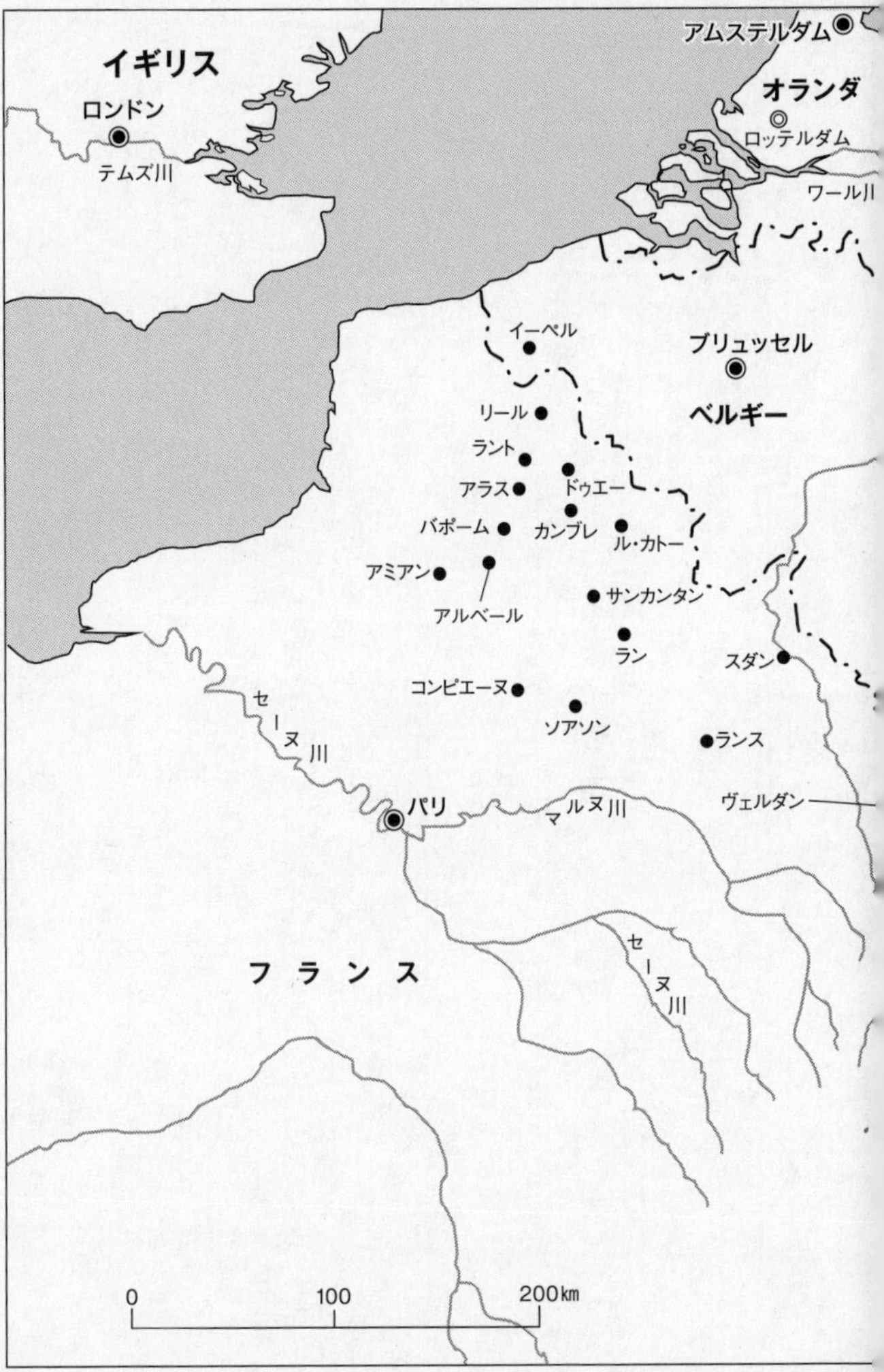
イギリス
ロンドン
テムズ川
アムステルダム
オランダ
ロッテルダム
ワール川
イーペル
ブリュッセル
リール
ベルギー
ラント
アラス
ドゥエー
バポーム
カンブレ
ル・カトー
アミアン
アルベール
サンカンタン
ラン
スダン
コンピエーヌ
ソアソン
ランス
セーヌ川
パリ
マルヌ川
ヴェルダン
フランス
セーヌ川
0
100
200km

ドイツ最強撃墜王ウーデット自伝

敵地上空

兵舎の自室に戻ろうとするぼくを、戸口のところでニーハウスが呼びとめた。「ウーデット、すぐにユスティヌス少尉のところに行ってこい。少尉はもう二度も君を呼びにこさせたぜ」

鼻梁の延長線上に帽章がくるように帽子をかぶり直し、長く暗い兵舎の廊下を歩き出した。飛行学生たちが行軍演習から帰り、ぼくの横をライフルや背嚢をがちゃがちゃいわせて通り過ぎて行った。

ユスティヌスはぼくにどんな用があるのだろうか。ぼくは考えてみた。隊長の飼っている犬のしっぽの下にガソリンをまいたのが誰なのか、かれは知っているのだろうか。それにしても、そんなことに奴さんが口出しするのはおかしなことだ。少尉はかれの部隊に必要なパイロット選抜を目的にダルムシュタットに配属されているにすぎないのだ。飛行士補充（フリーガーエアザッツ）部隊（アップタイルング）の内部のことなど少尉にはどうでもいいことだ。

「ユスティヌス少尉」と厚紙の名札が掲示された狭い戸口。ぼくはノックして中に入った。ユスティヌスはシャツ一枚になってベッドに寝ころんでいた。軍服の上着は椅子の背にかけてある。鉄十字章の綬が第二ボタンの穴から輝いている。窓の外には熱気を帯びた夏の光がちらちら揺れていた。

ぼくは直立不動の姿勢をとった。

「座りたまえ、ウーデット」ユスティヌスはそういうと、寝ころんだまま足を延ばし、さっと一払いして椅子の上の新聞を床に払い落とした。

ぼくは椅子に腰をおろし、固唾をのんでかれを見つめた。

「いったい君はいくつか」単刀直入にそう聞かれた。

「十九歳であります、少尉殿」

「フム」かれはつぶやいた。「少しばかり若いな」

「しかしすぐに二十歳になります」急いでそう付け加えた。「来年の四月には、であります」

少尉の目の周りに笑いじわができた。「まあ、急ぐこったね」とかれが言った。「それで、どんな具合で航空のほうに進んだ」

ぼくはかれの心づもりがなんとなく読めてきた。

「一九一四年の終わりに、わたくしは志願オートバイ兵を満期除隊して」熱を込めてぼくは話した。

「そして、すぐに飛行士補充部隊への入隊申請を行ないました。しかし、採用されませんでした」

「どうしてだ」

「当時まだ若すぎたからであります」ためらい勝ちにぼくはそう言った。ユスティヌスは、もう一度微笑した。「それから」かれは尋ねた。

「それから民間飛行士として訓練を受けました。ミュンヘンのオットー飛行学校でありまず」

「自費でか」

「父が二〇〇〇マルクを支払ってくれました。そしてオットー氏のために風呂の設備一式も整えたのであります」

もっと話したかったが、ユスティヌスは手でそれをさえぎった。「よろしい」そういうと、かれはベッドから身体(からだ)を起こして頬杖をつき、その鋭い青い目で吟味するようにしばらくぼくを見つめた。

「わたしのパイロットとして一緒にここから出ていく気はあるか」

これを期待していたにもかかわらず、上気して顔が赤くなるのをどうすることもできなかった。ユスティヌスは物腰が粋なうえに、「途方もなく大胆な豪傑」と飛行学生たちに評されていたからだ。

「もちろんですとも、少尉殿!」服務規程違反の大声でぼくは答えた。少尉はにっこりと笑った。

「よし、決まりだ」

ぼくは立ち上がると、直立不動、かかとをカチッと鳴らして、踵を返した。戸口のところでもういちどかれはぼくに声をかけた。

「今晩は何も予定はないかね」

ぼくがはいと答えるとかれは「それじゃ、われわれの新たなる結婚を祝して一杯やろうじゃないか、〝エミール〟」と言った。

「もちろんですとも、〝フランツ〟少尉」ぼくはあえてこう答えた。

〝エミール〟は飛行士仲間ではパイロットのことをいう、〝フランツ〟は偵察員だ。しかし、〝フランツ〟とだけ少尉にいう度胸はぼくにはなかった。

朝方になってぼくらは兵舎に戻った。外出許可の時間はすでに過ぎていたから、咎めだてされずに門衛の歩哨を通過するため、ユスティヌスは将校用の肩マントをぼくにかぶせてくれた。

翌朝、グリースハイマー・ザントでの訓練飛行で、ぼくは危うく墜落するところだった。ぼくの学生で、食料品屋をやっていた、大柄でよく肥えた男がいる。こいつは着陸降下の際、いつも早すぎるタイミングで機体を水平に戻す癖があった。その瞬間に散歩用の杖で飛行帽の上からコツっと叩くことになっていたのだが、それを忘れてしまったのだ。ともかくあわやという瞬間に奴にコツっと喰らわして事なきを得た。それほどユスティヌスとの事で頭がいっぱいになっていた。

一年志願兵資格試験合格の褒美に買ってもらった最初のバイク〔訳注：ギムナジウム第2学級に進む資格試験に合格した者は同時に一年志願兵入隊資格を得ることができた。このバイクを駆ってかれはオートバイ志願兵として出征した〕

ウーデットが飛行訓練を受けたグスタフ・オットー航空機製作所（写真は「1909年飛行クラブ」のオットー航空機製作所覗き見活動。3人の子供は左からオットー・ベルゲン、ウーデット、ヴィリー・ゲッツ）

ハイリッヒクロイツの第二〇六砲兵飛行部隊ですでに一四日間が過ぎた。毎日、ユスティヌスと数回の飛行をいっしょに行なった。任務のほとんどは、この戦区の砲兵隊の着弾観測だったから、眼下に見える風景はいつも同じだ。穀物畑、黒くあるいは白く見える三つの湖、湖の水にヴォージュ山地の山肌が影を落とし、上空にいるぼくらの目に溶けた鉛のようにきらきらと輝いていた。

時にはさらに遠く索敵を行った。一度、かなり遠く、丘の背の向こうにサン・ディエの教会の塔の丸い帽子が見えるところまで飛んだことがあった。ここは戦争が始まったころ、ぼくらが志願オートバイ兵として勤務していたところだ。あれから今日までに流れた歳月は、九か月だろうか、それとも九年がすぎたのだろうか。ぼくらは五人で出征した、同じ八月に。十二月、再び故郷に帰ったのは三人だけだった。一人はフランス人に撃ち殺された。もう一人は戦争と任務の過酷な緊張に耐えることができず、自ら命を絶った。すべてが、とんでもなく昔のことのように思われた。ときにそれはぼくの前世でのことのようにさえ思われる。

*

時折、敵の飛行機に遭遇したが、偵察機同士が交戦するようなことはまずなかった。機体に武器は搭載していなかったし、だれもがそれを知っていたから、ぼくらは海に浮かぶ船のように、ただ互いに通り過ぎるだけだった。

秋の始まりとともに、大空の戦いはいっそう苛烈なものになった。最初はまだ鉄製のダーツを歩兵部隊に投げつける程度だった。しかし、いまや爆弾が製造され、その威力はほとんど榴弾の炸裂に匹敵した。敵にこの新たな成果を可能な限り強烈に披露するため、軍の全飛行士によるベルフォール空襲が九月十四日と定められた。

ユスティヌスとぼくもこの作戦に参加した。どんよりとした日で、高度三五〇〇メートルでようやく雲の上にでた。この高度まで昇ると奇妙なほど静かで、ほぼ無風だ。メルセデス一二〇馬力搭載のぼくらの白いアヴィアティクB偵察機は、白鳥のように大空を滑っていく。ユスティアヌスは何度も機胴越しに下方をうかがっていた。雲の切れ間から地点を標定することができた。

ピアノ線を引きちぎるような金属音が突然響いた。次の瞬間、機体は左に横滑りすると、きりもみに入り、雲の中を地上へと落下していった。前席の背板越しに、蒼ざめて、もの問いたげなユスティヌスの顔が現れた。

ぼくは肩をすくめた。なにが起こったのか自分にも分からなかったのだ。分かっていたのは、方向舵を右いっぱいに全力で踏み込まねばということと、操縦桿を両手が悲鳴をあげるほど前に倒さねばということだけだった。

一〇〇〇メートル落下して機体は立ち直った。依然傾いたままだが、もうきりもみに入るようなことはなかった。このまま滑空して地上に降りる希望は持てたが、地上に降りるということ、それは捕虜になることを意味していた。なぜならぼくらは、少なく見積もってもドイツ側前線からなお一五キロ手前にいたのだ。

ユスティヌスが右翼上端を指さした。見ると、張線を固定しているシャックルが引きちぎれたに違いない、張線が風にひらひらし、上翼が風圧にあおられて上方にふくらんでいる。

ぼくらは東、スイス国境へと滑空していった。高度を失うまいと、時々スロットルを開けて少しだけガソリンをエンジンに供給する。すると機体は左に傾き、いよいよ機首を下げていったので、またきりもみに陥ることを懸念せねばならなかった。スロットルを絞り、ガソリンの供給を停止する。

モンベリアル上空でぼくらは雲から出た。高度計は一八〇〇メートルを指していた。スイス国境にはまだ一二キロメートル以上距離がある。そこまでたどり着くのは不可能事に思われた。

ユスティヌスは立ち上がり、徐々に偵察員席から攀じり出る—それを見ているぼくの心臓は喉で鼓動していているようだった—右上翼に這い出し、中間支柱まで手探りで進んで行った。そこでかれは座りこんで両足を空中に伸ばしぶらぶらとゆすりはじめた。高度は一六〇〇メートル。

再びスロットルを開いて燃料を送り込む。機体は左側に傾く。ユスティヌスが機体の平衡を保とうとしていることは分かったが、かれの体重ではまったく効果はなかった。もうこれ以上長く操縦桿を握っていられそうにない。両腕に震えが走るのを感じた。ぼくはユスティヌスに合図した。銃床を失った機関銃の床尾のように腕を振り回し、痙攣を起こしたように所かまわず打ち叩いた。「来い！」ぼくは叫んだ。「来るんだ！」—相手が「少尉」だとか、そんな他事一切は、頭の中から飛んでしまっていた。

ユスティヌスは戻ってきた。斜めに傾いた翼の上をじわじわと這って再び座席に戻った。二、三回、強烈な衝撃が機体を震わせたかと思うと、偵察席の分厚い木製の隔壁がぶち破られて、そこから二本の手が突き出された。血まみれの、砕けた木片で傷だらけになった二本の手があちこち虚空を摑み、そして操縦桿を摑んだ。ユスティヌスがここにいる。ユスティヌスが助けてくれている。

日焼けした肌が蒼ざめ、骨の折れる作業のせいで、小さな汗の粒をびっしり浮かべたかれの顔が一瞬、隔壁の隙間から現われた。「やりぬくんだ、小僧！」かれが吠えた。「スイスへ！」。ぼくらの高度は一〇〇〇メートル、スイス国境へはまだ八キロあった。

眼下に見える地上には戦争の爪痕はまったく見られなかった。果樹の瑞々しい緑に囲まれた赤い瓦屋根の家が並ぶ村々、耕地の鮮やかな碁盤目。

あそこ——僕はぎくっとした——野原の真ん中を貫いて有刺鉄線が、逆茂木が伸びている。スイス人が脱走兵の侵入を防ぐために築いたものだ。高度六〇〇メートル、ぼくらはサン＝デイジエ近くで国境を越えた。

「スイス！」前席に向かって吠えた。ユスティヌスの顔が、偵察員席の壊れた隔壁越しに再び現われた。

「ドイツへ！」かれが叫び返した。

スロットルを開く。滑空。スロットルを開く。滑空！　ぼくらは地上すれすれの高度で飛び続けた。飛びすぎていく村々では、村人たちが路上に立ちどまったまま、口をあけてこちらを指さしている。あそこはクルトメシュに違いない。あれはヴォンダンクールだ。そして……再び有刺鉄線。国境、ドイツへの国境だ！

鋤返されたばかりの畑にぼくらは着陸した。飛行機から飛び降りると、ぼくらは互いに見つめあった。突然、酩酊に似た感情がぼくらをとらえた。そこにはもはやユスティヌス少尉も操縦士ウーデットもいなかった。ただ「フランツ」と「エミール」だけが、生贄の柱を回るスー族インディアンのように飛び跳ね、雪玉のように、土くれをつかんで投げ合う二人の若者だけが、そこにいた。

この着陸は地上から観測されていた。畑を越えて大勢の人間が駆けよってきたのでぼくらは軍人らしく威儀を正した。ユスティヌスは自転車に乗っていた男の一人に、近くの村からハイリヒクロイツの飛行部隊に、この件を電話で報せるよう依頼した。

飛行機のそばを行ったり来たりしている間に、野次馬たちの輪はいよいよ大きなものになっていった。ユスティヌスがぼくの肩をたたいて言った。「うまい考えがあるんだがね。ここでひとつ新しいシャックルを作らせて、自力で飛んで帰ろうじゃないか」なんとすばらしい考えだ！

村の鍛冶屋は作業場の隅で、額に皺を寄せ、壊れたシャックルをためつすがめつしていたが、「三時間あれば新しいのをあんたたちに渡せるだろうよ」と言った。ぼくらは歩いて機体のそばに戻った。野次馬たちが綱渡りの曲芸師につきまとうように、ぼくらを追って駆けてきた。

ユスティヌス少尉（左）と志願飛行兵ウーデット〔訳注：ブルーノ・ユスティヌス中尉（1892 年生）。1915 年 8 月にウーデットの偵察員。後、パイロットに転じ、1917 年には撃墜戦果 1 を挙げている。1918 年 1 月 20 日からバイエルン飛行第 35 戦闘中隊指揮官代理。同年 1 月 30 日、アルバトロスＤⅤで敵機と交戦戦死〕

一台の灰色に塗られた車が田舎路を飛ぶように走ってきて、停車した。将校がひとり車から降りると、周りを取り巻いていた野次馬たちは、かれに道をあけた。飛行部隊の参謀将校がこちらにやってくる。

ユスティヌスが報告を行なった。参謀将校はぼくら二人の手を掴んで振りながら言った。

「よくやってくれた、君たち」かれは飛行機のそばに行くと尋ねた。「で、壊れた部品はどこだ」

ユスティヌスは晴れ晴れとした顔で言った。「只今修理中であります、大尉殿」

「なんだぁとおぉ！」大尉は驚いて振り返った。

大尉は完全に自制心を失っていた。こんな場合、機材破損については、検査のための提出が義務付けられていたのだ。そんなことは知っていなければならないはずのことだった。

むっつりと黙り込んで大尉の車に乗り込むと、ブスっとして村の鍛冶屋に向かった。作業所の戸口に足がかかるや、四角張った顔の上に職人の誇りを浮かべて、早速鍛冶屋が迎えてくれた。「ほらよ」とかれはできあがった新しいシャックルを渡してくれた。

「で、古いのはどこだ」参謀将校の声はひどくとげとげしかった。ごつい親指で、鍛冶屋は自分の肩越しに後ろの中庭を指さした。中庭への戸口は開いていて、うず高く積みあがった糞の山が見え、その上で鶏たちが日向ぼっこをしながらくっくっと鳴いている。

「さあ、とっとと見つけてこい」参謀将校ががなり立てた。ぼくは中庭に入っていった。ユスティヌスも一緒に来て、ぼくのそばに立っていた。

シャックルは糞の山の天辺（てっぺん）にのっかっていたので、簡単に見つかった。シャックルを井戸できれいにすすぎ、大尉のところに持っていった。大尉はシャックルをしばらく吟味するように見たあと、上着のポケットにしまい込んだ。鍛冶屋は金を支払ってもらった。大尉とミユールハウゼンに行くことになり車に乗り込んだ。頭を振りながら、鍛冶屋はぼくらが去っていくのを見送った。

参謀将校はまだプリプリしていた。「間抜け野郎どもが！」かれは唸るようにつぶやいた。それから気を取り直し、ぼくらのほうを向くと、これまでとは打って変わって愛想がよくなっていた。

「君たちには、わたしの無礼な態度について許してほしい。しかし、正に今日、君たちの部隊の二名の同僚、ヴィンター少尉とプライス副曹長が事故にあった。ハルトマンスワイラーコプフ上空で墜ちた。どうやら同じ材料の欠陥が理由でね。二人とも死んだよ」

ぼくらの喜びの上に影が差した。

一週間後、軍の日課命令にユスティヌス少尉に鉄十字第一級勲章、ウーデット上等兵（ゲフライター）には鉄十字第二級勲章授与が公示された。祖国のために貴重な軍用機を守ったというのが、受勲の理由だった。

*

再び空爆攻撃が決定された。今回は要塞化されたヴォージュ山地の敵陣営に向かうことになる。長途の飛行となることから、燃料タンクは満タンに燃料が入れられ、その上二挺の機銃を機内に積み込んだ。フランス軍戦闘機がこの空域を物騒なものにしていたからだ。さらにペグーのことなどもうわさにのぼった。

離陸の段階ですでに、飛翔には過剰なほど腹いっぱい餌を食った白鳥のように、やっとのことで機体が地上から飛び上がったことに気づいた。機銃二挺、満タンの燃料タンク、新しい無線電信装置、爆弾、これらすべてが機体を地上に引き戻そうとする。大きく旋回しながら上昇していった。眼下に飛行場、芝生の冴えない緑、テントの生気のない灰色。いつになくぼくらは徐々として昇っていった──一〇〇メートル──二〇〇メートル。テント群の真上で飛行機を旋回に入れた。飛行機は機首が起きず、左翼側に傾いた。右側いっぱいに方向舵を踏み込んだが、無駄だった、舵がまったく効かない。失速！　次の瞬間、機体は頭を下にしてごうっという音とともに、きりきりと螺旋を描きながら墜ちていった。

「ユスティヌス」ぼくは思った。「大変だ、ユスティヌスが死んでしまう。墜落したらエンジンは後方に跳んで、かれの両足を押しつぶしてしまう」昇降舵を胸いっぱいに引きつける、右側に踏み込む、踏み込む、踏み込む──。目の前に偵察者席から一本の腕が伸び、翼間支柱の上部を摑んだ。そのまま座席からぐっと身を抜いたユスティヌスは、前部座席の背板上に身をかがめた。「ウーデット」かれが叫んだ。「ウーデット、ウー」ガラガラという音、──ドカンという轟音──すべてが真っ黒になった──巨大な鐘が頭蓋のなかで轟いている──。

長い、長い時間が過ぎたあと、声がした。「具合はどうだ、ウーデット」真上に機付整備兵ベーレントの分厚い顔、父親のように顔中を心配で皺だらけにしている。それから四本のがっちりした腕がぼくをつかみ、木材や鋼材がもつれ合っている中から引きずり出した。足はがっちり残骸の中に挟み込まれ、恐ろしく痛かった。そのため、引きずり出される前に足を押さえている鉄の棒を外側に曲げねばならなかった。

「ユスティヌスはどこだ？」

ベーレントは芝生の上を指さした。そこにかれは仰向けに目を閉じて横たわっていた。

「死んだのか？」ぼくは叫んだ。

ベーレントは宥めるように言った。「いんにゃ、死んじゃいねえ。よほど頑丈にできた男さ。先にお前さんの様子を聞いていなすったよ」

身体の前後をそれぞれ二人がかりで持ち上げられて運ばれ、ユスティヌスの横の芝生に慎重に寝かせられた。

しばらくの間、ぼくはみじろぎもせず横たわっていた。仰向けになったぼくの上には明るい水色の空があり、身体の下には湿って、冷たい芝生、それとどっしりとして生気にあふれる大地があった。ゆっくりとぼくは頭をユスティヌスのほうに向けた。かれはまだ目を閉じたままだ。口から血の滴（しずく）がうっすらと顎（あご）に垂れていた。もしや……？

そのとき芝生の上をかれの手がぼくに伸ばされた。毛布を手探りする病人の手のように。慎重にかれの手に、自分の手を伸ばした。自分の手が握られるのを感じた。友の手のがっちりとして快い圧力。二人とも無言のままだった。

「ユスティヌス少尉……、ユスティヌス、わが戦友！」

背後の飛行機のところで整備士たちが作業に没頭していた。「やれやれ爆弾が爆発せなんだのは奴さんたちゃツイてたよ」そう話すベーレントの声が聞こえた。

やがて衛生兵がやってきて、ぼくらを担架に載せると、パン屋の竈に入れるパンのように車の中に滑り込ませ、コルマールの衛戍病院に連れていかれた。そこでぼくらは別々に収容された。

飛行機が地上にぶつかったとき、機外に投げ出されたユスティヌスの傷は打撲傷と擦過傷だったが、ぼくのほうは膝の関節が砕けていた。大きな袋を膝に結わえつけられて、ベッドの上で長いこと身動きもならぬ破目となった。一〇日目に初めて起きてもいいと言われ、廊下をびっこを引き引き歩いた。病院で身動きもならずにいたこの間、家からの手紙は全くなく、部隊の同僚の誰一人ぼくを見舞いに来なかった。まるで、ほかの奴らには、ぼくが行方不明になりでもしたようだった。さらに四日、この状態をぼくは我慢した。次いで医者に、部隊に戻らなければならないと伝えた。医者は驚いて眉を吊り上げたが、結局、ぼくが歩兵ではないこと、そして砕けた膝はかれのではないということで、翌日付の退院証明を出してくれたのである。

飛行場で最初に出会ったのは、休暇にちょくちょく連れ立ってはコルマールの町に遊びにいく仲の同僚で、部隊のパイロットの一人だった。声をかけると気まずそうにうなずいただけで、そそくさとその場を離れて行った。たまたまのことだとぼくは思った。――しかし、大テントの前に屯していた三人は、ぼくを見ると明らかにそっぽをむいたのである。

やっとのことでぼくはベーレントを捉まえた。かれは意味ありげに頭を掻き、ぼくをテントとテントの間の隅っこに引っ張っていった。まったくもってくそ忌々しい話だった。ぼくらが墜落するや、部隊長は電話をひっつかんで飛行部隊付参謀将校を呼び出したのだ。部隊長は恐ろしく激高していた。ウーデット上等兵は、気違い沙汰としか思えない傾斜角の深い旋回をやったあげく、たった今墜落したと電話口で叫んだ。速やかなぼくの更迭と厳罰をかれは求めた。「最も厳しい罰を！」と指揮所にいる全員が聞いている中、かれは叫んだのだ。後任者はすでに到着している。ぼくにとって最善の策は、指揮所で転属申請書類を受け取り、ノイブライザッハの航空機集積所への再転属を願い出る以外ないというのだ。

ベーレントは気の毒がって、ごつい頭を振った。かれに礼を言い、指揮所で書類を受け取ると、足を引きずりながら宿所に帰った。その日の午後、折れた足を伸ばしてぼくはソファに座っていた。大家の女主人は、床に膝をついて、ぼくの指示どおりにカバンに荷物をつめていた。彼女の顔は泣きはらしたせいで腫れていた。そして何度も深いため息をついた。彼女にとってぼくは常に善き間借り人だったのである。南京虫退治の粉薬の費用も、ぼくは間借り料から差し引かせたりはしなかったのだ。

誰かがドアをノックした。戸口にユスティヌスが立っていた。かれはそばにやってくると、起き上がろうとするぼくを、緑色のフラシテン地のソファに押し戻した。

「そのまま、そのまま、くよくよすんな、小僧」かれは友情のこもった口調で言った。

「どうしようもないことさ。上がったり、下がったり、そいつが飛行士稼業ってもんだ」かれはぼくの肩をたたくと、大きな煙草の箱をぼくの手に押しつけた。そして出ていった。かれはぼくの後任とすぐに偵察飛行に出動しなければならなかったのだ。ユスティヌスとはこれ以後会うことはなかった。戦闘機パイロットに転じたかれは一九一七年、西部戦線で散華した。

＊

あたりが暗くなったころ、ノイブライザッハの飛行場に着いた。「おやおや、急旋回の旦那のお出ましだ」曹長がぼくを迎えた。書記たちがニヤニヤしている。もう時刻も遅かったので、寝具を取りに倉庫に送られた。この夜、ぼくはまんじりともしなかった。

翌朝、飛行学生たちは外に出て営庭に整列したが、ぼくは兵舎に残っていなければならなかった。それから誰だか一人やってきて、ぼくを連れ出した。大尉が学生たちの前に立ち、しかめっ面をして、脅すような目つきでぼくをにらんでいる。歩いて近づいて行ったが、足はまるでゴムでできているようだった。

「回れ右！」かれの前六歩のところまで来たとき、大尉は号令をかけた。数百の目玉が冷ややかな好奇心に満ちて、ぼくにそそがれた。

「この男を見よ！」背後で怒鳴り声が轟いた。「向こう見ずな飛行により祖国に対しては新しい、貴重な航空機を破壊するという損害を負わせ、その軽率さによって偵察員の生命を重大な危機に瀕せしめたのが、この小僧だ」

飛行学生たちは、こっちをまるで父親殺しをしでかした男のように見つめた。紙が擦れるかさかさという音がした。大尉は書類を広げて読み上げた、冷淡且つ事務的な調子で。

「ウーデット上等兵を七日間の中禁錮に処すものとする。その故は、軽率なる急旋回飛行を行ない、偵察員の生命を重大な危機に瀕せしめるとともに、貴重なる軍用機を損壊せしことに拠るものなり。ただし、当人のこれまでの戦場における忠勤にかんがみ、これ以上の刑罰は行なわぬものとする」

「諸君ら全員これをもって戒めとすべし！」と雷が轟くように付け加えると、次にぼくのほうを向いて「解散！」と吠えつけた。

倉庫に寝具を引き渡し、軍用パンを一個受け取った。このパンで七日間の食料には十分というわけだ。しばらくすると銃を肩にした伍長がぼくを連れにやってきた。

軍刑務所に行く道は、この小さな町の目貫を通っていた。ぼくらは車道を歩いた。ぼくが前で、下士官は後ろを歩いた。歩道の上の人々の靴で、大勢が歩みをとめてぼくらを見ているのがわかった。

軍刑務所は古びた要塞風の、陰気でとっつきの悪そうな建物だった。看守は顔中ひげだらけの梟（ふくろう）のような顔をした男で、陽気なおしゃべりをしながら仕事をした。

「お前さんが首を吊ったりできねえようにな！」ズボン吊りを取り上げる際に、看守はそう言った。「お前さんが自分を刺したりできねえようにだ！」ポケットナイフを取り上げるときにはそう言った。

「さて、お次は歯ときたもんだ！」

「どうして歯なんだ？」ぼくは聞いた。

「お前さんが寝てる間に、そいつがお前さんの喉笛を食い破ったりしねえようにさ！」看守がそう言うと、その場に居合わせた全員が笑ったが、ぼくはとても笑う気分になれなかった。

それから監房に入れられた。小さな寒々とした部屋で、中に木製の寝床が置いてあった。背もたれのない椅子、洗面道具、それ以外なにもなかった。窓には鉄製の棒が、ちょうど汽船の貨物艙口みたいに取りつけられ、上に開いていた。井戸の底から覗いたように、小さな空のかけらがそこから見えた。

鍵がかけられると、独りきりになった。ひとりでいろいろなことを考えた。どれくらいそうしていたのか分からないが、廊下の石を敷いた通路に足音が響き、ドアがばたんと開けられた。

巡検だ。

ぼくは飛び起きると、直立不動の姿勢を取った。

巡検長が、老人の予備役にまわされた曹長が、こう言った。「復唱。ウーデット上等兵は」……。かれの声が荒涼とした空間に大きく響いた……。

「ウーデット上等兵は……」ぼくは復唱した。一語一語、かれはぼくの前でがなりたてた。

「軽率なる急旋回飛行により、同乗の偵察員の生命を……危機に瀕せしめ……、また貴重なる軍用機を破損せしめたことの……ゆえに……、七日間の……中禁錮の処罰を受けるものなり」

巡検隊は隊列を整え、去った。けれども夕方にはまたやってきた。そして巡検長は「ウーデット上等兵は……」をまたぼくに復唱させるのだった。

翌日には、この呪文を空で覚えてしまい、促されなくとも機械的に口をついて出るようになっていた。禁錮を喰らっている間、一四回もぼくはこれを繰り返さなければならなかった。巡検は日に二回あったからだ。

最初の日の昼食にぼくはまったく手を付けなかった。刑務所言葉で「青いハインリヒ」と呼ばれる何の添え物もないひきわり燕麦だけの食事だった。赤ひげは囚人が昼飯を食べてようが食べてなかろうが関係ないというふうにブリキの鉢を引いて行った。

「座っててもそのうち腹は減るものさ」監房を出ていくとき、かれはそっけなく言った。夕刻、看守はマットレスを監房の中に放り込んだ。マットレスの中にはヒースがいっぱいに詰められていた。窓から鎧戸の格子越しに見えた空はもう見えなかった。そのときだ、ふともの辺りでチクッと何かが刺した。同時に左の肩のあたりでもチクッときた……。南京虫だ！

長い夜となった。むき出しの寝床に横になったり、マットレスを敷いた床の上に寝てみたりしたあげくに、ついには床の石の上にそのまま寝た。

南京虫もいとわしかったが、その夜、ぼくを責め苛んだ思いはさらにいとわしく不快だった。大きな尖った耳のように監獄の灰色の壁にくっついている窓の鎧格子（よろいごうし）は、どんなささいな物音もとらえ、大きく轟かせているようだった。監房のすぐそばに飛行場があった。早朝から、整備兵が始動させるエンジンの轟々たる爆音や、プロペラが空気を打つ、腹に応えるぶんぶんと唸る音が聞こえた。けれども、ぼくはもうこの二つの拳（こぶし）の間に、再び操縦桿を握ることはないのだ。二度と世界が眼下で、青い薄明のなかに沈んでいくのを見ることもないのだ。

　ぼくはいったい何をしでかしたというのだ。急旋回をひとつやった。確かに角度の深い旋回は禁止されている。一か月前にまずリーガーが軍法会議にかけられて、禁錮一年と判決された。かれが飛行場の上で急旋回をやったという理由でだ。「集合セル軍部隊ノ眼前ニオイテナシタル命令抗拒」と軍法会議は断じた。幸いぼくはそこまでの刑には問われなかった。しかし、急旋回の全禁止などというのは、操縦桿を一度も握ったこともない事務屋が捏ね上げた机上の空論ではないのか。

　不正に罰せられたとぼくは感じている。しかし――ぼくに不平を口にすることなどできるのだろうか。

　ぼく自身の墜落に禁止事項違反を帳消しにするだけの正当な理由はあるのか。ほかの操縦士たちはへまをやらなかったのだ。どれほど考えても、答えは出なかった。

　両親のことを思った。態度にだしたり、口にしたりはしなかったが、ぼくがパイロットであることを父が自慢にしていることを知っていた。そして今やぼくは役立たずとして放り出されようとしているのだ。しかし、ぼくにとって最も鋭い痛みは、もう空を飛ぶことはないということだった。

七日間は、まるで七年間のように長かった。

出所の朝、赤ひげがコーヒーを持ってやってきた。

ぼくは首を振って断わった。飲みたくなかったのだ。

「宿料に入ってんだよ」かれは無理矢理コーヒーをぼくに飲ませた。

もう一度、部隊に戻らなければいけない。これからぼくがどうなるのか知らなければいけない。まず、まちがいなく机の前で書類仕事をさせられることになるに違いないだろうな。

「ウーデット上等兵は七日間の中禁錮の刑を受け……」という文句はこれから先ずっとぼくの後ろでガチャガチャと鳴る鎖のようについてまわることになるだろう。

ところがまったく違った状況となった。

飛行場にやってくると、誰もがみな興奮しきって駆け回っていて、ぼくに気づく者は誰もいなかった。その朝、出撃可能な全航空機をもってのベルフォールへの爆撃命令が下されたのだ。まさに今、最後の飛行機が轟音をあげて飛びたったところで、全員が昂り、この大作戦に酔っていた。

「おい、君、上等兵！」誰かが後ろから叫んだ。振りむくと、見知らぬ少尉が立っていた。ここごく最近この飛行場にやってきたに違いない。

「君は飛行士か」かれが息を切らせて聞いた。

かすかな望みがぼくのなかに萌(きざ)した。「そうであります、少尉殿」

「なんてこった」——咎めるような口調——驚いたといったふうに頭を振り、それから、

「急げ、急いで走れ、さもないとこの攻撃への参加を逃してしまうぞ！」と言った。

ぼくらは競争するように格納庫に走った。古いL.V.G.(エルファウゲー)複座偵察機がそこにあった。燃料が積み込まれた。少尉は焦慮のあまり飛び回るようにして整備兵たちをせきたてた。鳥は籠から引き出され、出撃の準備が整った。小型の爆弾が偵察員席に無理やり詰め込まれた。

ぼくらはその機体によじ登った。

「用意よしか？(フエルテイヒ)」

「用意よし！(フエルテイヒ)」

「発進！(ロス)」

二、三回、芝の上で跳ね、機体はゆっくりと地上を離れた。ぼくらは飛んでいる。

ぼくらに押しつけられた機体は、老朽も甚だしく、羽をむしり取られた烏(からす)と呼ぶべきものだった。十中八九、廃棄された練習機だ。けれどこの瞬間ほど飛ぶことの素晴らしさを強く、深く感じたことはなかった。眼下には深い峡谷によって切り分けられた山々、黒い針葉樹の森に覆われ、あるいは紅葉に彩られ華やかな馬布をかけたようなやせこけた山肌。

暖かい晩秋の一日。風は張線を震わせて歌い、ぼくらの前には静かに、白い雲のわきたつ青い空。

敵は先行した味方の攻撃ですでに警報を発していた。ベルフォールからこちらへと、二機

ウーデット上等兵。ノイブライザッハ軍刑務所での南京虫との空しき戦いの後

のファルマンと一機のモラーヌ・ソルニエが近づいてきた。空中戦など論外だ。ぼくらの機には機関銃は搭載していない、それにこの老朽機は一八〇〇メートルまで上昇するのもやっとこさという代物だったからだ。

偵察員は振り返って、南を指さした。ぼくらは敵の進路からわきにそれた。いまは真昼。まっすぐに太陽の中に飛び込んでいった。

モントレー上空まで来ると、偵察員(フランツ)はそわそわしだした。眼下に敵兵站(へいたん)の建物と兵舎が見えた。爆弾を有効に使う最後のチャンスだ。獲物を狙う猛禽のように街の上で大きく輪を描く。偵察員は爆弾投下に関し、独自の手法を持っているようだ。座席越しに爆弾を投げずに、座席下、機体床の小さな開き口をあけると、そこから垂直に爆弾を落とした。結果がかれのやりかたの正しさを示した。座席越しに覗くと、地上で一軒の屋根の瓦がこなごなに吹き飛ぶのが見え、噴煙が立ち昇った。

突然、偵察員が振り返り、あわてふためいて下方を指さした。最初はなんだかわからなかったが、ようやく事態がぼくにも呑み込めた。爆弾が一つ、かれの手から滑り落ちて、機体の脚にひっかかってしまったのだ。ほんのわずかな振動でも爆弾を起爆させるに十分なうえに、爆薬の量は、ぼくら二人と飛行機を粉々にするに十分だった。

慎重にぼくは機体をバンク角の深い左旋回に入れた。「急旋回禁止!」ということがぼくの頭をちらっとよぎった。今この時、ぼくらの基地司令が、ここで操縦桿を握っていりゃいいのに!

爆弾は飛行機の動きに従って、左に滑って止まった。右に急旋回。カーテンレールの上を滑るように爆弾は、今度は右側に滑っていった。

偵察員席から少尉の姿が見えなくなった。かれは床に膝をつき、さっき爆弾を落とした穴から片足を突き出して、死に物狂いに脚の軸棒にひっかけようとしているのだ。ところが足が短すぎて、爆弾には届かない。

最後の手段だ。ぼくは機を鋭いターンに入れた。人生で初めてのターンだ。機体はのろのろと操舵に従い、ほとんど垂直に空にむかって突き刺さっていった。

かすかなガチャという音。爆弾は機体から離れて、地上に落ちていった。機体を水平に戻して、爆弾の行方を見る。爆弾は畑の真ん中に落ちて、噴水のように土砂を吹き上げた。

ぼくらは旋回するとまっすぐに飛行場へと飛んだ。ぼくの「フランツ」はまだ片足を空中にあちこち突き出しながら、必死の形相でもがいている。かれの足は狭い小窓に挟まれてしまい、結局着陸の後でしか足を抜き出すことはできなかった。青い丘の連なりの前方に、ノイブライザッハの星状要塞と飛行場の姿が浮かび上がってきた。

整備士たちがやってきた。何人かの飛行学生たちもそのなかに混じっていた。ベルフォールに出撃して帰投した中で、ぼくらが最後だったのだ。ぼくらは機体から降りた。少尉がぼくのところにきて手を掴んで揺さぶると、「貴君の知遇を得てとてもうれしいよ！」と言った。

伝令が飛行場を斜めに突っ切り駆けよってきた。すぐに指揮所に出頭せよとのことだ。

指揮所には、集合した飛行学生たちを前にぼくをぼろくそにこきおろしたあの大尉が座っていた。ぼくはかかとを打ち鳴らして直立不動の姿勢をとると、報告した。「ウーデット上等兵、禁錮より戻ってまいりました」

かれはつらつらとぼくを見つめたあげくにこう言った。「君はハプスハイムの単座戦闘機分遣隊（カンプ・ファインジッツァー・コマンド）に転属となった。君の機体は一両日中に到着する。到着次第行ってよろしい」

それからかれは机の上の書類を取ると、まるでぼくなど眼前にいないといったふうに、ぱらぱらと目を通し始めた。ぼくはしばらくの間、身動きもせずに立っていた。この知らせに魂消るほど驚き、感動していたのだ。大尉は書類から目を離してぼくを見上げるといった。「行ってよし！」ぼくは部屋の外に出た。

飛行場には午後の太陽の光がふりそそいでいた。ちょうど昼寝の時間だ。物音ひとつせず、日曜日のような平安に満ちていた。ぼくは飛行場に立って、二、三回深く息を吸い込んだ。単座戦闘機操縦士（アインジイッツァー・フリーガー）。戦闘機操縦士（ヤークト・フリーガー）だって。飛行士の誰もが夢見るものだ。信じられない、まったく信じられない――。

指揮所の伝令が、コーヒーのポットを二つもって、そばを通りすぎようとした。「おや、戦闘機操縦士殿だ」にやにや笑いながら、かれはポットを下に置いた。

指揮所で仕事をしている連中は何でもよく知っている。かれらは煙草を吸うと、さらにおしゃべりになる。かれに口を開けた煙草の箱を差し出した。かれはすぐにぼくの考えていることが分かったようだった。こずるそうにあたりを見回すとタバコを三本抜き取って、もったいぶった様子で一本に火をつけると話し始めた。今朝、飛行隊本部付の参謀将校がミュールハウゼンから、ウーデット上等兵はもう禁錮から戻ったかと電話があったという。全員で基地中探し回ったところ、整備兵たちが、ハルトマン少尉と一緒にベルフォールへの空爆に出撃していると報告したのだ。これはミュールハウゼンに連絡された。「禁錮が解けてそのまま出撃したって？」参謀将校が聞くと、大尉は「禁錮からそのまま出撃した」と答えたそうだ。ミュールハウゼンのほうは、それを聞いて電話を切った。二時間後、飛行隊本部からの命令が届いた。ウーデット上等兵はハプスハイムの単座戦闘機分遣隊に転属と。「実についておりますな！」受話器を置く際、大尉はそう唸るように言った。

　伝令はふたたびコーヒーポットを手にすると、「じゃ、ご無事で（グリュック・アップ）、戦闘機操縦士殿！」と言うと駆け足で去っていった。

　太陽が高く昇れば、谷の中は暖かくなるというわけだ。最初、ぼくを業病病（ごうびょうや）みでも見るようにしていた飛行学生たちが、いまはぼくのまわりに集まってきた。

「ハプスハイムで単座戦闘機操縦士だって。全員気をつけ！」かれらはぼくが鉄十字勲章をどうやって獲得したかを知りたがった。それでぼくは少しばかり先輩ぶってその由来を話してやった。

　二日後、ぼくの飛行機が到着した。機体に打たれた鋲までピカピカのフォッカー・アインデッカーだ。素晴らしく優雅で、鷹のようにいい姿だ。第二〇六飛行部隊で乗っていた古いアヴィアティクBⅡ偵察機などは、フォッカーのそばでは、ぶざまなガチョウだ。

ぼくが出発するとき、飛行学生の半分がぼくの周りに集まっていた。「君ら、この後もしっかりやって戦闘機操縦士になれよ！」そう叫んで手を振った。車輪止めが外される。ブルルル、ブルルル。グノーム発動機が唸り、ぼくは離陸した。突然、機体が右に振れる。地上からはほとんど一メートルと離れていない。あわてて操縦桿を左にたおす、機は右へと傾いたままだ。力を振り絞って操縦桿を胸いっぱいに引くが、まったく機は反応してくれない。格納庫がものすごい勢いで迫ってくる。ガチャンと大きな音……、周囲に破片が飛び散る……、ぼくは格納庫に飛び込んでいた。

驚愕のあまり体中が麻痺し、しばらく痺れたようになって座席に座っていた。それから膝を震わせながら立ち上がり、機体から這い降りた。ぼくの身は何事もなかったが、飛行機はスクラップになっていた。

飛行場を突っ切って飛行学生と整備兵たちが駆けよってくる。全員がぼくの事故を見ていたのだ。そのうえ、兵舎や指揮所にいた連中もみんなやってきた。かれらは半円を成してぼくを取り囲み、機体に近づいて興味津々といったふうに眺めている。何人かがぼくに質問を浴びせかけたが、答えることができなかった。無言でその場に立ち尽くし、体中を震わせていた。

大尉がきて、ぼくを見つめ「言わんこっちゃない」とだけ言った。こんなことになるのはとっくお見通しだといった調子だ。ぼくは口ごもりながらぼそぼそと言った。「操縦桿が固

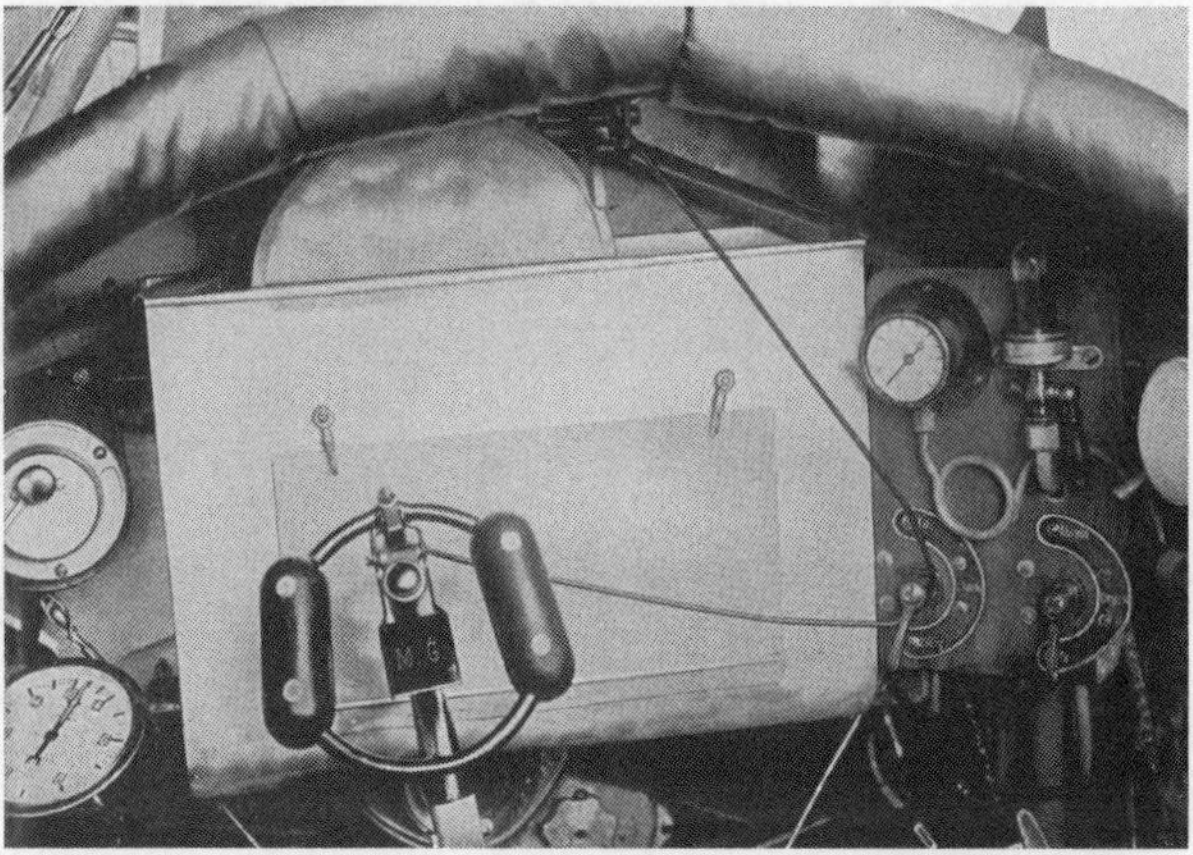

フォッカー・アインデッカーでの災難の原因、ボーデン索（機銃を操作するワイヤー）にブロックされた操縦桿

定され、飛行姿勢を立て直すことができませんでした」

「調査させよう」そう言うとかれは整備兵長に目配せをした。

自室に戻り、窓際に腰をかけ、外を眺めたが、外で行われている一切が目に入らなかった。独りきりになりたかった。ほかの者たちもぼくの気持ちを察して、独りにしておいてくれた。

夕暮れ、調査結果が明らかにされた。機銃を操作するボーデン索が、燃料コックに引っ掛かり、その結果、操縦桿がブロックされてしまったのだ。整備兵長は操縦席の写真を撮っていた。この事故になんらの責任もぼくにはないことが証明された。飛行場に別の機体が引き出された。けれども今回は使い古しのフォッカーだった。

翌朝、ハプスハイムに向けて飛んだ。整

備兵たちが飛行場にいるだけで、ほかには誰の姿も見えなかった。物悲しい、霧の立ち込めた朝だった。

最初の空戦

ハプスハイム単座戦闘機分遣隊は四名のパイロットで構成されていた。指揮官はプファルツァー少尉、一緒に飛ぶのはぼくのほかに、ヴァインゲルトナー副曹長、グリンカーマン伍長だ。ぼくらはみな若く、戦争勃発と同時に逃げ出した金満家のアメリカ人が、無人のまま放置した別荘で王子のように暮らした。

隊内はくつろいだ、親密な雰囲気が横溢していた。ヴァインゲルトナーとはすぐにいい友達になった。これはかれに会って三日目には誰でもかれと友人になってしまうという、かれの特別な性格に負うものだ。

グリンカーマンは気難しい、無口な男だった。夕べになるとたいてい整備兵たちと一緒に座り、自分のパイプを燻らせながら、草原(くさはら)の底から白色の塊となって立ちのぼる霧を見つめていた。思うに、かれはとても貧乏で、そのことで心の中にわだかまりがあったのではないだろうか。ずっと後のことになるが、ぼくにかれの紙入れが届けられた。その中に、一人の少女の写真があった。笑顔の騎士たちが騎馬の行列を組んで歩む間を、駆け抜けてゆく少女の写真だった。かれはこの少女のことは一度も話してはくれなかった。ゲートルをうまく巻けずに、ゲートルの隙間からいつも白い股引をはみ出させた格好でやってくるかれを、誰もがからかった。しかしかれはいい戦闘機乗りだ、ぼくがこれまで知ったなかでも最高の一人だった。

任務は簡単で快適だ。日に一回から二回飛び上がって、一時間ほど敵機が味方の前線に侵入するのを阻止する。しかし、めったに敵と遭遇することはない。十二月の空は冷たく澄んでいた。地上を歩けば足下で霜がぎしぎしと音を立てる。それでも防寒服に身を包み、顔にバターをたっぷり塗れば、飛ぶことは、雲の上を橇で駆けていくような爽快感があった。激しい戦いが行なわれ、毎日のように、敵味方を問わずパイロットたちが命を失っているフランドルやシャンパーニュでは、ヴォージュの眠れる軍団のことが噂された。少しばかりの軽侮とこれまたほんの少しの羨望をまじえて。

ある朝早く、警報で目を覚まされた。これまでまったくなかったことだ。前線の防空監視所から一機のコードロンＧ４爆撃偵察機が味方防御線を越えて、こちらの飛行場方向に向かっているとの連絡だ。

愛機に駆け上って出撃する。どんよりとした空、雲は四〇〇メートルくらいまで深く垂れこめている。灰色の靄の中に突き入り、ぼくは高く、高く上昇していった。

高度二〇〇〇メートルあたりで、頭上に深く、青光りする蒼空が盛りあがって現われ、蒼ざめた十二月の陽の光が降り注ぐ。

ぼくはあたりを見回した。西後方はるかの雲の上に、ちょうど水平線の上を過ぎていく船のように、移動していく小さな点が一つ見えた。コードロンだ。ぼくは直進して近づく。コードロンもこちらにまっすぐ飛んでくる。あっという間に双方の距離は縮まり、ピンと張った翼も、二つのエンジンも、翼の下にぶら下げられた、猛禽のすらりとした胴体を思わせるゴンドラもはっきりと見える。ぼくらは同じ高度で、互いに相手正面に向かって飛んでいる。

まったく無茶苦茶だ。コードロンは偵察機で、こちらは戦闘機に乗っているのだ。操縦桿のボタンを押せば、機にしっかりと固定された機銃から銃弾が連射され、空中で敵機を切り裂くのだ。ぼく同様によく、それがかれらにも分かっているはずだ。にも拘わらず、コードロンはそのまままっすぐこちらに向かってくる。

今や、コードロンの偵察者の頭がはっきりわかるほど接近した。四角の飛行眼鏡のせいで偵察者は、ぼくを殺そうと突っ込んでくる巨大な毒虫のように見えた。

今こそ機銃を撃たねばならぬ瞬間だ。けれど撃てなかった。恐怖が血を血管の中で凍りつかせてしまい、両腕を麻痺させ、一撃であらゆる思考を頭から奪い去ってしまったのだ。座ったなり動けず、まっすぐに飛び続け、呪縛されたようにこわ張ったまま、左へとコードロンのコースを避けた。その瞬間、敵機の機銃が吠えたてた。

フォッカーへの命中弾が金属をたたくような音をたてる。機体を貫いて走る振動。頬のあたりへの強烈な一撃、飛行眼鏡が吹っ飛んだ。とっさに顔に手をやる。破片、飛行眼鏡のガラスの破片。顔に伸ばしたぼくの手は、血まみれになっていた。操縦桿を倒し、機首を下げ、雲の中に飛び込んだ。頭がさっぱり動かない。どうしてこうなった、どうしたらこんなことが起こるんだ？

「びくびくしてたからさ、臆病だったからさ」エンジンの轟音はそう言っているようだった。そしてそのとき唯一頭にあったのは、「やれやれありがたい、誰も見ていなかった」という思いだった。

松の梢群のあふれるような緑、飛行場だ。

ぼくは着陸した。整備兵たちが駆け寄ってくる。かれらの助けを待たず独力で機体から這い降りると、整備兵たちの横を抜けて基地内の医務室に行った。

看護兵がピンセットで、飛行眼鏡のガラス片をつまみ出してくれた。ガラス片は目の周りの肉に食い込んでいたのだ。この作業は相当な痛みがあったはずだが、何も感じなかった。

それからぼくは二階の自室に戻った。ベッドに仰向けに身を投げた。眠ろうとしたが、いろいろな思いが繰り返し浮かんできて、休ませてくれなかった。

「初めて覚える恐怖に一度でも身のすくんでしまった奴は、臆病者ということになるのか」自分を安心させたかった。自分に言い聞かせた。「神経的な問題だ。誰にでも起こることなんだ。次はきっとうまくやれるさ」

しかしぼくの良心はそんな安っぽい説明では満足しなかった。戦いの刹那に己に捉われ、自らの命を惜しんで震え上がり、無力をさらけ出してしまったという厳然たる事実がぼくの前に突きつけられた。この瞬間、ぼくの中に兵士の本分というべき意識が芽生えた。兵たるものは敵を思い、勝利を期し、自らの一身は一切顧みないことを命ぜられているのだ。男と臆病者の間に引かれる境界が、剣の切っ先のように細いことだってあり得る。男として男たちのうちにとどまりたいと思う者は、ここぞという瞬間に、自らのうちにある動物の本能的な恐怖を縊り殺す力を持っていなければならない。なぜなら、ぼくらのうちの動物的本能は是が非でも生き延びようとするからだ。そして、この本能に屈する者は、祖国への名誉や義務、信頼を価値ありとする男たちとの連帯を失う。

ぼくは窓に寄って下を見た。窓の下、宿舎の前をヴァイングルトナーとグリンカーマンが行ったり来たりしている。多分かれらは今のぼくのようには決して感じたことはないだろう。ぼくは自分に固く誓った。この瞬間から、ぼくは兵士たることに徹しようと。この汚点を再び帳消しにするまで、同僚たち以上によく撃ち、よく飛ぼうと。

ハプスハイムまでついてきたベーレントと一緒に、作業に取りかかった。攻撃の際、後方から見たニューポールの影型をこしらえた。毎夕、飛行任務が終わるとこの標的を飛行場の真ん中に引き出す。三〇〇メートルの高さからぼくは角度の深い急降下で標的に迫り、一〇〇メートルで射撃を開始する。地上すれすれで機体を立て直し、再び上昇、この訓練を最初からまた繰り返すのだ。ベーレントは命中弾の数を勘定して、ぼくに合図して知らせてよこす役目だ。エンジン部への命中弾は二倍し、命中弾十発でグラス一杯のビールがかれのものとなる。弾詰まりがよくおこった、きわめて頻繁にだ。ベーレントとぼくは時には夜遅くまで詰まった弾を取り除ける作業を行った。

結果はどんどん良くなっていく、むしろ驚くほどの速さで良くなっていった。ぼくはとてもうれしかった。ベーレントが鉛筆で命中弾の水増しをやっているのを発見するまでは。ぼくへの戦友愛を発揮したのだとかれは言ったが、ビールへの愛が、かれにこれをなさしめたのだとぼくは思っている。

弾薬を節約すべしとの命令が届いた。ぼくの特訓飛行の回数は減らさざるを得なかった。その代わりに、今度はフランス軍塹壕への空からの銃撃を頻繁に行った。

ある夕べのことだ。塹壕攻撃を行い基地への帰還が遅くなった。攻撃した塹壕は北方、タンの町のすぐそばにあり、機関銃陣地が松の保護林で掩蔽されていて、ぼくにとってはなんとも魅力的な標的だった。

飛行場に戻ったのはもう夜になってからだった。飛行場にはタールのたいまつが焚かれ、ぼくの帰るべき場所を照らしていた。たいまつの赤い輝きは飛行場の上に拡散し、ちらちらした光となって揺れていた。

着陸態勢に入る。地形の見極めができない。クラッシュ。ほんとうにごく軽度の脚破損ではあったけれども、このためにぼくは少なくとも一日戦闘力を失うことになる。ベーレントとほかの整備兵たちに、翌朝四時半に飛行場に来るよう要請した。ベーレントの顔がゆがんだ。明日は日曜日なのだ。そして、日曜日に働かなくてはならないとなると、いつもベーレントはにわかに信心深い男になるのだ。

ハプスハイム単座戦闘機分遣隊。左からプフェルツァー、ヴァインゲルトナー、ウーデット、グリンカーマン

空からの射撃訓練のためのニューポール型標的

仕事にとりかかったとき、鉛色の曙光が飛行場の上にあった。森は黒い、何ものかが寄り集まった塊のように暗く、おびやかすようにぼくらを取り囲んでいた。ある奇妙な気分、何か常ならざるものが空中を漂っているような、そんな感じを誰もが持った。それが幸運の兆しであるのか、それとも災いか、ぼくにはわからない。

六時ころに飛行場近くの村々の教会の鐘の音が鳴り始め、その響きが森の木々の梢を越えて聞こえてきた。ぼくらは黙って作業を続ける。太陽が登った。格納庫の中は暖かい。薄手の青色をした整備用ジャケットを着たぼくらは汗だくになった。正午ころに作業は終わった。ベーレントとかれの仲間たちは足早に去っていった。ミュールハウゼン行きの汽車にぎりぎり飛び乗ろうというのだ。

今はまったく静かになった。みんな町で日曜を過ごしているのだ。

ぼくは宿所に戻り昼食をとった。テーブルにはぼくひとりきりだ。コーヒーを庭に持っていった。そこで折りたたみいすに腰をおろし、タバコを吸い、空をじっと見上げる。

三時半ころだ、通信兵が駆けてきた。最前線にある防空監視所からの報告。二機のフランス機が防御線を突破、アルトキルヒに高速で接近中とのことだ。車に飛び乗ると飛行場に向かった。理性や分別で熟慮した結果ではもちろんないが、間違いようのない確信をもって、そこに戦いがあることをぼくは察知した。

飛行機の出撃準備は整っていた。整備兵たちが機体の周りに立っている。あの通信兵は実に賢明な男だ、飛行場にいた全員に警報を発したのだ。座席に乗り込み、出撃した。

前線に向かって上昇していく。戦闘の際に有利になるよう、敵機の高度よりも高く昇るようにしなければならない。二八〇〇メートル、西へ、アルトキルヒに向かって飛ぶ。

アルトキルヒ上空に達してすぐに、敵の姿をとらえた。数えてみる。一機……、二機……、三機……、四機……、ぼくは飛行眼鏡を掴んだ……、こんなことがあるはずはない、ありえないことだ！　黒点はオイルのハネだ。エンジンからはねたオイルが眼鏡に付着したに違いない。素早く手袋で眼鏡のガラスを拭く。違う、オイルじゃない。黒点は消えず、成長し、さらに大きさを増してくる。

七機をぼくは数えた。一列に七機、そしてその後ろに新しい敵機の波が浮かびあがった。さらに五機、さらに……、彼らは近づいてくる、午後の空の黄色い絹のヴェールと鋭い対照をなして。二二機だ。コードロンとファルマンF４Dから成る爆撃機集団だ。凶暴なスズメバチの群れのようにうなりをあげてこちらに向かってくる。後になり、先になりながら、いまだ編隊も組まず、まっすぐに飛んでくる。ほかの機の上にひときわ高く、群れの女王蜂が飛んでいる。巨大なヴォワザンだ。昇降舵を引く、猛烈な速度で互いに接近する。奴らがぼくに気づいているのは間違いない。しかし奴らはぼくなど眼中にないかのように、一センチたりとも高度を上げず、東北東、ミュールハウゼンへの針路を保っている。

周りを見回した。後方の空には何もない。ハプスハイムの仲間たちは誰も出撃していない。ぼくは一人だ。

ブルンハウプト上空で奴らに追いついた。奴らの上空三〇〇メートルで旋回、奴らの進行方向に攻撃正面を変える。コース、東北東、ミュールハウゼンへ。

身体を座席の床に押し付けるようにして降下、眼下には二三機の敵戦隊、その真ん中に巨大なファルマン。敵機群の翼の間に地上が途切れ途切れに見える。青いスレート屋根、赤い瓦の重なり合い。今だ!

心臓が喉のあたりでばくばくする。操縦桿を握りしめた両手は汗で濡れている。一対二三の戦いだ。

ぼくのフォッカーは敵戦隊の上を飛び越える。猟犬が雄猪を狩るときのように。猟犬は猪を追う——しかし、攻撃しない。この瞬間、ぼくには分かった。もし、今ここで戦わなかったら、戦闘機搭乗員たることは永遠に終わり、後はただ分遣隊離脱の申請があるだけだと。ミュールハウゼンのごく手前、ドルンバハ上空にいた。村の宿屋の中庭に人々が座っている。この地方の緑茶色の風景の中に点在する色とりどりの断片。白く丸いガラス窓、地上の人々の顔は上を向いている。かれらは入り乱れて駆けながら、手まねで上方を指している。

この瞬間、ぼくは敵機の群れのなかに飛び込んでいた。

飛び込んだ瞬間から、敵戦隊のただ一機だけを見ていた。敵戦隊のど真ん中にいる巨大なファルマンだ。スロットル全開、うなりを発して急降下に入る。敵編隊は覆いかぶさるように、どんどん大きくなる、そう、まるで誰かが急いで顕微鏡の焦点を合わせみたいに。偵察員が立ち上がる、丸い革製の飛行帽が見え、機銃を振り上げてぼくに照準を合わせる。八〇メートルまで近づいたら機銃を撃つつもりだった。しかし、確実に仕留めなければならない。

迫った、より近くまで迫った。五〇メートル、四〇メートル、三〇……。今だ、撃ち込めるだけ撃ち込め……、タック、タック、タック。

瞬間、敵機がよろめいた。排気管から噴き出す青い炎、平衡を失い、白い煙を引いている。

……命中、燃料タンクに当たった！

ガチャ、ガチャ、ガチャ！　金属的な音をたてて敵弾が座席の前部隔壁に命中した。頭をふりまわす。背後に二機のコードロン、弾丸の束を浴びせかけてくる。基地で演習をやっているように、ぼくは完全に落ち着いていた。操縦桿を前に倒し、急降下に入れる。三〇〇メートル降下し、機体を水平に戻した。

ぼくの横を巨大な炬火のように、ファルマンの機胴が炎に包まれ、すさまじい音を轟かせて墜ちていった。後方に黒煙を引き、輝く炎がちらちらしている。男がひとり、カエルのように両手、両足を広げて落ちていった。偵察員だ。

この瞬間、今落ちていったのが人間であることにぼくは何の感慨も覚えなかった。感じたのはただ一つ、勝った、大勝利だ、勝ったんだということだけだった。胸を締めつけていた鉄の輪は飛び散り、血は沸き立って、力強く体内を駆け巡った。

頭上に広がる空は今やオルガンの調べのようなエンジンの轟きに満ちていた。その合間に激しい機銃の咆哮。ハプスハイムから稼働可能な機体すべてが出撃し、敵に殺到していた。攻撃に耐えかねたフランスの編隊は崩れ、一対一の戦闘がいたるところで繰り広げられていた。視界いっぱいに飛行機があり、互いに背後を取るための死に物狂いの旋回が繰り返されていた。

一機のコードロンが、フランス軍防御線のある西に猛スピードで逃げていく。追尾する味方機はいない。スロットルを全開にしてこの機を後方から追う。最初の戦闘の無我夢中さはなくなっていた。敵を撃滅することは戦術的任務であり、それ以外のなにものでもないのだと、明快かつ冷静に悟っていた。

一五〇メートルの距離で、機銃を撃ちはじめたが、すぐにやめた、遠すぎる、あまりに遠すぎる。八〇メートルの距離で第二の射弾を敵機に送りこむ。今度は射撃の効果を確認できた。コードロンに震えが走り、右エンジンからわずかだが濃い煙の雲を噴きはじめ、プロペラの回転が鈍くなり、やがて停止した。

パイロットは周囲を見回し、ぼくに気がついた。次の瞬間、かれは下方へと急降下していった。

かれの後ろに喰らいついていく。向こうは残った一つのエンジンで飛んでいくが、ぼくから逃れることはできない。今や、相手機のプロペラが巻き起こす疾風を感じるほど接近した。新たに収束弾を送りこむ。ぼくの眼前で、敵飛行士は痙攣を起こしたように急激に身体を動かすと、操縦桿のうえに倒れこんだ。

やっ、弾詰まりだ！　急降下に機体をいれて、弾帯の薬包をゆるませる。両こぶしで機銃をたたく。無駄だ、機銃は沈黙したままだ。

戦闘不能となった。敵をこのまま見過ごさねばならない。そして基地に引き返さなければならないのだ。五時二十五分ころ、ハプスハイム飛行場に着陸した。ぼくが飛行場から飛び立ったのは四時十六分くらいだった。一時間のあいだにすべてが起こったのだ。

滑走路の真ん中にハプスハイムの司令、マッケントゥン大尉が立っていた。両足を広げ、双眼鏡を目にあてて、空戦の様子を追っていた。ぼくはかれのところに行き「ウーデット副曹長、空戦より戻りました。複座ファルマン一機撃墜」と報告した。かれは双眼鏡を目から離し、ぼくを見つめた。かれの顔にはなんの表情も浮かばなかった。石に化したように。

「わが軍の大型機が、ちょうどいまナポレオン島上空で撃墜されたと報告を受けたところだ」かれは言った。

ぼくには分かった。クルト少尉が操縦者だったのだ。そして、クルト少尉はマッケントゥンの親友だったのだ。大尉に敬礼して格納庫の中に歩いていった。

夕刻になってはじめてぼくらはこの日の戦況を把握することができた。フランス軍の航空攻撃、世界史上初の大規模な航空攻撃は撃退されたのだ。フランス軍機五機が、ドイツ軍防御線の内側で撃墜された。午後に出撃したフランス軍のある部隊では、九名の士官のうち、日が暮れて帰投したのは三名だけだった。「君もナポレオン島で死ぬよ」というのが、フランス軍航空部隊で、誰かが向こう見ずな冒険を企てたときに使われる格言になった。

味方側は三名が未帰還となった。飛行第四十八部隊所属のＡＥＧ（アーエーゲー）爆撃機搭乗員のクルト、ホプッフガルテンとヴァレットだ。彼らは一機のファルマンに攻撃をかけ、空戦の最中に敵機と衝突、もつれ合った残骸となってもろともに地上に墜落した。ナポレオン島の真上での

フランス軍の防御ヘルメットをかぶって。かぶり心地はよくない、実用的……でもない、しかし自ら分捕ったものだ〔訳注：最初の撃墜戦果であるファルマンの残骸写真があるが、残骸のなかにまだフランス人飛行士の遺体が写っている。ウーデットがかぶっているヘルメットはこの飛行士がかぶっていたもの〕

上空から見たナポレオン島

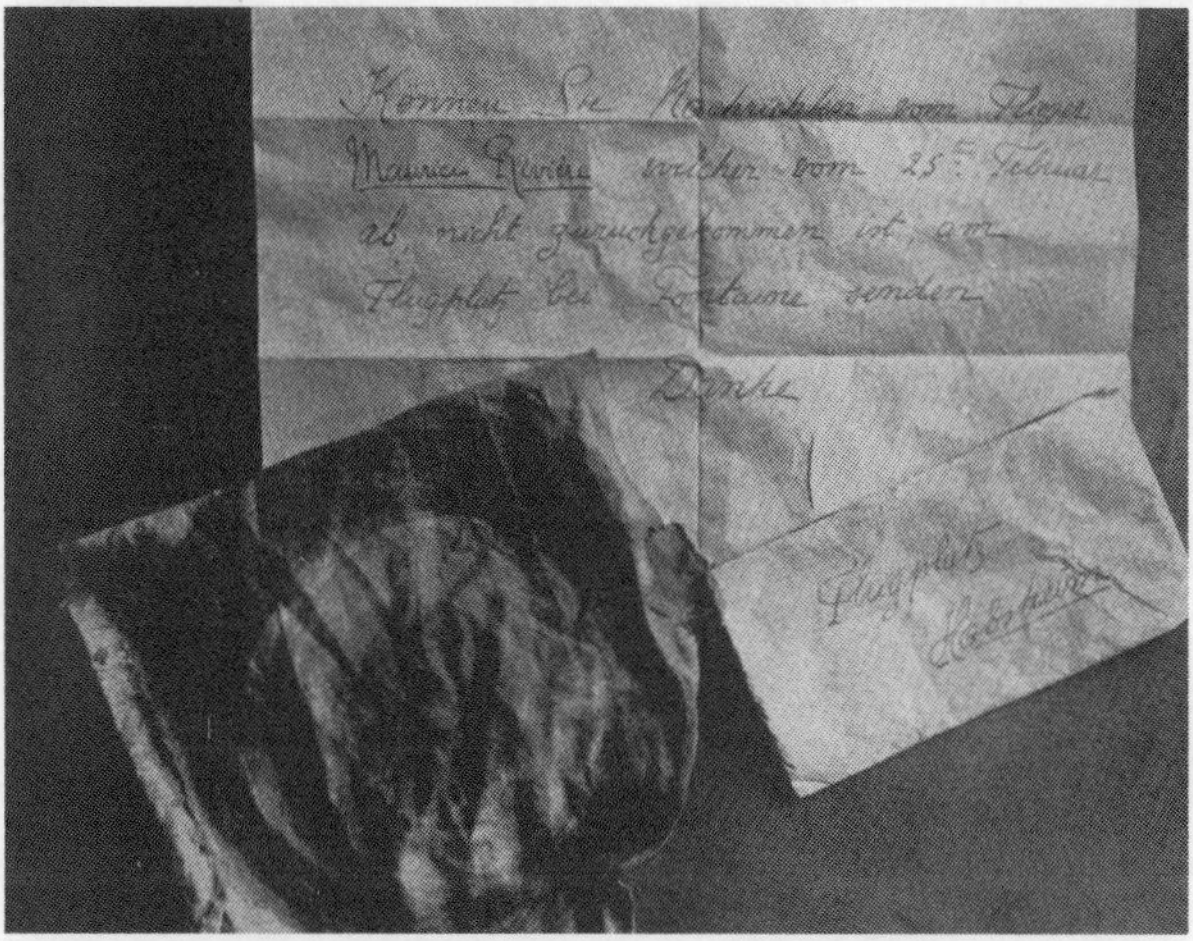

フランス軍航空機より投下された未帰還フランス航空兵消息問い合わせ〔訳注：2月25日に未帰還となったモーリスというフランス航空兵の消息をハプスハイム分遣隊に照会したもの〕

1916年3月18日の航空戦後、ドイツ軍が建立したフランス軍航空兵の墓所

ことだった。一九一六年三月十八日のことだ。

ぼくらのハプスハイムのお屋敷は深夜まで窓から灯りが明々とこぼれていた。この日、戦死した者たちがあったこと、それは確かなことだが、しかしぼくらはその場には居合わせなかった。プフェルツァー、ヴァインゲルトナー、グリンカーマンそしてぼく、誰もが敵一機を撃墜していた。

ぼくらは若い、ぼくらは自分たちの勝利を祝った。

死の飛ぶや疾し

（一九一七年早春）午後、全中隊に転進命令が届いた。夕方にはもう出発の準備を整えてミュールハウゼンの駅に集合していた。プラットホームは大勢の見送りでごったがえしている。敵偵察機に発見されぬように、減光されたランプの青い光の中で、駅に集まった人々の顔は亡霊のように蒼ざめて見えた。集まった人々の中にはたくさんの女性がいて、ほとんどみな泣いていた。二年の間、ぼくらはミュールハウゼンの門前に駐屯していたのだ。誰もが休暇のひと時をこの街で過ごした。ついには、ぼくらはこの街の子供のようになっていたのだ。

汽車の中でぼくはエッサーと同室になった。彼の許嫁がフライブルクから見送りにやってきていた。きりっとした、それでいて控えめな、おもざしの美しい少女だった。彼女は泣いていなかった。汽車の窓越しに、二人は身を乗り出して語り合っていた。「あなたの手袋に気をつけてね、それから洗濯物にも」彼女の口の端が震えていた。全然違う別のことを彼女は言いたかったのだということが、誰の目にも明らかだった。

それから、汽車は夜の闇へと動き始めた。行く先は誰も知らない。ただ、今はこれまでの静かな生活が終わり、激戦地のいずこかにいくのだという予感があった。かすかな不安の混じった、張り詰めた興奮がぼくらの心を満たしていた。これから始まる激しい空の戦いが要求することに、ぼくらは耐えられるのだろうか。

三日三晩、ぼくらは前線の後方をあちらこちらと移動した。巨大な操車場にいるようだった。弾薬を運ぶ列車が車輪を軋らせながら通り過ぎる。白く塗りつぶした窓ガラスの背後に目には見えぬ悲惨さを漂わせている傷病兵を乗せた列車。

三日目の夕刻、ぼくらは列車から降ろされた。あたりを見回し、そして互いに顔を見合わせた。「しらみたかりのシャンパーニュかよ！」ぼくらの指揮官が唸った。

こまかく、冷たい驟雨が、灰色の荒涼とした見渡す限りの平野にふりそそいでいた。国道に沿って数本のいじけたポプラの木がならび、三月の風に凍えていた。

ぼくらはラ・セルヴという小さな村に駐屯することになった。エッサーとぼくは一緒だった。割り当てられた部屋は、恐ろしくみすぼらしい部屋だった。しかしエッサーがあれこれと工夫をこらした。従卒と一緒になって打ち捨てられた城から、緋色のビロード製のカーテンを引きずり出してくると、それで壁を覆った。絹生地のパジャマからランプシェードができた。おかげでぼくらの部屋は、なにか刺激的な心地よさの漂う部屋になった。

戦線でぼくらと対峙するのはフランス空軍の精鋭たちだ。そのうえナンジェッセや、敵側のリヒトホーフェンとも言うべき、エースの中のエース、ギヌメールもそこにはいるのだ。

かれらは一八〇馬力のイスパノエンジンを搭載した単座のスパッド戦闘機を駆っている。高速度の非常に敏捷な機体で、ぼくらのハイフィシュやアルバトロスを凌駕している、特にその急降下時の性能において。急降下の際、ぼくらの機体の翼は、空中で分解してしまうのではないかと心配になるほど振動する。堅牢なスパッドはこの負荷になんなく耐えるのだ。地上の砲火にしてもヴォージュとは別物で、見事に構成されていた。最初の前線への飛行任務の際、すぐにぼくはこれ気づいた。一発の高射砲弾がぼくの機体の主翼前部桁を粉砕し、このため基地まで機体を帰すのに四苦八苦した。

ほとんどすべての空戦で戦果なしという日が続いた。気分は日に日に重苦しいものになっていった。夕べになるとエッサーとぼくは、自分たちのぼろ部屋に座り込む。かれの目敏い従卒が、どこからか古い手回し式の蓄音機を徴発してきたのだ。ぼくらは蓄音機の音を小さくするために拡声筒に布を丸めたものを詰め込んだ。すると、蓄音機の音は、民家の裏庭で、日曜日の昼下がり、農家の少女が歌う歌のように陰気な響きをかなぜるようになった。エッサーはそこに座って、許嫁に宛てて手紙を書いている。かれは毎日手紙を書き、二人の将来の計画を手紙に描いていた。

（一九一七年）四月十六日、ぼくらの中隊は初めての戦果を得た。グリンカーマンがコードロン一機を撃墜、エッサーはニューポールを撃墜した。ほかの操縦士たちは、エッサーがさらに一機の敵機を追いかけて西の空に消えていったのを見ていた。この日、エッサーに関しそれ以上のことは何も分からなかった。緋色のビロードのカーテンで壁を覆った部屋で、ぼくは独り夜を過ごした。

翌日の午後、最前線の友軍塹壕から電話があった。中隊長がそこに向かった。夕刻になって、中隊長は帰ってきた。車の中に袋が一つ。とても小さな、死んだ子供がその中に入っているかのような袋。それがエッサーの残った肉体のすべてだった。

部隊長はかれの両親に手紙を書いた。ぼくはフライブルクのかれの許嫁に手紙を書かなければいけない。気の重い一通の手紙、これまで書いたどの手紙よりも気の重い手紙だ。――けれどもぼくはもっとたくさんのこんな手紙を書くことになるだろう。

エッサーの遺骸を送った後で、プッツがぼくのところにやってきた。かれの丸い、団子鼻の童顔はぼくへの優しさにあふれていた。

「なあ、ちびすけ（クネッゲス）」かれが言った。「空っぽのベッドのある部屋で、独りきりでいるのはぞっとしないだろう。よかったら、ぼくが君のところに引っ越そうか」

ぼくらは握手した。夕方、従卒が小さな白い名刺を戸口から取り外した。以前「エッサー少尉」と張ってあった場所に、今は「ペーニッシュ少尉」と新しい名刺が張られた。

四月二十四日、この前線において最初の戦果をぼくは挙げた。シェビニオン上空で、ニューポール一機に遭遇、短い巴戦（ともえせん）の後、これを炎上させ、この機体が砲弾孔だらけの野原に残骸となって墜ちるのを見た。これはぼくの五機目の公認撃墜となった。ミュールハウゼンでの最初の空戦の後、ぼくはハプスハイムでなお三機を撃墜していたからだ。

二日後、二十六日はぼくの誕生日だ。ぼくは同僚全員を赤のサロンに招待した。ベーレン

アルバトロスＤⅢのエンジンを整備中の機付き整備兵ヴァルター・ベーレントとグンケルマン〔訳注：機体の前に立っているのはウーデット〕

トに手伝ってもらいナプフケーキを三個焼いた。それにココアも用意した。白いテーブルクロスをかけた大きな食卓の置かれた部屋は、子供たちのパーティー会場のようだった。

ぼくらは椅子に腰をかけて、あれこれしゃべりながら中隊長のラインホルト中尉を待っていた。二時ころ、彼は防御線哨戒のために飛び上がっていた。二機の僚機と一緒に。三時ころ、二機の僚機が戻ってきた。かれらは空戦の際に、中尉の姿を見失ってしまったと話す。中尉は逃げる敵機を追って、雲海の中に飛び込んでいったと。

二人は気まずそうな顔をしていた。確かに、二人の話したことはそのとおりだろう、しかしなにか釈然としないものが残った。なぜなら、空における編隊というものは、手と腕、頭と身体のように補完しあい一体となり一つの全体を作るものなのだ。僚機は前を飛ぶ飛行士の命に対し、自分自身の命と同じほどに、責任を負うべきなのだ。そうして初めて、楔形の編隊の先頭に立つ指揮官は、背後に気を取られることなく、ただ攻撃だけに専念することができる。三時半にぼくは声をかけた。「さて、諸君、始めようじゃないか。中尉が遅れてきたら、一人で食べるだけのことさ」

かれらはケーキに手を伸ばし、がつがつと食べ始めた。しかし、みな腹を空かせ、ケーキはすばらしくおいしかったのに、三つの皿のどの皿にも二切ずつケーキが残された。ラインホルトはぼくらの心の真ん中にいた。誰もかれのことを話はしないが、誰もの思いが繰り返し、かれへと帰っていった。会話も始まってはすぐに、なぜということもなしに立ち消えた。

五時ころ、軍用電話が鳴った。電話機のそばに座っていたグリンカーマンが受話器を取って、ぼくに目くばせした。しかし、部屋の全員がそれを見ていて、部屋の中は水を打ったように静かになった。

電話の向こう側から聞こえる抑揚のない声。「そちらで操縦士一名が行方不明になっておりませんか」

「ええ、そのとおりです」

電話の向こう側の長い沈黙。それから電話の向こうで、ひそひそ話し合っている声…、時々かれらの言葉が聞き取れた…。

飛行第15戦闘中隊（ヤークトシュタッフェル15）。左からラインホルト、ヘーニッシュ（プッツ）、エッサー〔訳注：ヤークトシュタッフェル15は1916年9月28日、ハプスハイム単座戦闘機分遣隊から編成され、1918年2月2日、飛行第2戦隊に編入〕

「かれはどんな様子をしている、おい牛太郎（ドウ・オクゼ）」抑揚のない声が電話口から再び聞こえた。

「操縦士は飛行帽をかぶってはいなかったのではありませんか」

ぼくは思い出した。ラインホルトはいつも普通の兵帽の上に、耳覆いをかぶせていたのだ。

「そうです」ぼくは叫んだ。「ラインホルト中尉がそこにいるんですか」

「身元を確認できる書類は何もないんです」そしてひそひそ話す声。「連隊番号はいくつだ、オットー」それからぼくに向かって「肩章に135とあります」

「死んだ？」

「そうです」

「そこはどこですか。すぐに行きます」

「リルヴァルの近くです。遠くからでもきっと機体が見えますよ」

受話器をおろすと、そこにいた戦友たちの顔を見回した。全員が蒼ざめ、厳粛な面持ちをしていた。

「行くぞ！」

ぼくらは車めがけて駆けより、砲弾で穴だらけになった国道をリルヴァルへと車を走らせた。

ラインホルトの愛機は、開けた畑の真ん中にあった。ほとんど破損していない。まるで、次の瞬間、再び空に向かって飛び上がっていくのではないかと思えた。

ぼくらは緑の芽の出始めた畑の上を突っ切って、飛行機に駆け寄った。歩兵たちが報告してくれた。ラインホルトは操縦席に座り、右手は機銃発射ボタンのうえに置いていたと。彼の顔は最後の戦いの緊張をそのままにとどめ、左の目は細められ、右目は大きく見開いて、今なお見えざる敵に照準をつけようとしているようだったと。

死はかくも突然にかれを襲ったのだ。一発の弾丸が後頭部を貫き、両眉の間から飛び出していた。弾丸が入った穴も、出た穴もほんとうに小さなものだった。

ぼくらは死者を抱きあげ、基地に一緒に連れ帰った。

＊

「ぼくもこんなふうに死にたい」グリンカーマンがぼくに言った。

数日後、新中隊長が着任した。ゴンターマン少尉だ。輝かしい戦歴に包まれた男。一二機の航空機、六基の軍用係留気球をこれまでに撃墜破し、ドイツ陸軍の対係留気球の最初の専門家として評価されていた。

かれの戦術はぼくらには新しく、実に驚くべきものだった。射撃に至る前に、かれはまず飛行技倆で相手を抑えつける。そのうえで実際に銃弾を叩き込めば、敵機を空中で引き裂くに必要な弾丸はせいぜい一ダース程度で事足りると。事実、かれは常に二〇メートルまで接近し、敵機のプロペラが起こす風の中を飛んだ。

おおらかな安らぎのようなものが、かれの身体からあふれ出していた。武骨で平べったいかれの農夫顔に、ほんのわずかでも興奮の色が現われることはまったくと言っていいほどなかった。自己に対する絶体の信頼を心底深く蔵しているのだ。ただかれに関して、一つのことがぼくを驚かせた。着陸後に自分の機体に確認された命中弾の一つ一つが、かれをして憤慨させるのだ。被弾したことに、かれは自身の技倆不足の証拠を見て取るのである。正しくかれの方式どおりにやれれば、空戦において敵は、一度も射弾を送れないはずだとかれは言う。この点、リヒトホーフェンとは対照的だ。赤い男爵（デア・ローテ・バロン）は機体への命中弾を整備兵から報告されると、ただ笑いながら肩をすくめてみせるだけだった。

ゴンターマンの着任とほぼ時を同じくして、中隊（シュタッフェル）はル・セルヴェから後方のボンクールに転進となった。宿所は大庭園のただなかに立つフランスの古城で、どこまでも続く広大な敷地が付随していた。

所有者は、年老いた地方貴族で、その城に夫人と二人の娘とともにいまだに暮らしていた。かれらは城の裏部屋のほうに移り、表側の豪奢な部屋をぼくらに引き渡した。実際のところ、かれらはぼくらを憎んでいた。しかし、かれらはまったく非の打ちどころなく振舞った。かれらの誰かに廊下や庭園で遭うことがあれば、氷のように冷たい礼儀正しさで、ぼくらに挨拶をした。

ある日を境にかれらの態度は変わった。正午、昼食の席でゴンターマンが次のような話をしてくれた。かれは廊下で老貴族と行き会ったそうだ。老人の目は涙で濡れていた。かれの娘たちは、毎日村に畑仕事に出なければならない。地方監督官の職にある上等兵が、あらゆる手段をもってかれらを苦しめ、嫌がらせをしているのだという。この上等兵は末娘の、まだほんの十五歳のやせっぽちの少女を追い回しもする。ゴンターマンはこの話を聞いて、調査することを約束した。

この話をするかれの顔は、怒りのあまり真っ赤になっていた。

その午後、上等兵は太った農耕用の牝馬にふんぞり返り、馬に速歩をさせてやってきた。ぼくらは庭園の、木陰のコーヒーテーブルを囲んで座っていた。ゴンターマンの部屋の窓は開け放されていて、室内での一語一語が聞こえた。

「君について苦情が出ているのだがね」ゴンターマンが切り出した。口調は静かだが、普段よりは幾分大きな声だった。

「君はご婦人方に長時間、重労働をさせているそうじゃないか」

係留気球撃墜専門家ハインリヒ・ゴンターマン〔訳注：ウーデットと同年、1896年2月25日生まれ。39機の撃墜戦果を挙げ、うち17は気球〕

「それはわたくしの正当な職権ですよ、少尉殿！」上等兵の口調には高慢で挑発的な響きがあった。

「どういうことだ？」

「女どもが言うことをきかず、逆らったりするなら、奴らは罰せられねばならんのです」

ゴンターマンの声は一層大きくなった。

「ほかにも君は、多くのご婦人たちに不品行は働いているというじゃないか」

長い沈黙があって、再びゴンターマンの声が聞こえた。

「例えば、この城の末の伯爵令嬢に対してだ」

「それについて私は、少尉殿になにか釈明せねばならぬ責めは負っておりません。私は当地の地方監督官なのです……」

次の瞬間、ぼくらはすくみあがった。ゴンターマンが咆哮したのだ。

「貴様、何様のつもりだ？　貴様は不潔な豚野郎だ！　このごろつき野郎！　貴様など、ただちに壁の前に立たせて撃ち殺すべきクソガキだ！　俺たちはここで名誉の武器を手に、立派な敵と戦っているのだ。それを貴様のようなごろつきが、俺たちの名誉を泥まみれにしてしまっているのだ！」

まるで中世の処刑のようだ。五分の間、ゴンターマンは息もつかさず、上等兵を打って擲って、打ちまくった。言葉による打擲（ちょうちゃく）だ。しかし、それで上等兵に対する処罰がいささかも軽減されることなかった。

「貴様を軍法会議にかけてやる！」かれは最後に叫んだ。「出ていけ！」

上等兵は、ぼくらの横を駆けて行った。顔は真っ蒼で、汗まみれだった。パニックを起こして、上等兵は、ぼくらに敬礼もせず、乗ってきた馬も残したまま行ってしまった。

少ししてゴンターマンがやってきた。すでにいつものかれに戻り、完全に落ち着いていた。ぼくらは夕刻の哨戒飛行に出撃した。ゴンターマンはニューポールを一機撃墜、ぼくはスパッドを一機墜とした。これはぼくの六機目の戦果だ。翌日の午後、ほかの整備兵たちと一緒に村に宿営しているベーレントが、あの地方監督官が今朝、憲兵隊に拘引されたことを話してくれた。ゴンターマンの持つ影響力は大きい、かれの軍隊における階級以上に大きなものだ。この話からもかれの人となりが知れよう。ぼくらの戦闘飛行中隊（ヤークト・シュタッフェル）に来て一四日の間に、ゴンターマンは八機の敵機を撃墜した。

ついで、プール・ル・メリット勲章が四週間の休暇つきでかれに与えられた。出発前の夕刻、かれは帰隊までの中隊の指揮をぼくにゆだねた。

＊

天候がいくらかでも許せば、ぼくらは毎日飛んだ。たいてい日に三回、朝と午後と夕刻だ。飛行任務のほとんどは敵機侵入阻止の哨戒で、実際の空戦に至ることはほとんどなかった。空にあがったフランス人は極めて慎重に行動したが、戦術的に抜きんでて巧みだった。ぼくら全員が、ここでは敵のほうが優勢であることを感じている。単に飛行機の質だけではない。激戦の行われている前線での二〇か月に及ぶ経験、数百度に及ぶ空戦の中で鍛えあげられ、そうすぐには挽回できぬ、今の優勢をつくりあげたのだ。

五月二十五日、ぼくらは哨戒に飛び立った……いつものように楔形編隊を組んで。ぼくは先頭で編隊を率い、後ろにはヴェンデル兄弟、プッツ、そしてグリンカーマンが飛んでいた。飛行高度は約二〇〇〇メートル。空は吹き払われたように澄み、頭上高くにわずかに薄く白い巻雲。太陽の光が激しく照りつける。ちょうど正午ころだ。見晴らすかぎり敵機の姿はない。

飛びながら幾度も周囲を見回し、僚機に合図する。かれらはぼくの後ろを飛んでいる。ヴェンデル兄弟、プッツ、そしてグリンカーマン。万事異常なしだ。

第六感というものがあるのかどうかぼくは知らない。しかし、突然、なにかある危険がぼくらに迫っているような気持に襲われた。半旋回をやった——その瞬間にぼくは見た。ぼくの機の間近、二〇メートルも離れていないところで、プッツの機体が煙と炎に包まれた。だがプッツは、プッツはこわ張ったように座席に座っていたが、顔をぼくに振りむけ、燃え盛る火炎のなかにまっすぐ立ち上がった。そしてゆっくりと右手を飛行帽に伸ばす。それは断末魔の痙攣だったのかもしれない。しかし、ぼくにはかれが、最後の別れを告げようとしているように見えた。

「プッツ!」ぼくは叫んだ。「プッツ!」

そのとき、プッツの機体はバラバラになり、機胴が燃え輝く流星のように、真っ逆さまに深みへと沈み、ちぎれた主翼はきりきり舞いながら機胴を追って墜ちていった。

ぼくはこん棒で殴られたように茫然と、地上のプッツの機体の残骸を見つめていた。

一機の飛行機が視界に入る。五〇〇メートル下を、ものすごい速度で西のほうに飛んでゆく。機体に描かれたフランスの国際標識(コカルデ)が、悪意ある目のようにきらめく。同時に、ぼくは感じた。「ギヌメールだ!」

操縦桿を倒す、かれを捕捉しなければ! しかし、アルバトロスの主翼は急降下に耐えらず、フラッターを起こし始め、それはいっそう激しくなっていった。機体の空中での分解を危惧しなければならない。

ぼくは追跡を切り上げ基地に帰った。僚機はすでに着陸していた。

かれらは飛行場にひとかたまりになって、小声で話しながら悄然としていた。グリンカーマンは同僚たちから離れ独りでいた。物思いに沈み、そこに立ってステッキの石突きで砂をかき回していた。かれの飼っている犬が、かれの膝に鼻面をこすりつけていた。しかし犬のことなど気づかないふうに、かれは自分の思いの中に深く沈んでいた。

そばに行くと、かれは顔をあげてぼくを見た。

「ぼくに腹を立てないでくれよ、ちびすけ。奴は太陽の中から編隊の真ん中に突っ込んだ。何が起こったか、気づいたときには、もうすべて終わってた」

かれの顔は苦悩にゆがんでいた。ぼくはかれという男をよく知っている。これから一週間はずっと思い悩み、自分を責め続けるだろうということもわかっていた。なぜならかれはプッツの後ろを飛んでいたのだ。そしてかれにはプッツを救うことができたかもしれないからだ。

けれどぼくには、グリンがどんな戦友であるかもよくわかっていた。かれと一緒に飛ぶとき、ぼくは絶対の安心を感じた。なぜなら、ぼくの後ろを一瞬たりとも敵に晒すより先に、自身を敵の銃弾にずたずたにさせてしまう男だったからだ。

「くよくよするなよ、グリン」ぼくはかれの肩に手を置いた。

「誰にも何もできなかったさ。責められるとすればぼくら全員だ」

＊

ぼくは部屋に戻り、最初に軍上層部への報告書を書き、それからヘーニッシュの両親に手紙を書いた。

死の飛ぶや疾し……。

伝令がやってきてぼくを午睡から起こした。モルチールからの連絡だ。ぼくらの中隊の飛行機が同地で墜落、操縦士のミューラー副曹長死亡と。

ぼくは車で現場に向かった。白髪頭の、シャンパーニュの荒打ち漆喰のように風雪にさらされた顔の数名の老兵たちがぼくを迎えた。かれらはミューラーを納屋の中の棺台に載せていて、そこにぼくを連れて行ってくれた。かれの顔は、静かで安らかだった。苦しまずに死んだにちがいない。ぼくはこの不幸の顛末を話してもらい、ボンクールに戻った。

飛行場はとても静かだ。午後、全機が出撃し、夕べになると、二機、三機と帰投する。

そのなかにグリンカーマンがいない。

一緒に飛んだ二人はかれの姿を見失ってしまったという。

かれは西に向かって飛び、雲の中に消えてしまったと。

歌い古された歌、悲しい歌……。

飛行場の柔らかな芝生を穿って、一本の散歩用のステッキが立っている。軍帽がその上にのっかっている。グリンカーマンのまじないだ。かれは出撃するとき、ステッキと軍帽をこうして残していく。そして任務を終えて戻ってくると、残していったものを再び手にするのだ。かれの大きな、狼灰色の毛色の犬が、落ち着きなくステッキのまわりをうろうろしている。飛行場をよぎっていくと、犬は駆け足でぼくの後についてきた。こんなことはこれまでなかったことだ。犬はグリンカーマンだけになついていて、近寄って来る者は誰でもパクっと咬みつくのだ。犬は濡れた鼻の頭をぼくの手にやさしくこすりつけてくる。

指揮官らしくシャンとしているのが、とても難しい。しかし、ぼくがゴンターマンはぼくに中隊を預けたのだ。だから誰にだってぼくが弱気になっているのは見せられない。弱気になっているのは見せられない。指揮所でぼくは命令を出した。連絡の取れるすべての前線部隊に電話し、誰かドイツの操縦士が前線に着陸していないかどうかを確かめろと。

「全部ですか?」事務官が尋ねた。

「全部だ、もちろん全部にだ!」ぼくはその男を怒鳴りつけた。

「何か前線からの消息があれば、ただちにぼくに知らせろ! ぼくは部屋にいる」自制心を取り戻して、命令の最後の部分は、できる限り冷静に、穏やかに言った。

ゆっくりと夜がやってきた。開け放った窓辺に座って、濃くなっていく闇を見つめていた。細く、輝く新月が、庭園の木々の葉の上高くをわたっていく。蟋蟀が耐えがたいほどに、甲高く、うるさく鳴いている。蒸し暑い。今夜は雨になるだろう。

グリンカーマンの犬は、部屋の中でぼくのそばにいる。落ち着きなくドアまで走り、そしてまた戻ってくる。幾度もかすかに吠える。

グリンカーマン、グリン! 八日前にかれは一機のスパッドを撃墜した。そいつはぼくの後ろに喰らいついたやつだった。翌日、かれを攻撃した敵機をぼくが駆逐した。グリンカーマン、なんとしてでも戻ってくるんだ。ぼくを独り置き去りにするなんて許すもんか!

十時、伝令が部屋に飛び込んできた。

「少尉殿、すぐ電話に。オルギュバルの歩兵哨所からです！」

深い、陰気な声。

「ええ、あなたのところのドイツ機が一機墜落しています。操縦士は黒髪、真ん中のところで分けています。そのほかに特徴となるようなものはありません。すべて燃えてしまいました」

犬が、部屋の外に出さなければならないほど吠えたけった。ぼくは机のランプに灯りをともし、グリンカーマンが残したものを伝令に持ってこさせた。擦り切れた紙入れ、その中にはいくらかの金と、ひとりの少女の写真、そして書きかけの手紙。「愛する人（ドゥ・リーベス）！」と手紙は始まっていた。手紙は、もうけっして書き終えられることはない。

窓の外の夜は漆黒の闇。明け方、雨が降り始めた。庭園の木立の濡れそぼった葉を風が重い音をたててざわめかせていた。

翌日の午前、干し草を積む馬車が一台、庭に入ってきた。木製の棺（ひつぎ）がその上に積まれている。棺は降ろされ、グリンのテントに運ばれた。ぼくらはかれのふるぼけた軍帽とステッキをその上に置いた。それから何の飾りもない木の棺の上を、庭にあった花や若葉の緑で覆った。

二日後、グリンカーマンの遺体は故郷に送られた。かれが最後を迎えた日の朝、かれの少尉昇任の通知が中隊に届いた。もしかれがそれを知ったなら、どんなに喜んだことだろう。ぼくは、ミュールハウゼンの本部の許可を得たうえで、昇任辞令をかれの両親のもとに送っ

最後の出撃直前のグリンカーマン〔訳注：1917 年 5 月 29 日。足元に縁起をかついで飛行場に残すステッキと頭には帽子が見える。傍で横になっているのはかれの愛犬。2 機撃墜戦果を挙げている〕

た。犬もグリンの故郷に連れて行かれた。犬は地面に前足を突っ張って動こうとせず、ついにはグリンカーマンのテントから無理やり引きずり出された。犬はがらがら音をたてて去っていく馬車の上で、いつまでも悲しい鳴き声をあげていた。人間のように。

六月四日、アイフェンハウエル副曹長墜死。この日ぼくは、ハプスハイム時代の同僚、グラスホフに宛てて手紙を書いた。「ぼくは別の前線に行きたい。君のところへ行きたい！」と。ぼくは飛行第十五戦闘中隊（ヤークト・シュタッフェル15）の最後の生き残りであり、当時ミュンヘンからシャンパーニュに転進してきた者たちの、最後のひとりだった。

*

旧ハプスハイム単座戦闘機分遣隊から発した飛行第十五戦闘中隊は、今やただ四機の戦闘機と副曹長三名、そして指揮官のぼくを数えるだけとなった。ぼくらはほとんど常に単機で飛んだ。そうすることによってのみ、任務の骨子を果たすことができた。

前線ではさまざまな動きがあった。敵が攻勢を準備しているということが、ぼくらの耳にも入ってきた。係留気球は日々長い連なりをなし、もくもくと湧く積乱雲に飾られたコサージュを思わせて夏空に浮かんでいた。気球の少なくとも一つでも、パチンと破裂させたらすっきりと気も晴れるだろう。だいたいほかの気球への警告にもなる。

早朝、ぼくは出撃した。早朝であれば太陽を背にし、太陽の中から気球に急降下して攻撃することができる。ぼくはこれまでにない高度を飛んでいた。高度計は五〇〇〇メートルを指している。空気は薄く、氷のような冷たさだ。

眼下に広がる地上は巨大な水族館のようだ。ラインホルトが撃墜されたリルヴァル上空に一機の敵格子胴機が遊弋している。小さいミジンコのように空中を泳いでいる。西からこちらへと点が一つ、猛烈な速力で近づいてくる。最初は小さく、黒かったが、接近するにしたがってどんどん大きくなってきた。スパッド、敵戦闘機だ。この空域で荒仕事をやろうとやってきた、ぼくと同じ、孤独な一匹狼だ。座席の上で姿勢を正す。戦闘が始まるのだ。

同高度で互いに相手正面に突っ込み、間髪の距離でうなりをあげてすれ違う。ともに左に旋回。敵の機体が太陽の中で明るい褐色に輝いている。互いに相手をめぐって円を描く。地上から見れば、二羽の巨大な猛禽が愛戯（たわむ）れているように見えようが、ここ上空では死をかけたやり取りが行なわれているのだ。背後を敵に最初に取られた者が死ぬ。なぜなら単座戦闘機は固定された機関銃を前方にのみ撃つことができ、後方は無防備なのだ。

皮の飛行帽をかぶった相手のほっそりと蒼ざめた顔がはっきりと分かるほどの近距離で、ぼくらは轟音を轟かせながら幾度も交差した。敵主翼下の胴に黒い字で単語が綴られている。五度目、敵のプロペラの起こす風が、ぼくの機体を左右に揺さぶるほど間近を飛びすぎたとき、その文字を読むことができた。「老人（ヴィユー）」とそこにあった。――老人（ヴィユー）――老人（デア・アルテ）だ。ギヌメールの個人識別マークだ。

そうだ、この前線のフランスのパイロットで、こんな飛び方ができるのは一人だけだ。ギヌメール、三〇機のドイツ機を撃墜した男だ。ほぼすべての恐ろしい猛禽のように、常に単独で狩りをし、上空から太陽を背に急降下で迫り、瞬息のうちに相手を撃墜して、去っていくギヌメール。そのやり口でかれはプッツも撃墜したのだ。これが死か生かの戦であることが、ぼくには分かった。

上方から急降下でかれに攻撃をかけようと、ぼくは機体を半宙返りに入れる。かれはすぐにぼくの意図を把握し、同様の宙返りに入った。ターンを試みる。ギヌメールがぼくを追う。一度、旋回を終えたところで、数秒間、かれはぼくを射撃線上にとらえた。金属の霰が右主翼にばらまかれ、冴えた音を響かせながら目標をたたいた。

できることを全部やってみる。急旋回、ターン、横滑り。しかし、電光の速さでぼくの動きの一つ一つを把握し、また電光の速さでぼくのあらゆる動きに反応してくるのだ。次第にぼくには分かってきた。かれはぼくより上手だと。単に使用機が、向こうがより優秀だというだけではない。戦闘機に乗る男として、ぼくよりも上だと。しかしぼくは戦い続ける。

ふたたび旋回。一瞬、かれがぼくの照準のなかに滑り込んだ。機銃のボタンを押した……、機銃は沈黙したままだ……弾詰まり！

左手で操縦桿をしっかりと握りしめ、右手で弾丸の装塡をやってみた。無駄だ……弾は詰まったままだ。一瞬、機体を急降下に入れて逃げようと思った。しかし、こんな強敵を相手にそれは見込みのないことだ、かれにすぐに後ろを取られ、弾丸を叩き込まれてしまう。

ぼくらは互いに旋回を繰り返す。賭けているものが命でなければ、素晴らしい飛行だ。かつてこれほど戦術に巧妙な敵手と戦ったことはなかった。ほんの一瞬、相手がギヌメールであることを、敵であることを完全に忘れてしまっていた。飛行場の上で、長年の戦友と訓練をやっているような思いにとらわれる。しかし、そんな気持ちになったのは一瞬だった。八分にわたってぼくらは互いに旋回を繰り返した。これはぼくの人生で最も長い八分だった。

ギヌメールはうなりをあげて背面飛行に機体を入れ、ぼくの真上を飛び越した。ぼくは操縦桿から両手を放し、両こぶしで機関銃をたたいた。原始的な方法だが、ちょくちょく効果があるのだ。

ギヌメールはこの行動を上から見ていた。かれはそれを見ていたに違いない。そしてぼくの機になにが起こっているかを知った。ぼくが、無力な獲物であることを見て取ったのだ。もう一度ギヌメールはほぼ背面飛行で、ぼくのすぐ上を飛んだ。そのときだ、かれが手をあげてぼくに向かって振ったのは。ほんのかすかに手を振った、そして機を急降下に入れて西へ、かれの前線の方向に去っていった。

ぼくは基地に戻った。茫然としたままだった。

ある者たちは、ギヌメールもそのとき機銃の弾詰まりを起こしていたのだと言う。ほかの者たちは、ぼくがやけっぱちになってかれの機に体当たりさせることを恐れたのだと主張する。しかしぼくは、そうではないと思う。今日(こんにち)においてなお、いにしえ世の騎士たちの、英雄的精神の断片が溌溂と残っていたのだと信じている。そしてこのゆえに、ぼくは遅ればせではあるがこの花束をギヌメールのどことも知れぬ墓前に手向けよう。

六月十九日、ゴンターマンが休暇から帰った。この数週間の中隊の運命をぼくが報告したとき、かれの唇はきゅっと引き締められた。

「つまり俺たちだけが残ったんだな、ウーデット」かれが言った。

グラシホフに転任願いの手紙をぼくは書いていた、しかし、今このときに、それをゴンターマンに話す心の準備は整っていなかった。ぼくはそれを話すのは夕方まで延ばした。

*

その午後、早くもゴンターマンは前線への最初の飛行に飛び立った。かれは敵一機を撃墜し、自身も一二発、被弾した。かれが着陸したとき、ぼくは飛行場にいた。そして一緒に城へと歩いた。

戦闘直後のかれの姿を初めて間近で見た。かれの顔はひどく蒼ざめ、一面の汗で覆われていた。かれから発散されるいつもの安らかさは消えていた。目の前いるのは、神経を極限まで沸騰し尽くしたひとりの人間だった。そのためにかれがぼくの目に小さく見えることはなく、ただいつもより身近にかれが感じられた。常に己を深沈と保たせしめているかれの自制力をぼくは賛仰していた。

肩を並べて歩きながら、かれは小さな声で罵声を吐いていた。被弾したことが、かれを憤慨させていたのだ。ぼくはかれを宥めた。

「撃つ者は、相手からも撃たれるのだということを勘定にいれとかないと」

ぼくらは足下で軋る庭園の砂利の上を宿所に向かって歩いていた。白く塗られた屋外テー

15分前に手痛い目に遭わせられた戦闘機乗りはこんな顔をしている。この主人思いのアルバトロスD. Vの機体に整備兵のベーレントは21発の被弾を確認した

ブルがひとつそこにあった。

かれは立ち止まり、落ち葉を一枚拾い上げ、さらに一握りの小石を掴んだ。かれは落ち葉をテーブルの上に置き、上から小石を徐々に落としていった。小石がテーブルに落ちるたびに、冴えた音がした。小石がテーブルのブリキ板に当たる音は、機体に命中弾を受けたときの音とよく似ていた。

「見ろよ、ウーデット」かれは小石を落としながら言った。「こんな具合に神の手から弾丸が落ちてくるんだ」かれはテーブルの上の落ち葉を指さした。

「弾はだんだん近づいてくる。そしていつか、弾はぼくらに当たる。間違いなくぼくらに当たる」

さっと手を動かして、かれはテーブルからこの遊び道具を払い落とした。ぼくはかれを横から見つめた。そばにいるのがなにか恐ろしく思えるほど、かれの魂の深みで嵐が猛っていた。そして、ここを離れたいという願いはいっそう確固としたものになっていった。ボンクールのどこの空も、悲しい思い出に満ち、ぼくに重くのしかかってくる。

「飛行第三十七戦闘中隊への転属願いを出したいんです」

ゴンターマンは驚き、とっさに振りかえった。

「貴様、俺を見捨てようというのか？」

その声は非難に満ちていた。しかし、すぐに自分を押し殺して、顔をこわばらせながら、氷のような冷たさで言った。

ゴンターマンの最後〔訳注：1917年10月30日、フォッカーDr. I三葉機事故で死亡。写真は事故後のゴンターマンの乗機〕

「もちろん、俺は貴様のゆく道の上に石を置くような真似はせんよ、ウーデット少尉」

　ぼくにはかれの気持ちが痛いほどよく分かった。

「ハプスハイム時代の古くからの戦友たちが……、向こうにいるんです」ぼくは小さな声で言った。

「単座戦闘機分遣隊の生き残りたちが。もちろん、後任がやってくるまではここに残ります」

　ゴンターマンはしばらく沈黙したままだった。

　それからぼくに手を差し出して、言った。

「残念だ、貴様が俺のところに残ってくれないのは、ウーデット。けれど、俺には貴様の気持がよく分かる」

*

三か月後、ゴンターマンは墜ちた。多くの我々の優秀な操縦士同様、かれは自分の過ちで墜ちたのではなかった。乗っていた三葉機の翼の一枚を飛行場の真上で失い、墜落したのだ。二四時間後、かれは死んだ。意識を取り戻すことなく。いい死に方だった。

リヒトホーフェン

着任六週間後、ぼくは飛行第三十七戦闘中隊（ヤークト・シュタッフェルジ37）の指揮官となった。フランドルの沼沢地の真ん中にある、小都市ヴィンゲーネにぼくらは駐屯していた。この地域はやっかいなところだった。地溝や水路が縦横に走り、どんな不時着もここでは機体破損を意味していた。空高く昇ると、東に陸（くが）の果てと、海が見えた。灰緑の風景は果てもなく北に広がり、ついには地平線に達する。

グラスホフがマケドニアに転属する際、中隊の指揮をぼくに任せたことに、中隊の誰もが驚いた。ここにはぼくより年長で、階級も上の者がいたからだ。

ちょうど秋のころだったが、ランス上空で、三機のイギリス機を撃墜したとき、かれがこれをぼくに約束したのだ。これはギヌメールのスタイルを駆っての奇襲による戦果だった。太陽の中から飛び出して、かれらの頭上に突っ込み、編隊後尾左の一機に攻撃をしかけ、短い五連射で撃墜、ついで右側を始末し、最後に指揮官機を撃墜した。残った二機は茫然自失の態で、機銃を撃ちすらしなかった。

すべて二〇秒とかからなかった。確かに、ギヌメールがプッツを墜としたあのときのように……。戦場の戦闘機乗りとして、パイロットは空戦の技術を学ぶか、あるいは滅びるかだ。第三の道はない。

ぼくが着陸すると、グラスホフはすでにぼくの戦果を知っていた。

「ここからぼくがどこかに行くときは、ちびすけ（クネッゲス）」かれは言った。「君が中隊を受け継いでくれ」

こうしてぼくは飛行第三十七戦闘中隊の指揮官になった。

この戦線でぼくらに対峙していたのはイギリス人、若く、気骨のある青年たちだった。どんな戦いも逃げず、常に最後まで戦い抜いた。しかし、ぼくらもかれらにひけはとらなかった。

ボンクールで味わった、すべての気力を萎えさせるあの重苦しい敗北感は消え去っていた。中隊は次々と戦果をあげ、ぼく自身今は撃墜一九機が公認されていた。

冬（一九一七年）が迫ってくると共に、飛行活動はいっそう不活発になっていった。雨と雪が続き、雨雪のない日には、飛ぶことなど考えられないほど、雲が重く垂れこめた。

ぼくらはほとんどの時間を宿所で座って過ごした。レース工場を経営している男の屋敷にぼくは宿営していた。窓辺に座っていると、時折、腰の曲がった、みすぼらしいなりの家内労働者たちが、雪を踏みしめながら、かれらのこしらえた物を工場に引き渡しに来るのが見

飛行第37戦闘中隊指揮官（ウーデット）。1917年、フランドルにて（背景のアルバトロスD. Vの胴に「ロー」と描かれているのが分かる）

えた。この家の息子は英国航空隊に入隊していた。しかしここの住人たちは、そのことでぼくにつらく当たったりはしなかった。

「かれはかれの義務を果たしている。あなたはあなたの義務をはたしているだけだ」これがこの人たちの意見だった。理性的で、そして明快な。

一九一八年の春、フランドルからヴォージュにいたるドイツ側前線に不穏の気が漲った。それは単に春だけで収まらなかった。士官や兵士たちの間で、目前に迫っている大攻勢のことがいたるところで取りざたされた。しかし、誰にも確かなことは判らなかった。三月十五日、兵員、航空機を貨車に積み込めとの命令が中隊に届いた。目的地は不明。

誰もが攻勢が始まるのだと分かった。

＊

ル・カトーへと延びる国道の脇に、ぼくらは航空機を格納するテントを設営した。雨が降っている。か細い小ぬか雨だ。雨は地上のすべてのものを徐々に灰色の粥に変えてしまった。木々を、家並みを、人間たちを。ぼくは皮のジャケットをかぶって、整備兵たちがテントの杭を打つのを手助けしていた。

一台の車が、がたがた音を立てて国道をこちらへとやってくる。多くの車がここを通りすぎて行くので、もう誰もそちらを見ようともしない。ぼくらは仕事を続けた。黙し、作業に没頭して。

誰かがぼくの肩をたたいた。ぼくは驚いて振り返った。

リヒトホーフェン。

雨のしずくが、帽子のひさしから滴り落ちて、騎兵大尉(リットマイスター)の顔の上を流れている。

「やあ、ウーデット(ターク)！」騎兵大尉はそういうと帽子のひさしを指でコンとはじいた。「素晴らしい悪天候だな今日は」

ぼくは黙って会釈した。そしてかれを見つめた。物静かな、完璧に抑制のきいたおもざし。重たげなまぶたになかばおおわれた大きく、青い両眼。この男が、これまですでに六七機の敵を撃墜し、ドイツ航空隊全飛行士の中で最高の男なのだ。

かれの車は下の国道で待っている。雨の中を、かれは土手をよじ登ってぼくのところにやって来たのだ。ぼくは待った。

「これまでいったい何機撃墜した、ウーデット？」

「公認一九機、公認申請中のものが一機であります」

かれは樫造りのステッキで地面の落ち葉をつついていた。

「ふむ、すると二〇機だな」かれはそう返した。それから顔をあげてぼくをじっと見つめた、値踏みするように。

「それなら要するに君は、ぼくらのところに来る機は十分に熟したということだな。来る気はあるか？」

来る気はあるかって？　もちろんありますとも。大ありだよ。思い通りになるくらいなら、すぐに荷造りをして、かれと一緒に行っただろう。陸軍にはたくさんの優秀な飛行戦闘中隊がある。そして飛行第三十七戦闘中隊も最悪というわけではない。しかし、リヒトホーフェン飛行戦隊（ヤークト・ゲシュヴァーダー）はただ一つだけなのだ。

「もちろんですとも、騎兵大尉殿（リットマイスター）」ぼくは言った。ぼくらは握手を交わした。細く、すらりとして、ほとんどきゃしゃと言っていいかれが、急な土手を降りていき、車に乗り込み、先の曲がり角で、雨のとばりの中に消えていくまでぼくは見送った。

「よう、つまり俺たち二人でうまくやったってことだな」

テントの杭を打ち込むために、ベーレントの横にぼくがもう一度しゃがみこむなり、そうかれが言った。

*

前線には多くの優秀な中隊（シュタッフェル）がある。しかし、リヒトホーフェン飛行戦隊は唯一無二のものなのだ。そしてぼくは今、この戦隊の輝かしい戦果の秘密を目の当りにした。

他の中隊は前線から二〇キロ、あるいは三〇キロ後方に位置する城や小村に宿営する。リヒトホーフェン戦隊は、短時間で解体、再度組み立てのできる波板トタンの兵舎に宿営するのだ。この兵舎は最前線の二〇キロ以上後方に置かれることはまずない。ほかの中隊は日に、二回から三回の出撃を行うが、リヒトホーフェンと戦隊の搭乗員たちは一日に五回出撃する。他の中隊では悪天候では出撃を中止するが、ここではほぼ毎日飛ぶ。

ぼくにとってしかし最大の驚きは、戦闘小規模飛行場（ゲフェヒツ・ランデプラッツ）だ。これはドイツ航空隊の大御所べルケの考案になるものだ。ベルケの最も才幹優れた生徒であったリヒトホーフェンはこれを踏襲したのだ。

前線から数キロしか離れていない、時には敵榴弾の直接の射程内にある野原で、飛行服に身を包み、デッキチェアーに腰をかけ、傍らには出動準備の整った戦闘機を並べて、待つのだ。敵機が地平線上に現われれば、すぐにぼくらは飛び上がる。一機、三機、あるいは一中隊全機で。

戦闘の後、着陸するとすぐに、ぼくらはまたデッキチェアーの上に身体を伸ばし、双眼鏡で空を監視しながら、次の敵を待ち構える。敵機の侵入阻止飛行はやらない。リヒトホーフェンはそれを無意味だと考えている。ただ、敵前線後方への哨戒飛行には重きを置いている。「この空で歩哨に立つというのは、戦闘機搭乗員の戦いの喜びを減じてしまうものだからね」かれは言った。そう、ぼくらはただ戦うために飛び立つのだ。

十時ころにぼくは戦隊に到着した。十二時にはもう飛行第十一戦闘中隊と共に最初の出撃に加わった。この中隊のほかに、第四、第六、そして第十中隊が戦隊に所属している。第十一戦闘中隊はリヒトホーフェンが直卒している。かれは自身で新入りひとり一人の技倆を試すことを重視していた。

ぼくらは五機で飛び立った。リヒトホーフェンが先頭となり、かれの背後にユストとグースマン。ショルツと僕は最後尾につく。このときはじめてぼくはフォッカー三葉機に乗った。高度約五〇〇メートル、砲弾孔だらけの地形の上をかすめるようにして西へと飛んだ。

出撃準備を整えイギリス機の飛来を待つ

リヒトホーフェン戦隊のぼくの宿舎〔訳注：本書にもあるように半円形のバラック、解体、再組み立てができる構造になっている〕

ロタールとマンフレート・フォン・リヒトホーフェン〔訳注：乗機フォッカー Dr.1 を背景にして。マンフレートが小脇に抱えているのがかれの死後、戦隊を引き継ぐものが手にしたステッキ。ロタールはマンフレートの２歳下の弟。かれ自身 40 機の撃墜戦果を挙げ、その中にはイギリスのエース、アルバート・ボールが含まれている。1922 年７月４日、航空機事故で死亡〕

砲撃で破壊され尽くしたアルヴェールの上空、雲のすぐ下をRE8爆撃偵察機一機が飛んでいる。イギリスの着弾観測機だ。味方砲兵部隊に砲撃誘導をやっているのは明白だ。ぼくらは敵機より若干低い高度にいたが、どうやらぼくらには気がついていない。そのまま悠々と砲撃目標と自軍砲兵部隊とのあいだで旋回を続けているからだ。

ぼくはすばやくショルツに目配せする、かれはうなずいた。編隊を離れてイギリス機（トミー）に突っ込む。

前方から攻撃をかける。前下方から鮫のように敵機に食いあがり、ごく近距離で射弾を送り込んだ。弾丸を叩き込まれて、敵機エンジンが銃弾で穴だらけになった。すぐに平衡を失ったかと思うと、次の瞬間空中でバラバラになった。炎に包まれた残骸が、アルヴェールの町近くに墜ちた。

一分後、ぼくは編隊に戻り、僚機とともに敵前線へと飛んでいる。ショルツが愉快そうに、素早くもう一度ぼくにうなずいてみせた。しかし、リヒトホーフェンもこの一連の経過に気がついていた。まるでかれには体中に目があるようだ。リヒトホーフェンは、さっとこちらを振り向くと、良し、とでも言うように手を振った。

ぼくらの右下方にローマ街道が走っている。木々はまだ裸のままだ。木々の枝の間から、格子細工を通して見るように、下方を縦列になって移動していく大部隊が見える。かれらは西に向かっている。イギリス人たちだ。ドイツ軍の大攻勢を受けて、退却しているところだ。街道の並木に沿い、木々の梢すれすれにソッピース・キャメルが編隊を組んで飛んでいる。

イギリス軍単座戦闘機だ。敵退却路の大動脈であるローマ街道防衛にあたっているのだ。状況を把握する間などなかった。いきなりリヒトホーフェンの赤いフォッカーがうなりをあげて下方に突っ込んでいったのだ。ぼくらはそれに続いた。

ソッピース・キャメルの編隊は蒼鷹に襲われたひな鳥のように四方に飛び散った。ただ一機だけは逃げられず、リヒトホーフェンはその機を照準に入れた。これが空戦と言えるのか、あっというまにすべてが終わった。一瞬、リヒトホーフェンは敵機と衝突したと、誰もが思ったほどの近距離だった。ほとんど一〇メートルと離れていなかった。ソッピースの機体に衝撃が走った。がくんと機首が下がり、白色の燃料が噴き出たかと思うと、煙と炎に包まれ、街道脇の野原に墜ちた。

リヒトホーフェンはなおも強靱無比のＶ字編隊を従え、猛然と下方のローマ街道に鋭く滑空していった。一〇メートルの高度で、かれは街道沿いに、地上の部隊に攻撃をかける。二挺の機関銃がやむ間なく、街道上に縦列をなした兵士たちを撃ち続ける。ぼくらは後ろにぴったりとついていく。そして、かれのように撃ち続けた。

突然の恐慌に襲われ、地上の部隊は麻痺状態になった。ただ数名が舗装道脇の溝の中に飛び込んだが、街道の上で右往左往しているほとんどの兵は撃ち倒された。

街道の端で、リヒトホーフェンは小さく旋回、もう一度、並木の梢越しに、地上部隊を掃射した。今度は、最初の攻撃がもたらした効果をはっきりと見て取ることができた。暴走する馬車、路上に放置された大砲群、それは消波壁のように、逃げ惑う兵士の波を遮っていた。

今回、ぼくらの攻撃は地上からの応戦に遭った。歩兵たちが立って、ライフルを構え、街道の溝からは機関銃がぼくらに吠えたてた。しかし、騎兵大尉(リットマイスター)は、地上砲火を受けて、乗機の主翼に穴が開いても、一メートルたりとも高度を上げずに飛び続けた。ぼくらはかれの後ろにぴったりとつき、飛びながら、撃ち続ける。全中隊は今やリヒトホーフェンの意思に従う一個の体だ。そしてそうあるべきものなのだ。

かれは街道を離れ、上昇する。ぼくらはかれについて上昇する。五〇〇メートルの高度で、ぼくらは帰路についた。ぼくらが着陸したのは十二時三十分だった。リヒトホーフェンにとって、これは今朝三回目の出撃だった。

ぼくの機が着陸したとき、リヒトホーフェンはすでに飛行場に立っていた。引き締まった口辺に微笑を浮かべてぼくのところにやってきた。

「君はいつもあんなふうに前からぶっ放すのかい、ウーデット?」かれの声の調子には、間違いなく称賛が混じっていた。

「以前何回かこのやりかたで戦果を挙げたんです」できるだけ何気ない風を装いぼくは言った。

かれはもう一度微笑すると踵(きびす)を返して歩き出そうとした、

「もう一つ、飛行第十一戦闘中隊を君に任せる。明日からだ」肩越しにそう言った。

戦隊の飛行中隊のひとつをぼくが指揮するというのは、以前からわかっていた。しかし、かれの告知のやり方には、何かぼくを驚かせるものがあった。

ショルツがぼくの肩をたたいた。

「へえぇ、君は騎兵大尉にすごく評価されてるね！」

「そんなことはないよ」ぼくはつぶやいた。

しかし、確かにそういうことなのだ。ただ、かれの評価には、毛ほどの情実も混じらない、完全に客観的なものだということをよく知っておかなければならない。かれは自分の全人生をかけて、ひとつの理念に奉仕している。祖国という理念だ。そして、同じことをかれは、戦隊の全搭乗員に求めている。何を成し遂げたかでかれはひとを評価する。そいつがいい男かどうかというのは、二の次なのだ。その試練を克服した者を、かれは全面的に支える。かれの全人格をもって。役に立たない者は、見放す。まつ毛一本動かすことなく。即日にだ。戦闘行動に際して、臆病な風を一度たりとも見せた者は、戦隊を去らなければならない。

実際、リヒトホーフェンもほかの者たち同様に、食い、飲み、また眠る。しかし、かれが食べるのも、飲むのも、眠るのも、これただすべて戦うためなのだ。戦隊の糧食が枯渇して来ると、副官中の巨匠ともいうべきボーデンシャッツを、調達のために古い飛行機に乗せて後方に送る。ボーデンシャッツは調達に出る前にはいつも、「愛する戦友たちに捧ぐ」とリヒトホーフェンが自署したかれの肖像写真を大量に携えていくのだ。兵站の糧飼部では、この写真は大いに値打ちがある。かれらはぼくらのところに、畏敬にあふれた沈黙をもって、お得意様用の食卓を運んでくる。だから戦隊ではソーセージもシンケンにも事欠いたことがなかった。

帝国議会（ライヒス・ターク）の代表数名が、戦隊を訪問するという連絡があった。夕刻、かれらは一台の大きなリムジンに乗ってやってきた。かれらの立ち居振る舞いは荘重極まりなく、戦地訪問というこの瞬間、まさに代議士として威厳をみなぎらせていた。ある代議士はこれに加えて、モーニングを着込んでいた。かれがお辞儀をするたびに、モーニングの裾が鶺鴒の尾のように上がったり、下がったりするのだった。

＊

士官クラブに整えられた夕食の席でかれらは、操縦士が聞けば歯がうずくようなことをしゃべる。

「あなたが愛機を駆って敵に立ち向かっていくとき、男爵よ」と一人が演説をぶち始める。リヒトホーフェンは座って、石のような顔つきで聞いている。

ワインを一本空にしたあたりで、かれらは英雄的な若者や祖国について話し始める。ぼくらはテーブルの周りで目を伏せている。言葉にはしないが、こんな話題をぺらぺらおしゃべりすべきではないという気持ちがぼくらにはあった。

食事のあと、代議士先生たちは寝室に案内された。かれらはぼくらとまったく同じ、小さな波板トタンのバラックで眠りについた。それでこそ、家に帰ったあかつき、戦場の印象を活き活きと語って聞かせられるというものだ。

代議士先生たちの部屋の小さな窓から漏れる灯りが消えるまで、ぼくらは飛行場でひとかたまりになって屯（たむろ）していた。

左から、ボーデンシャッツ、ウーデット、ボレ〔訳注：カール・ボーデンシャッツはリヒトホーフェン戦隊の有名な副官であり、戦後はドイツ空軍でゲーリングの副官を勤めた。カール・ボレは戦前オックスフォードで経済学を学んだという経歴の持ち主で、ベルケ中隊最後の指揮官となり、36機の戦果を挙げ、プール・ル・メリットを受勲、大戦を生き延びた。この写真は飛行第3戦隊（ヤークトゲシュヴァーダーⅢ）にベルケ中隊が編入され、戦隊長ブルーノ・レルツァー指揮下にあったころのものと思われる〕

「実際」とネズミっ歯（マウゼ・ツァーン）という渾名（あだな）のマウスハッケが腹に一物ありそうな顔で言った。

「奴ら、明日には早速家に帰るというんであればだ、戦争というものをもっと骨身に沁みて体験させねばならん」

ショルツは右目をしばたかせた。それから実に簡潔に、「空襲だ！」とだけ言った。けれどぼくらには、すぐにかれの言わんとしていることが分かった。

梯子（はしご）が運ばれ、慎重に国民の代表者たちが眠っているバラックに掛けられた。猫のように忍びやかに、狼どもは梯子を煙突へと登っていく。照明弾用の拳銃と、「飛行士の屁（フリーガー・ヒュルツェ）」と呼ばれる大きな音を出す火薬玉で、全身これ歯に至るまで武装して、つまり完全武装して。バラックの中で、機関銃を掃射するときのパチパチ、パラパラという音、火薬玉のくぐもった爆発音。すぐにさらに悲鳴。

満月の夜だった。ぼくらはほかのバラックの黒い陰にひそんでいた。突然、向かい側のバラックのドアが開くと、そこから三人の姿が白いシャツをひらひらさせて転がるようにして飛びだしてきた。騎兵大尉(リットマイスター)は頬に涙が伝うほど笑った。「空襲！　バラックに退避！」飛行場に大声が轟いた。すると、慌てふためきながら、三人の白い影は、ふたたびバラックのドアの後ろに消えた。

翌朝、かれらはここを離れようとあたふたし、ぼくらと一緒に朝食を取ろうとすらしなかった。

これは長いことぼくらの笑いの種となった。前線では笑いの種になるようなものはほとんどない。だから一度何か慰みの種が見つかると、ありがたく、いつまでも楽しませてもらうのだ。その後、ぼくらが溺れる泳者のように戦っていた、戦争の末期にあってさえも、この件は笑いの種として残った。

ぼくはベルヌでの捕虜のことを思い出す。

リヒトホーフェンの弟、ロタール・フォン・リヒトホーフェンがまたもや敵機を撃墜した。それはイギリスの少佐で、ちょうどぼくらの宿営地のそばに墜ちた。近くに歩兵部隊がいなかったので、ぼくらはかれを捕虜として拘束した。

夕食時、かれはリヒトホーフェンと連れ立って士官クラブに現われ、ぼくら全員に引き合わされた。すらりと背が高く、いくらかざっくばらんで、しかしきびきびとした物腰、愛想がよくて、それでいて慎みのある、要するにジェントルマンなのだ。

ぼくらは馬のことや、猟犬、飛行機のことをしゃべった。戦争のことは話されなかった。このイギリス人はぼくらの客なのだ。何か機密を聞き出そうとしているのではないかという気分に、かれをさせたくなかった。

歓談半ば、かれは隣の男の耳に何事か囁くと、立ち上がって外に出て行った。

ロタールはちょっと心配そうにかれを目で追った。

「どこに行こうとしてるんだ？」

「すみませんが、トイレはどこですかって、聞かれたんですよ」ネズミっ歯（マウゼ・ツアーン）が答えた。

一瞬、場は当惑したような沈黙に包まれた。トイレは宿所のある隘路（あいろ）の突き当たり、士官クラブから歩いて三分ほどのところにあった。その後ろには森が広がっている。運動で鍛えた男ならば、そこから逃げ出すのは難しくはない。

どうしたものかと、いろいろ意見が出された。肥満漢のブラウンシュヴァイク人、マウスハッケは誰よりも真剣だった。かれもトイレに行って、イギリス人の横で用を足そうというのだ。それが一番当たり障りのない方法だ。けれどロタールが反対した。

「ぼくらはあの男をこれまで客として遇してきたんだ。その間、かれに疑わしい挙動は一切なかった」

とはいえ不安は残った。最終的にぼくらが捕虜に対しての責任を負うことになるのだ。もしかれが逃亡したりすれば、それこそとんでもないことになる。

一人が窓のそばに行って、イギリス人の様子をうかがった。すぐに六人、八人と窓の外をうかがっている者の近くに集まった。ぼくもそこにいた。

イギリス人は大股に地面を踏みしめながら歩いていく。ちょっと立ち止まると煙草に火をつけ、自分の周りを見回した。ぼくらはとっさに窓の下にうずくまった。客を歓待するというのは神聖なものだ、ぼくらがかれを怪しんでいることを知れば、かれは気を悪くするだろう。

かれの姿がトイレのトウヒ材の板囲いのむこうに消えた。

板囲いと地面の間には隙間がある。かれの褐色の長靴が隙間から見える。これなら安心だ。けれどマウスハッケの探偵的第六感が呼び覚まされた。

「やっ、諸君」かれはあえぐように言った。「あの長靴のなかにはもうなにもないかも知れんぞ。奴は靴下で、うしろの壁を越えて、逃げたんじゃないか。長靴があんなふうに立ったままでいるはずはないが、もし……」

かれはどう足を動かして長靴をあんなふうに立たせておくのかやって見せた。

イギリス人が壁のうしろから再び姿を現わした。ぼくらは身をかがめて、忍び足で元の席に戻った。かれが部屋に入ってきたときには、ぼくらは馬や犬、それから飛行機のことをぺちゃくちゃしゃべっていた。

「あなたがたのような招待者をだますなんてことは、わたし自身許せることじゃありませんよ」イギリス人の少佐はこう言うと、ぼくらのために乾杯した。かすかな微笑を口の端に浮かべて。ぼくらは厳粛かつ荘重にかれに謝意を表した。

翌朝、小柄な、髭面の国民軍兵士が捕虜を連行していった。少佐はたびたびこちらを振り返って、ぼくらに手を振った。

五日後、ゲントからマイヤーが奇妙なニュースを持って帰ってきた。あるイギリス人捕虜が、連行者を襲い、ドイツ軍の軍服を着て逃亡したというのだ。走っている急行列車のトイレから。連行していた者はトイレの中に閉じ込められているのが発見された。

「少佐じゃなかったかい？」マウゼツァーンが興奮しながら聞いた。

「なんてこった、君は千里眼か？」マイヤーは跳びあがって驚いた。「いや実際、そいつはイギリスの航空隊少佐だったんだ。」

「もう一つ、逃げたのはやはりトイレからだ！」マウゼツァーンが叫んだ。

マイヤーはあっけにとられてぼくらの顔を見回した。ぼくらは顎（あご）が外れるほど大笑いした。

＊

ぼくらはあるいは単独で、あるいは編隊を組んで出撃したが、ほぼ連日飛んでいた。そして出撃するたびに空戦があった。

三月二十八日（一九一八年）、ぼくはグースマンと飛んでいた。アルヴェールへの哨戒飛行だ。遅い午後のことだった。太陽はすでに西にあった。そのぎらぎらする輝きが目に痛かった。時々親指で光を遮りながら、地平線上に敵を探さねばならなかった。さもなければ、突然やられてしまう。今は亡きギヌメールが全前線にこの戦術を行きわたらせたのだ。

突然、警戒していたにもかかわらず、一機のイギリス機がぼくらの頭上にいた。かれはグースマンに突っ込んだ。グースマンはこれをかわし、全速で下方に逃れた。一〇〇メートル下で、両機が旋回を繰り返すのが見えた。ぼくはグースマンを撃たずに、イギリス機を捕捉できる位置をうかがった。一瞬、ぼくは機首をあげた。二機目のイギリス機がぼくに射弾を送りこもうとしているのが視界に飛び込んだからだ。すでに奴は彼我一五〇メートルまで接近している。距離八〇メートルで奴は撃ち始めた。退避は不可能だ。ぼくもかれめがけて飛ぶ。タック、タック、タック、タック、ぼくの機銃が吠える。タック、タック、タック、敵の機銃も吠え返してくる。

ついに彼我の距離二〇メートル。次の瞬間、双方の機体が衝突するかと見えた。敵がわずかに動き、イギリス機は間一髪のところでぼくを飛び越えた。奴のプロペラが起こす疾風がぼくの機体を揺さぶる。ひまし油の匂いが吹きつけてくる。

急旋回。「今から巴戦が始まる」と思った。しかし、かれも同じように旋回すると機首をこちらに向ける。ぼくらは槍を構えた馬上試合の武者のように、機銃を撃ち続けながら、うなりをあげて互いに真正面から突っ込んでいった。今度はぼくが奴を飛び越した。

再び機首を返す。再び、奴はまっすぐに向かってくる。ふたたび、ぼくらは互いに正面から突っ込む。曳光弾の薄く、白い糸が空中に幕のように浮かぶ。ぼくの機体から手のひらの幅ほどしか離れていないところを奴はさっと飛び過ぎていく……。「8224」と奴の機胴に黒く描かれている。

四度目。自分の手が濡れているのが分かる。今、ぼくが対峙しているのは、命を懸けて戦っている男だ。かれか、しからずんば我か……、ぼくらの一人が生き残る……、ほかに出口はない。

五度目だ！　神経はずたずたになるほど張り詰めている。しかし、頭は冷ややかに覚めて、明晰に活動している。こんどこそ決着をつけねばならない。かれを視界の真ん中にとらえ、かれに向かって飛ぶ、まっすぐにかれ目がけて。今度は一寸たりとも避けるものかと、ぼくは決心していた。

電光のように記憶がよみがえってくる。ランスでぼくはそれを見た。大空の決闘。彼我二機が正面から互いに突っ込み、衝突した。両機の胴体は一つの金属の塊になって地上へと墜ちていった。翼だけがさらに空中を飛び、それからひらひらと落ちていった。

二匹の荒れ狂う猪のように、ぼくらは互いに真正面から突っ込んでいった。奴にまだ気力が残っていたら、ぼくらは二人とも死ぬ。

そのとき、奴が脇に避け、ぼくを回避した。この瞬間、ぼくの収束弾が奴を捉えた。かれの機は棒立ちになり、キリキリっと背を返すと、地上の巨大な砲弾孔の一つに墜ちていった。吹き上がる土砂、煙――、二度、ぼくはかれが墜ちた場所の上で旋回した。灰色の軍服のドイツ兵たちが地上に立ち、こちらに手を振りながら叫んでいる。

基地へと飛ぶ。全身汗だくだ。神経はまだわなないている。同時に、鈍く穴を穿たれるような耳の痛み。

これまで撃墜した敵のことを気にすることはなかった。戦う者は、自分が与えた相手の傷など気にかけてはならないのだ。けれど、今回は自分の敵が誰であったのか知りたいと思った。

夕べ、黄昏のなかをぼくは車を走らせた。かれの墜落した場所のすぐ近くに野戦病院がある。そこにかれは運ばれたに違いない。

ぼくは医師を呼んでもらった。医師はやってきた。かれの白衣がカーバイトランプのぎらぎらする光の中で亡霊じみて見えた。今日戦った相手は、頭に銃弾を受けて、即死していたという。医師はぼくにかれの紙入れを渡してくれた。

「C・R・マースドープ少尉。オンタリオ。RFC47」と書かれた名刺。イギリス航空隊の一員だったのだ。一枚の老婦人の写真と手紙。「あまり戦闘飛行に出ないようにしてください。お父さんと私のことも考えてくださいね」

看護兵が飛行機の標識番号を持ってきてくれた。かれはそれを機体から切り取ってきたのだ。持ってこられた標識番号の上には血が飛び散っていた。ぼくは中隊に戻った。撃墜した男の一人ごとに、一人の母が泣いているのだということなど考えてはいけないのだ。

翌日から、耳の痛みはますますひどくなった。まるで頭の中で誰かがドリルと鑿を使っているようだ。四月六日、再び一機を撃墜。戦隊規模の敵編隊から墜としたソッピース・キャ

イギリス軍少尉マースドープとの決闘を終えて〔訳注:1918年3月28日。チャールズ・ローランド・マースドープは本書ではオンタリオ出身のカナダ人とされているが、実際は英領南アフリカ出身である。マースドープの機体（キャメル）から切り取った機体番号をウーデットは戦後も自室に飾っていた。これも戦後の事だが、ウーデットはマースドープの母親にマースドープの飛行免状を送っている。機体はフォッカーDr.1〕

メルだ。これはぼくの二四機目の戦果だ。

基地に着陸したとき、耳の痛みのために、ほとんど歩くこともできないほど、意識が混濁していた。リヒトホーフェンが飛行場に立っていたが、かれに敬礼もせずに、よろめきながらそばを通り、医務所に向かった。

基地には看護兵が一名だけいた。戦隊にはまだ医師の配置は認められていなかったのだ。この看護兵は気のいい、よく肥えた男だったが、自分の手仕事に関し、大して知識があるようにはみえなかった。ぼくの頭を鋸で細切れにしてしまおうとしているのではないかと思えるくらい、医療用の器具で耳の中をやたらといじくりまわした。

「耳の中がやたらひどく膿んでますなあ」あげくに、そう言った。

ドアが開いて、騎兵大尉（リットマイスター）が敷居に立っていた。

「ウーデット、いったい何が起こった?」かれが尋ね、看護兵が説明した。

騎兵大尉はぼくの肩をたたいた。

「今は戦線から離れるんだ、ウーデット」

ぼくは抗議した。

「多分、すぐに良くなります」

しかし、かれはぼくの抗議を手でさえぎった。

「君は明日の朝出発だ。前線の兵士は健康でなければならん」

戦果をあげつつある最中にそれを中断し、自分の新しい中隊を離れるというのは、恐ろしく気分の重いことだった。かれにはぼくの気持ちがよくわかっていた。というのも程度の差こそあれ、ぼくらは皆「玉突きの法則」を信じていたからだ。

翌朝リヒトホーフェンは、ぼくを前線後方に運ぶ複座機に乗せ、自ら操縦桿を握って連れて行ってくれた。着陸後、かれは飛行場に立ち、ぼくに帽子を振った。かれのブロンドの髪の毛が太陽の光を浴びて輝いていた。

帰郷（ハイムケール）

早朝、列車はミュンヘンに着いた。街はまだ眠っている。大通りにほとんど人影はなく、商店は閉まり、ただ時折、窓のブラインドが引き上げられる際のシューという音が聞こえるだけだった。カウフィンガー通りをぶらぶらと下り、この街の中心シュタフスを通り過ぎた。「ふるさとだ」とぼくは思った。「再びふるさとに帰ってきた！」しかし、周囲の、見慣れたはずの建物や通りに抱く温かい親しさや、故郷に帰ってきたのだという感慨は湧いてこなかった。朝の薄明の中に佇む街は、眠っている人間のようによそよそしく、遠いものに思われた。

ぼくは一軒の葉巻を扱う店に入り、事務所にいる父に電話をかけた。朝の早い時間にもかかわらず、父はもう事務所にいた。いつも一番に事務所に出るのを父は常としていたのだ。

「エルニー」父はそう言い、二、三回大きく息をすう音が聞こえた。

「エルニー、お前ここにいるのか？」

ぼくと父は、母にはぼくが帰ったことを内緒にしておいて、正午前くらいにぼくが父を迎えに行くという手はずを決めた。その前に医者に行ってこよう。医者はぼくの家族の、昔からのかかりつけの医師だった。かれはまるでレストランで、常連が酒宴の集まりでやるような大騒ぎで、ぼくを迎えてくれた。こうした仰々しい歓迎は、多くの場合職業的手管かもしれないが、かれの場合、寛容な呑兵衛魂の根っこから轟きわたってきたものなのだ。

かれはぼくを診察すると深刻な顔をした。

「もう飛ぶのは終わりだな、坊主」かれは言った。「鼓膜が破れていて、中耳が化膿しとる」

「そんなこと絶対できません」どんなにがんばっても声が震えるのをどうすることもできなかった。

「まあ」かれはぼくの肩を宥めるようにたたいた。「医者をしているわたしの伯父なら、鼓膜をもう一度縫い合わせられるかもしれんが。しかしな、間違いなく一番いいのはどこか田舎にでも行って、きちんと養生することだ」

この訪問はぼくをがっくりとさせた。父のところに向かう間中、ぼくはこのことを考えていた。もう飛ぶことはできないだと？——そんなことがあってたまるもんか。ぼくに黒メガネをかけさせて、一生をそうやって過ごせというようなものじゃないか。そんなことをするくらいなら、二、三年でも太陽を見て、そのあと永久に目が見えなくなるほうがずっとましだ。医者の忠告は自分の考えと一致する場合に限り従うことにしようと決めた。

いつしか父の事務所に着いていた。すぐに事務室に入ると、父は書き物机から立ち上がり、大股でぼくのところにやってきた。

「坊主、わしの坊主！」そう言って、かれは両腕をぼくに伸ばした。

一瞬、ぼくらは向かい合い、立ったまま互いを見つめあった。それから少し息をはずませながら父が話し始めた。

ぼくがバーレット軍曹から鹵獲し、父に送ったウインチェスターは申分のない逸品で、この銃でもう二、三匹鹿を仕留めたといったようなことを。

フランスの男たちは、こんな場合いかにも率直だ。ひとを迎える時あるいは別れるときかれらは抱き合い、キスしながら互いに頬髯をごりごりと相手の顔にこすりつけることに何のはばかりも持たない。それはかれらがいるところ世界中どこでもまったく同じだ。ぼくは駅でもそんな光景をよく見かけた。

父とぼくは向かい合って座っている。書き物机に隔てられて。

「ところでな」父が言った。

「このあいだの夜、ふと思いついたことがあってな。お前、手紙に書いてきたろう、コードロンにしっかりと命中弾を与えても撃ち墜とせなかったって。多分この飛行機は装甲されてたんじゃないか？」

ぼくは頭を振った。

「しかし、しかしだよ」父は熱を込めて続けた。

「お前もそれは知らないじゃないか。それでわしは考えたんだ、わしらの飛行機も装甲しなきゃならんとな。少なくとも、操縦席とエンジンをだ。そうすれば、パイロットにとって一番の危険はかたづけられるはずだ」

ぼくは反論した。砲兵隊の着弾観測の任務につく機体なら、ひょっとしたら装甲は可能かもしれない、けれどぼくらの戦闘機では駄目だと。装甲を施した機体では、きっと高度一〇〇〇メートル以上に昇れないよと。

「そんなことはどうだっていい。肝心なのはつまりパイロットの命だ」

「けれど父さん」とぼくは少し見下したような言い方をした。

「なんだかずいぶん怪しいイメージを飛行について持ってるようだね」

父のうれし気な興奮がその顔からすっと消えてしまった。

「そう、そうだな。お前が正しいのかもしれん」

父はしょんぼりと言った。その瞬間、恥ずかしさと後悔がぼくの心の中で怒涛のように膨れ上がった。ぼくはちっとも父のことを分かっていなかった。父の心の中で幾度も幾度も鍛えられた、装甲板というのは、ぼくを守るためのものなのだ。そしてそれをぼくはあっさりとゴミ箱の中に放り込んでしまったのだ。

「クルップ社じゃ今、防弾性の新しい軽金属をテストしているそうだよ」

ぼくは話の糸口をもう一度紡ぎだそうとした。けれど父は手でさえぎった。

「さあ、もうこの話はこれくらいにしておこう。母さんに電話をかけようじゃないか。わしが客をひとり連れて行くから、食卓にもう一席用意しておいてくれってな」

ぼくらは家に着いた。父が最初に居間に入っていく。母は食卓の用意をしていた。ナイフやフォークががちゃがちゃなる音が聞こえ、それから母の声。

「あなた、戦況報告はもうお読みになった？　わたしたちのエルニーが二四機目の敵を撃ち落としたのよ」

これ以上我慢できなくなり、ぼくは部屋の中に駆け入った。母はナイフもフォークもテーブルの上に放り出してしまい、互いに抱きしめあった。それかれ母はぼくの頭を両手ではさみ、少し自分から離すと、

「病気なの、お前？」と聞いた。

「ああ、ちょっとばかり耳がね」

母はすぐに安心した。これが母の一風変わったところだ。母は、この戦争では、ぼくに悪いことは何一つ起こらないという堅固な確信を持っていた。そして、それをきっぱりと言いきるのだ。まるで神様が個人的に母に約束してくれたように。母の確信にぼくはたびたび微笑せざるを得なかった、そしてたびたびは、母の信仰の無邪気さに心を揺さぶられた。そのうちこの母の確信が、だんだんぼく自身にも移ってきて、この戦いではぼくに当たる弾はないんだと、ときどき何となく自身、信じてしまうことがあった。

ぼくらは食事を始めた。合間、合間にあれこれと尋ねられる。ぼくは差し支えないと思うところだけを家族に話した。マースドープとの最後の空戦のことは、話さなかった。父を不

安にさせたくなかったということもあるけれども、そのほかに、妙にはばかられる気持ちがぼくにそれをやめさせたのだ。酢漬けの焼き肉（ザウエル・ブラーテン）や肉団子のそばで、英雄の魂を持った、そしてぼくに撃墜された男の話などできなかった。

そうとも、今、ぼくは自分の家にいるんだ。温かい風呂に浸かっているようなこの気持ちに浸り、あらゆる心の凝りをほぐし、寝たいだけ寝て、食べたいだけ食べ、自分を思い切り甘やかすんだ。最初の数日、街にはほとんど出なかった。街で何をするというんだ。戦友たちは戦場に立っている。多くの者はすでに死んだ。この街で、見知らぬ者たちの間をぶらぶら歩きたいとは思わなかった。ただ老ベルゲンのところには絶対に行かなければならないけれど、この訪問を思うとぼくの心は重くなった。老人はオットーが墜死したという知らせに、ふさぎ込んでしまっているにちがいない。どんな慰めの言葉をベルゲンさんにかけてあげることがぼくにできるのか？　この戦いで死んだ者のかたわらに、何為すことなく佇み、この戦争がもたらした傷口をただ眺めていることに比べれば、戦うということのほうが、本当に、ずっと易しいことだ。

医者には毎日行かなければならなかった。医者はぼくの耳の治療経過に大いに不満足の様子だった。医者には言いたいように言わせておいた。もう最初に診てもらったときのように、医者の言葉がぼくを動揺させることはなかった。ある朝、診察が終わり、家へと歩いていたとき、ホフガルテンでぼくはローに出会った。若者たちが互いに知り合いになる、ちょうどそんなふうに、ぼくらは昔からお互いを知っていた。ぼくらは何度か一緒にダンスを踊ったり、ほかの仲間たちと小旅行をしたりしたことがあった。

ぼくらは互いに歩み寄った。かわいらしい模様のある、洗濯のきく絹の服を着た彼女は、まるで今朝咲いたばかりの花のように、はつらつとしていた。彼女を見つめていると、戦争が起こっているなどということが信じられなくなる。けれど、それから、彼女は看護助手として、ある野戦病院で仕事をしていることを話してくれた。彼女が受け持っている部所に、脊髄を撃たれて、数か月間生死の境をさまよっている男がいた。二、三週間ごとに身内の者たちがやってきて、かれに別れを告げるが、かれは死なずに生き延びる。しかし、かれは間違いなく死ぬと、医者たちは言っていると。

ぼくがローの話をつっけんどんに中断させると、彼女はちょっと驚いたふうにぼくを見つめた。

「もっとほかのことを話そうよ?」

少しの間、ローは気分を悪くしたようだった。そのとき彼女は下唇をつきだしたが、それはちょうどチョコーレートを取り上げられた子供のような顔だった。彼女の家の前で、もう一度ぼくらは仲直りをして、日が沈んだら、「市庁舎地下レストラン(ラーツ・ケラー)」で会おうと決めた。

その日の午後、ぼくベルゲンさんを訪ねた。これ以上、この訪問を延ばすわけにはいかなかった。女中がすぐに、老ベルゲンが新聞を読んでいる居間に通してくれた。かれはこの家にひとりきりでいる。ハンスとクラウスは戦場に立っている。そしてかれの妻はとうに死んでいた。かれは新聞を降ろすと、鼻眼鏡越しにぼくを見つめた。かれの顔は驚くほど老けて

オットー・ベルゲン〔訳注：1896 年 11 月 9 日生。1917 年 9 月 26 日、着陸時の事故で死亡。バイエルン第 46 野戦飛行部隊所属。死亡時階級は伍長〕

いて、まるで死人のようだった。白い、先を尖らせた髭は、雪に覆われた氷柱のように垂れ下がっていた。

他人の悲しみを前にして、なんと人間というのは無力なものなのだろう。

「ぼくは……、オットーのために……」

口ごもりながらぼくは言った。

かれは手でさえぎった。

「気楽にしないさい、エルンスト。君はオットーをもう一度訪ねてくれたんだね」

かれは立ち上がるとぼくの手を握った。

「来なさい」

かれはドアを開けると、ぼくの前に立って階段を上っていった。ぼくらはオットーの部屋に入った。そこは屋根裏部屋で、オットーが学生の時に使っていた部屋だ。

「さあ」老ベルゲンは神経質そうな手の動きでまわりを指さしながら言った。

「ここにあるものは何でも見ていいよ」

それからかれは背を向けて部屋から出て行った。かれの足音は階段を降りていくにつれていよいよ弱々しいものになった。ぼくはオットーとふたりきりになった。

この小さな部屋の中はすべて昔のままだった。飾り棚と本箱の上に、飛行機の模型が置かれてあった。これらの模型はオットーが自作したものだ。すべて素晴らしい出来栄えだった。当時有名だったタイプのほとんどの模型がそろい、細部に至るまで正確に復元されていた。

しかし、飛ばす段になると、石のように落ちてしまうのだった。

緑色の、インク染みのある上張りのついた子供用の斜面机（プルト）のそばにいって、上板を開いた。そう、そこにはまだ青い学生用のノートが置いてあった。「一九〇九年、ミュンヘン飛行クラブ」の日誌だ。会員はみな十歳から十三歳の少年たちだった。毎週水曜日に、倉庫に集まって、みんなで模型を組み立て、土曜日には街の小川やイザール川で飛行大会をやった。オットーの作った模型は、断然見事な仕上がりだった。ぼくの作った模型は、雨に濡れしょぼくれた燕みたいに不格好だったけれども一番よく飛んだ。ちょっとしたこつがあったのだ。ノートをぱらぱらとめくってみた。クラブの書記をしていたかれは、こざっぱりとした、きれいな子供らしい字で、あらゆることを記録していた。「飛行家エルンスト・ウーデット氏は、かれの模型〝UⅡ〟による運河横断飛行成功により、第一等賞を授与された」とノートに書いてあった。この飛行大会の際、ぼくの作った模型は途中で壊れることなく、イザール川を横断したのだ。

「一九一一年一月九日、ミュンヘン
ミュンヘン飛行クラブの滞空公式証明書を
操縦士エルンスト・ウーデット氏に授与する。
この証明書の授与は、かれの「MGV」が製作
した「ドルニエ単葉機」が規定の三メートル
を会長並びに事務長の立会いのもと飛んだこ

とによるものである。

一九一一年一月、ミュンヘン

会　長　W・ゲッツ

事務長　オットー・ベルゲン

パイロット　クラウス・ベルゲン」

机の物入れの中はきちんと整理されていた。永遠にこの世を去ってしまう前に、かれが片づけたかのように。

そこには手紙もあった。ぼくが書いた手紙が全部、日付を記して束にしてまとめられていた。ぼくの最後の手紙は束の一番うえにあった。封筒はまだついたままだ。その手紙は、ようやくぼくの中隊にオットーを呼ぶことができたことを報せたものだった。「万歳、オットー！」と手紙は結んであった。

ふたりで描いた絵もそこにあった。かれはいつも紙の右半分を使い、ぼくは左側を使っていた。そこには写真もあった。クラブの仲間たち全員の姿が一緒に写っている。世間知らずの子供たちの姿が。ほかに、「ニーデラシャウ飛行大会」の案内書もかれは取っておいていた。ぼくは飛行クラブの自作第一号機であるグライダーで空中に跳び、そして地面に落ちて、この鳥のくちばしを折ってしまった。すると、われらが会長ヴィリー・ゲッツは、ニーデラ

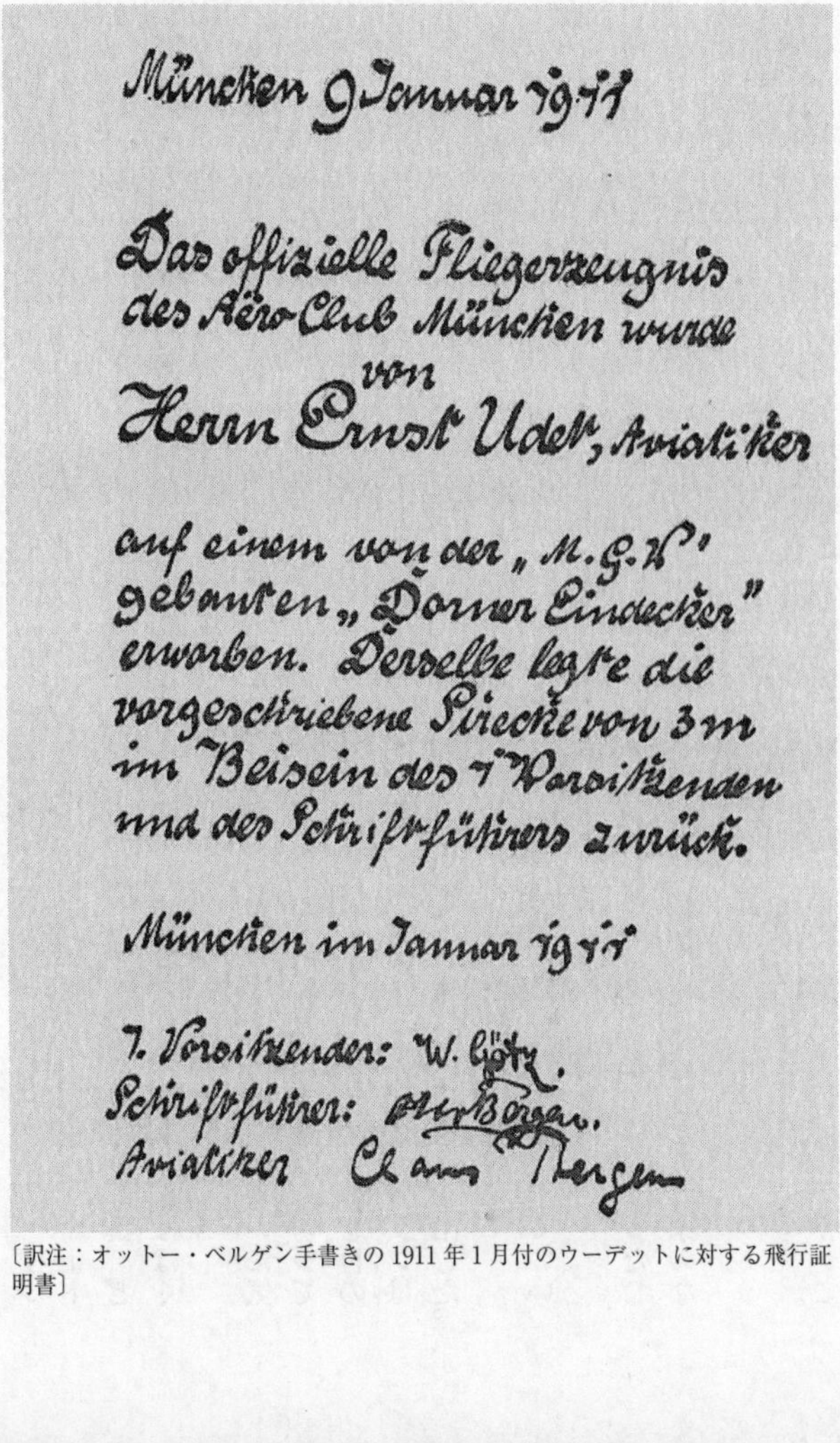

München 9 Januar 1911

Das offizielle Fliegerzeugnis
des Aëro-Club München wurde
von
Herrn Ernst Udet, Aviatiker

auf einem von der „M.G.V."
gebauten „Dorner Eindecker"
erworben. Derselbe legte die
vorgeschriebene Strecke von 3 m
im Beisein des 1. Vorsitzenden
und des Schriftführers zurück.

München im Januar 1911

1. Vorsitzender: W. Götz.
Schriftführer: Otto Bergen.
Aviatiker Claus Bergen

〔訳注：オットー・ベルゲン手書きの1911年1月付のウーデットに対する飛行証明書〕

シャウの観衆に向かって、当地域の地磁気は飛行にはあまりに強すぎると宣うたのだ。ダンス教室に通っていたころの集合写真もある。それから戦争が始まってからの写真だ。オートバイ部隊にいたころのぼくの写真、最初の撃墜戦果を挙げた後の飛行服姿のぼくの写真。どの写真にも日付と装飾文字で簡単な説明が白いインクで書き込まれていた。オットーはぼくの人生を一緒に生きていたのだ。

少年たちの友情の周辺には、なにか独特の気分のようなものがある。自分たちが互いに気に入っているということを、言葉でほのめかしたりするくらいなら、自分の舌を噛み切ってしまったほうがましだ、というような気分だ。今初めてぼくは、こんな気分のすべてを目の当りにした。ぼくはは物入れの蓋板をパタンとしめて、階段を降りていった。老ベルゲンは前と同じように新聞を読みながら座っていた。かれは立ち上がって、ぼくに手を差し出した。力強さも暖かさも失われた手。

「何かオットーの物でほしいものがあれば、エルニー」かれは言った。「持っていっていいよ。オットーは友人たちなかで、君のことが一番好きだったからな」

かれはうつむいて、自分の眼鏡を拭き始めた。ぼくは涙を隠す眼鏡を持っていなかった。涙がぼくの頬を伝って落ちた。通りに出ていく前に、しばらくの間、ぼくはひとりで家のなかに立っていた。

当時ぼくは二十一歳だった。そしてオットーはぼくの一番の親友だった。その夜は、戦争が起こ

夕べ、「ラーツケラー」でローに会った。ぼくは平服を着ていた。

最初のグライダー制作〔訳注：1910 年、ウーデットは 14 歳の夏休みをミュンヘンから 70 キロ離れた小村アーシャウで母と過ごした。このとき、友人のベルントホイスルの助力を得て最初の滑空機の制作に取り組んだ。総重量 32 キロ、翼面積 14 平方メートル、写真の子供はウーデットとベルントホイスル〕

ニーダーアーシャウにおける滑空試験での不本意なる着陸

っていることなど忘れたかったのだ。けれど、ローはなにか傷つけられたような顔をしていた。ぼくがちっとも英雄ぽく見えなかったからだ。

ぼくらは堅くて筋の多い子牛の肉と貧血でも起こしているみたいな、あるいは水にさらされすぎたような、大きくて、青みを帯びたジャガイモを食べた。ただワインだけは熟しきった甘さに満ちていて、戦争が起こっていることなど感じさせなかった。

一人の老婆が、バラの花籠をもってテーブルの前を通り過ぎた。ローは横目で籠の中の花を見ていた。

「あのバラはよくないよ」ぼくは小さな声で言った。

「全部針金細工みたいじゃないか」小さな声で言ったにもかかわらず、老婆にはぼくの声が聞こえていた。老婆は籠をおろすと、ぼくらの前に立ちはだかった。

「上等だね」老婆は金切り声を出して、腰に手をあてた。

「何様のつもりだい、年寄り女が日々のパンを稼ぐのを邪魔しようってのかい。お前のような若造はこんなところにゃ用はないよ。塹壕の中に行きな！」

周りのテーブルの客たちが気づいて、こちらをそっとうかがっている。ぼくが徴兵忌避者だったら、老婆の言葉はひどく心に応えたに違いない。ぼくにはちょっとした気晴らしだ。しかし、ローは額の髪の生え際まで真っ赤になった。

「まあいいや」ぼくは老婆に言った。

「それじゃ花束を二つこっちにもらおうか」

老婆の態度の変わりようたるや驚くべきものだった。怒りは舞台芝居の嵐のように静まり、顔は愛想よさにあふれていた。急いで彼女は籠のなかの花束をかきまわして選び始めた。

「わたしの言ったことなど気にしっこなしですよ、若旦那」

老婆はぶつぶつと独り言のように言った。

「あんたが兵隊さんになるにゃ若すぎるって、一目見りゃ分かるさ。あんたに言ったことは、腹立ちまぎれに、つい頭に浮かんだことを言っちまっただけさ。子供たちにお恵みを」

そう言うと、まわりの客たちを振り返って、

「このひとは多分堅信礼を受けたばかり……」

ぼくは手まねでやめさせた。ローはいやな小さな皺を眉間に寄せていた。

「とんだ堅信礼だわ！」吐き出すように彼女は言った。

彼女の手を掴んで、その小さくて日に焼けた手を白いテーブルクロスの上に置いた。

「ねえ、なにもかもから遠く離れて、一度君と二人きりになりたいんだ」

これは太陽の中からの攻撃だ。彼女は驚いた。ぼくには彼女の丸くて子供っぽい額の後ろでいろいろな考えが渦巻いているのがわかった。

「遠くへ行かなきゃだめだ」ぼくはきっぱりと言った。

「どこか遠く、田舎のほうにさ。多分、シュターンベルガー湖とか。グスタフ・オットーが招待してくれているんだ。それとももっと遠くの山とか」ぼくは自分の頭の中にあることを彼女に話した。

にいるようにね」

「すべての束縛から完全に自由になって、自然の中で暮らすんだ、そう、まるで違う星の上

最初、彼女は微笑んだ。それから唇をきゅっと引き締めた。

「でも、それは無理よ……、わたしの両親はなんて言うかしら？」

「ごめん。前線にいるあいだに、ダンスと礼儀作法を忘れちゃったみたいだ」

ぼくらは歩いた。潤いを帯びてあたたかい夜だった。風が木々の葉の茂りのなかでざわめいている。街灯のしたで、彼女は立ち止まり、ぼくの腕をなぜた。

「怒ったの……？」

ぼくは肩をすくめた。「怒ってるかって？　怒ってなんかいないさ！」

しかし、なにかしっくりこないものを感じていた。前線にいた間に、ぼくらはまったく違う人間になってしまっていた。かつてぼくらにとって大切だったものが、今はもう何の価値もない。戦争が始まる前とは違った事物が、今のぼくらの本質を成していた。ここでは、しかし、これらの事物は停止したままだ。言葉にはうまくできないが、前線にいる戦友たちのことが、突然、激しく懐かしく思われた。

ローの両親はプロピレーン界隈に住んでいた。前庭の垣根のところでローは立ち止まった。けれどぼくは彼女の手に行儀よくキスをして、素早く立ち去った。

翌日からは独りで外出することにした。気分は最悪だった。まだ前線には戻れないのか、この話を持ち出すと、年老いた医者はひどくぞんざいな態度をとった。そしてぼくはここで

は自分自身をくそったれの余計者だと感じるのだ。

　ぼくが夜家に帰るころには、両親はいつももう眠っている。ところがある夜、家のすべての窓に明かりが灯っていた。階段を駆けあがると、通路のドアが開いて、戸口に母がでてきた。母の顔は上気して、喜びに輝いていた。一枚の書類を手で振り回している。一本の電報が届いたのだ、戦隊から一本の電報が。両親はそれを開けて見てしまっていた。プール・ル・メリットがぼくに授与されたのだ。

　うれしかった。ぼくにとっては、まったく突然の驚きというわけではなかったにもかかわらず、本当にうれしかった。というのは、ある決まった数の撃墜を記録すれば、プール・ル・メリットが授与されることになっているのだ。間違いなくほとんど自動的に。しかし、母の喜びようが、ぼくにも伝染して、心底この受勲をうれしく思ったのだ。母の喜びの羽目はずしようといったら、家族全員を床につかせず、起こしたままぼくの帰りを待っていた。小さな妹まで眠らせずに待たせていた。妹は紙を切り抜いて撚糸(よりいと)を通したプール・ル・メリットを手に持っていて、彼女の勲章をぼくの首にかけてくれた。眠気のために妹の目はとても小さくなっていた。

　父がぼくに手を差し出した。

「おめでとう、坊主！」

　父はただ一言そう言った。けれど父は、我が家の家宝とでもいうべき一八八四年物の一瓶のシュタインベルガーをキャビネットから取り出してきた。ワインは琥珀色をし、オイルのようにまったりとしていて、部屋中を馥郁と香らせた。ぼくらは乾杯をした。

「平和のために！　まったきよき平和のために！」父が言った。

翌朝、ベッドのなかでぼくはローのことを考えた。もし手元に今、プール・ル・メリットがあったら、それをつけて、まるで何事もなかったかのように彼女と待ち合わせの約束をするのに。ぼくはベッドから飛び起きると、急いで服を着て、街に出かけた。

テアティネル通りに一軒、勲章を売っている店をぼくは知っていた。店主は肩をすくめて見せた。

「プール・ル・メリット？　あるもんか！　需要がないんでね」

残念だった。ひどく残念だった。ローに楽しい驚きを与えてやろうと思っていたのに。しかし、プール・ル・メリットが戸口に届くまでには、少なくとも一四日はかかってしまう。ゆっくりと通りをぶらつきながら、ぼくは家へと向かった。すれ違う兵士や士官に機械的に敬礼しながら。一人の海軍将校が通り過ぎようとした。Uボートのヴェニンガー艦長だ。かれの襟元にはプール・ル・メリットが日の光の中で輝いていた。

とっさにある考えが浮かんだ。ぼくはかれに近づき、敬礼した。

「もうしわけありませんが、あなたひょっとしてもうひとつプール・ル・メリットを持ってはおりませんでしょうか？」

かれはきちがいでもみるようにぼくを見つめた。ぼくはかれに事情を説明した。かれは噴きだした。海軍将校としての沽券にかかわるくらい大きな声で、それも長いこと笑っていた。

残念なことに、かれに二つ目のプール・ル・メリットの持ち合わせはなかった。しかしプール・ル・メリットを間違いなく手に入れることのできる、ベルリンの店の住所を教えてくれた。おまけに電報でそこに注文できるという。ぼくは気まずい思いで謝意を告げ、型通りに敬礼してかれと別れた。

二日後、ベルリンから勲章が届けられた。勲章は赤いビロードの小箱の中に、星のように置かれていた。ぼくはローに電話をかけた。もう一度会おうと。彼女は笑い、すぐに同意した。

膝を曲げず足を高くあげ、閲兵を受ける兵士のように、ぼくは彼女の家の生け垣の前をいったり来たりした。彼女が家からでてきた。彼女はぼく襟元の星を目敏く見つけた。

「エルニー」彼女はそう叫ぶと、飛び立とうとする鳥のように跳びはね、ぼくに駆けよってきた。通りの真ん中で、通りを歩いている人たちの目の前で、彼女はぼくの首に抱きつき、キスをした。

明るい、陽の光の暖かい春の朝だった。並んで、身体をゆすりながら、のんびりとぼくらは街の中心部へと歩いた。兵士たちは道で行き会うと、直立不動の姿勢をとってぼくらに敬礼した。道ですれ違うほとんどの人が、ぼくらを振り返って見た。ローが言うには、四六人中二七人がこっちを振り返ってみたそうだ。

ぼくらはテアティネル通りを浮かれ歩いた。この通りは街の大動脈だ。すべての生活がこの通りから流れ出し、またこの通りへと戻ってくるのだ。さる公邸の前に哨所があり、海豹(あざらし)

のような髭をはやし、鉤鼻をした小柄な国民軍兵士が立っていた。突然、かれはその小さな胸からは予想もできない大声で叫んだ。

「総員、集合！」

森の精霊のように、兵士たちが飛び出してきた。

「整列！」士官が号令をかけた。「気をつけぇ！……担え銃！　気をつけぇ！　捧げ銃！」

ぼくはあたりを見回した。近くには誰もいない。そのときふとプール・ル・メリットに思い当たった。哨所の前を過ぎ去る間際に、ぼくはかれらに謝意を示した。かれらの捧げ銃の礼は、急ぎすぎてやることと、厳粛さに欠けている点で、出来はあまりよくなかった。

「いったいあれは何だったの？」ローが目を丸くした。

「まあ」ぼくはなるたけさりげない調子で言った。

「歩哨はプール・ル・メリットをつけた人間が通れば、ああやって捧げ銃をしなきゃならないんだよ」

「嘘よ！」

「本当さ！」

「いいわ、じゃもう一度試してみましょうよ！」

最初、ぼくはちょっと逆らったが、結局同意した。つまるところ、ぼくにしても、ローに言ったことに完璧に自信があるわけではなかったのだ。

今度はしっかりと心構えをし、ふさわしく姿勢も正し、真偽を確かめようと哨所の前を歩いた。

「総員、集合！」歩哨が叫んだ。その瞬間、ローがぼくと腕を組んだ。そして愛嬌たっぷりにうなずきながら、ぼくに寄り添い、小柄な歩哨の前を通り過ぎた。女性の虚栄心というものは切も果てもないものだ。彼女の言う通りにしていれば、その日の午前中の残りは全部、歩哨を集合させたり、整列させたりして終わってしまったことだろう。それでぼくはストライキをした。歩哨たちは小娘のおもちゃじゃないよと。彼女はふくれつらをした。

青い絹でできたような日だった。もう二度とあんな春の一日を体験することはないだろう。ぼくらは毎日会った。イギリス公園を散歩し、コーヒーを飲んだり芝居を見にいったりした。

戦争は、今はとても遠いところにあった。ある日、劇場の壁新聞の前に人だかりがしていた。

「きっと戦勝の報告だよ」そう言って、ぼくらは人だかりの方に歩いて行った。

壁新聞の文字が目に飛び込んだとたん、胸に、心臓の真ん中にぼくは衝撃を受けた。

「リットマイスター・フライヘル・フォン・リヒトホーフェン行方不明！」壁新聞にはそう書いてあった。新聞の活字がぼくの目の前でかすんでくる。ぼくの目にはもう誰も見えなかった。誰にも気がつかなかった。肘で無理やりに人だかりをかきわけて、最前列に出た。目の前五〇センチのところに、黄白の紙が灰色の壁に貼られていた。「戦闘飛行より帰らず」

ぼくは読んだ。「捜索中もいまだ手掛かりなし」

ぼくには分かった。間違いようもない正確さで、リットマイスターが死んだことが。彼は、なんという男だったことか！　確かに、ほかの者たちも戦っている。しかし、ほかの者たちは家には妻が、子供たちが、母親がいて、あるいは仕事さえ持っている。かれらがそんなことを忘れることができるのは、ごくまれな、ただ一瞬だけのことだ。リヒトホーフェンはしかし、常人が何もかもを忘れて死地に飛び込むときにだけ踏み越える境界の向こう側に、常に立っていた。かれが戦っているとき、かれの個人的な生活などというものは消え去ってしまっているのだ。そして、前線にいるあいだ、かれは常に戦っていた。食べること、飲むこと、眠ること、これが、かれの生活において自分に許したすべてだった。リヒトホーフェンという肉から成る機械と、歩むための足を維持するために必要だったからだ。かれはぼくの知り得る限り最もシンプルな人物だった。どこからどこまでもプロシア人だった。そして、偉大な兵士だった。

そっとぼくの手の中に、一本の手が差し入れられた。ぼくはローのことをすっかり忘れてしまっていたのだ。

「もしあなたがまだどこか遠くへ行きたいなら、わたし喜んで一緒にいくわ」

彼女はぼくを見つめていた。まるでぼくが明日死んでしまうとでもいうように。翌日にはもうぼくらはシュタルンベルガー湖に車を走らせていた。今年は木々の芽吹きが早く、どの藪も木も明るい緑にあふれかえっていた。ぼくらはグスタフ・オットーとかれの妻のところで暮らした。二人は、こだわりを持たない、気取りのない人たちだった。かれらは客をもてなす際の肝心かなめをよく心得、それを尊重していた。かれらは、ぼくらに家事のことで無理強いしたりすることはなく、まったくぼくらのやりたいようにやらせてくれた。

午前中、ぼくらは馬に乗るか、湖でボートを漕いだ。午後いっぱいは森の中をふたりで散策した。去年の秋の枯葉のなかをぼくらは歩いた。そして顔をあげれば、枝ごとにあらたに芽吹いた緑が輝いていた。戦争など本当に起こっているのだろうか。ぼくらがみんな死に、忘れ去られても、これらの木々は芽吹き、果実を結び、そして枯れていく。

そして、そうではあるのだが、そうではあるにもかかわらず……、草の中に並んで横になり、空を見上げているとき、時々、ぼくは積雲が厚く張り出したあたりを目でなぞることに夢中になってしまう。飛行機が急降下で突っ込んできはしないかと。そして朝毎の目覚めのさいに、ぼくの目はまず空に向けられる。今日の空ぐあいは、飛ぶのにどんなだろうかと。

ここに来てからの最初の五日間、ぼくは新聞を読まなかった。しかし、今は郵便夫を、一区画の距離を歩いて毎回迎えにいくようになっていた。前線は沸きかえっているに違いない。そして戦隊は厳しい戦いのただなかにある。レーヴェンハルトはほとんど毎日撃墜戦果をあげている。今やかれの撃墜数は三七だ。ぼくが戦隊を離れたとき、ぼくらはちょうど同じ撃墜数だった。間違いなく、こちらもまた大きな損失を被っているだろう。

午後、ぼくとローはボートに乗っていた。湖の真ん中で。

「ねえ、」思いに沈んでぼくは言った。

「ときどき、もう一度前線に行けたらって思うんだよ」

1918年4月21日、最後の出撃直前のリヒトホーフェン。左からヴォルフラム・フォン・リヒトホーフェン（リヒトホーフェンの従弟）、ショルツ、カルユス、ヴォルフ、リュッベルト、リヒトホーフェン、レーヴェンハルト、ユスト、ヴァイス

リヒトホーフェンの機体から取り外された機銃。左端がリヒトホーフェンを撃墜したとされるロイ・ブラウン

飛行第10戦闘中隊指揮官（ヤークトシュタッフェル10）指揮官、エーリッヒ・レーヴェンハルト中尉（左）と（ウーデット）〔訳注：ふたりは撃墜戦果競争における良きライヴァルであった。2代目戦隊長ラインホルト事故死後、ふたりが新戦隊長の座を争って決闘したという話もある。1918年8月10日、レーヴェンハルトは僚機と接触事故を起こし、パラシュートが開かず死亡〕

ぼくがこのことを話したのはこれが初めてだった。ローは舵の引綱を手からはなし、ぼくを見つめた。唇がふるえている。

「わたしのことなんかどうでもいいのね？」彼女は言った。

そうじゃないんだ、彼女はぼくのことが分かってない。ぼく立ち上がり、おぼつかない足取りでボートの後ろに歩いていった。ボートはひどく揺れた。ぼくは彼女にキスをした。少し悲しかった……、母さんならすぐにわかってくれたろうに。

天気は信じられないくらい素晴らしく、今日の一日は昨日の一日よりも明るく輝いているという日が続いた。三週間目にぼくはミュンヘンの医者のところに出かけた。かれは満足そうだった。耳の炎症は鎮まっていた。

「しかしな、養生しなきゃならんときだ、君、養生だよ！」かれは愉快そうに言った。

その夜、ぼくらはグスタフ・オットーの家のテラスに座っていた。満月だった。ローは疲れたと言って、いつもより早く部屋に戻った。ぼくはグスタフ・オットーの横で寝椅子に座っていた。ぼくらは葉巻を吸った。

「君は気を悪くするかな」ぼくは聞いた。

「もしぼくが、ある朝突然姿を消してしまったら」

かれの葉巻の火の明かりで、かれがゆっくりと僕の方に頭を向けるのが見えた。

「医者はなんと言ったんだい？」

「経過にかなり満足していたよ」

ちょっとの間、かれは口をつぐんだ。

「ぼくはね、すぐにそうすべきだと思うね」とそれからかれは言った。

「そうしよう！」ぼくらは互いに分かり合っていた。

朝の五時に、グスタフ・オットーがぼくを起こした。忍び足でぼくらは階段を降りた。ローはまだ眠っている。下では車が待っていた。

こんな早い時間に、駅にはほとんど人影はなかった。ただ数人の、市場で物を売る女たちが、ぼくと一緒に列車を待っていた。すぐに雨になりそうだった。ここ数週来、初めてのどんよりとした日だった。朝は足取りも重たげに山々をこえてやってきた。

ぼくは前線に帰るのだ。

終焉

戦隊はモンフッサール＝フェルムに駐屯していた。正午頃、戦隊に着き、すぐに士官クラブに行った。多くの新顔がそこにいた。直立不動の姿勢を取り、名前をぶつぶつと言う。テーブルに顔見知りが大勢いた。グルチェウスキー、マウスハッケ、金髪のラウター・フォン・プレスティンス、ドレクマン。男たちは会釈し、うなずき、そして乾杯した。

目はそこにいない多くの者たちを空しく探すが、かれらについて語られることはない。

食後、ラインハルトがぼくの横に座った。かれは戦隊杖（ゲシユヴアーダー・シユトック）を携えていた。故リヒトホーフェンのステッキ、それは新しい戦隊長に受け継がれていく。

「君もすでに知っていると思うが、ウーデット」ラインハルトが尋ねた。

ぼくはうなずいた。

「よかったら、いちどあそこへ行ってみないか」

盛夏の、午後の静寂。道のそばの銀杏の木々が、炎暑のなかで、水ガラスのなかにあるか

飛行第11戦闘中隊飛行士の墓〔訳注：同中隊（ヤークトシュタッフェル11）は、リヒトホーフェン戦隊のなかでも特別な中隊。戦隊（ゲシュヴァーダー）に改編される以前はリヒトホーフェンが直卒していた〕

のようにふるえている。車は通りのうえに静かに止まった。

ちいさな高台の右手に墓地があった。ぼくらは高台を登る。ラインハルトが先に立って歩いていく。鍛鉄製の門を抜け、墓のあいだの狭い通路を通って。

土もまだ黒々とした四つの盛り土、四角な石板、その上には壊れたプロペラで作られた十字架が立っている。「戦闘機操縦士伍長　ロベルト・アイゼンベック」、「少尉ハンス・ヴァイス」、「少尉　エドガー・ショルツ」、「少尉　ヨアヒム・ヴォルフ」と石板に刻まれていた。

ラインハルトは敬礼し、ぼくも敬礼した。

「みないい死に方だった」かれが言った。

ぼくらは長いことそこに立っていた。それから戦隊に帰った。

＊

今や前線は以前とはまったく違う様相を呈していた。

フランス人たちが飛来するときはほとんど常に大部隊だ。五〇機編隊、時には一〇〇機の編成で。蝗(いなご)の群れのようにかれらは大空を黒く覆う。そのなかの一機に攻撃をかけるのは難しい。

敵の砲兵部隊も今はたいてい空からの偵察と共同して活動している。係留気球が地平に長い列をなし、砲弾でえぐられた無数の穴の上を絶えず敵偵察機が旋回していた。味方部隊は厳しい戦いを強いられていた……。

電話が鳴ったとき、ぼくはまだベッドのなかにいた。寝ぼけて、よろめきながら受話器をとった。前線の砲兵部隊の大尉からだ。ヴィラ＝コトレの森の北で、ブレゲー一機が敵砲兵部隊の砲撃誘導をやっていると。その影響甚大と。

「それはどのあたりですか？」

砲兵大尉は参謀本部地図の碁盤目の数字を告げた。

「ただちに出撃します！」ぼくは受話器を置いた。

ほかの乗員たちはすでに飛び上がっていた。この朝、ぼくは飛行任務のない日だった。しかし、もう長いこと任務時間割の厳格な運用はされていない。要請があれば、ぼくらは出撃しなければならない。

五分で準備を整え、飛び上がった。この日、前線は荒れ狂っていた。榴弾が地上に間隙なく降り注ぎ、炸裂し、砲煙、粉塵、跳ね上げられた土塊が緞帳(どんちょう)のように空を覆い、太陽の光を暗くしていた。眼下にある地上は、おぼろな褐色の煙霧のなかにもうろうとしている。ヴィラ＝コトレの森の北で、ぼくはブレゲーと遭遇した。高度約六〇〇メートル。背後から同高度でただちに攻撃をかけた。

ブレゲーの場合、偵察員はパイロットの後部に座席がある。かれの頭が機銃の照星上に出ているのが、はっきりと見えた。しかし、真後ろについているかぎり、かれは撃てない。かれの機の方向舵や昇降舵が目標を狙う邪魔になるのだ。

ぼくの機銃が短く咆哮した。機銃照星にあった偵察員の頭が消えた。「命中」ぼくはそう思った。

ブレゲーの操縦士は、くそ度胸のある若者のようだ。繰り返し銃撃を浴びせかけたが、それでもその鈍重な鳥を優雅なターンにいれて、基地の方角に逃れようとした。

操縦士自身か、エンジンに命中弾を喰らわすためには、側面から攻撃しなければならない。もし偵察者がまだ生きていたら、これは致命的なミスになる。というのは、もしそうならぼくは敵の機銃の中にまっすぐに突っ込むことになるからだ。

二〇メートルまで近づいたとき、機銃の陰から偵察員が身を起こした。しっかりとこちらを照準して。次の瞬間、ガチャガチャ、ガラガラとぼくのまわりで命中弾を受ける音がした。まるで、庭用のテーブルの上に小石を落とすような音。「ゴンターマン！」ぼくの機体はおびえた馬のように棒立ちになり、揺れながら落下していった。昇降舵が効かない、操縦桿の根元の連結部がやられたのだ。一本のワイヤーがプロペラの風のなかでひらひらしているやられた、致命的な命中弾だ！　機体は左に傾く、操舵不能。機体は円を描きはじめた、いつまでも旋回は続く。眼下は次から次へと砲弾が炸裂し続けている孔だらけの土地だ。生還するにはただ一つの可能性しかない。とにかくこのフォッカーを東へと飛ばすことだ。ぼくは慎重にスロットルを開いた。それによって旋回の弧が大きくなる。そうやって自軍の防御線まで、手探りするようにしてたどりつけるのではないか。

切ないほどゆっくりと旋回は続いた。

突然、機首が下がり、機体は石のように真っ逆さまに地上に落下しはじめた。

パラシュート……両足を操縦席の床から抜く……座席の上にかがむ。次の瞬間、風圧がぼくを後方にふきとばした。背中になにかがぶつかった。方向舵にがっちりとひっかかっていた。出撃時、急ぐあまりに、パラシュートの締め金をしっかり締めていなかったのだ。それが尾翼調整板に絡んでしまったのだ。機体はぼくをものすごい力で引っ張りながら、轟然と地上に落ちて行った。

「ローは泣くだろうな――」ぼくは思った。「母さんも――、誰もぼくのことがわからないだろうな――身分の分かる書類はなにもない――下の奴ら無茶苦茶撃ちやがる――」

そんなことが頭のなかをよぎる。同時にぼくは締め金が引っ掛かった尾翼調整板を押し曲げようと力を振り絞った。難しい、恐ろしくやっかいだ。地上は猛然と迫ってくる。そのときだ――衝撃――ぼくは解き放たれた！　機体はざわめきながら下に落ちて行った。再度衝撃があった。身体全体が激しく上に引っ張られ、ぼくは泳ぐようにしてパラシュートにぶら

驕れる者は久しからず……この機体から翌日パラシュートで飛び出さざるを得ぬ破目に陥った〔訳注：尾翼に描かれた「Du doch nicht」（ドゥ・ドッホ・ニヒト）は有名だが、意味については欧米の研究者の間でもいろいろ取りざたされている。和訳するなら「俺を墜とすのはお前じゃない」が適切かと思う〕

下がっていた。と、同時にまた衝撃。着地したのだ。最後の瞬間、パラシュートが開いていたのだ。

パラシュートはぼくの上に風をはらんで覆いかぶさり、周囲にすさまじい音とともに砲弾が着弾する。水中でもがく溺者のように、ぼくは白い木綿の壁と格闘して、ようやくのことで自由になった。

砲弾が爆発したあとに残るすり鉢状の穴だらけの地帯。敵味方の前線の中間にいるに違いないが、どこだか分からない。ただ一つ、東に向かって走ることだ、そっちで故郷が手を振っている。

八時頃だった。太陽は東の空に燃え尽きたように弱々しくほのかに光っていた。地上は砲撃による爆発の緞帳が、空よりさらに厚く垂れこめていた。

パラシュートトートの留め金をはずして駆けた。砲弾の炸裂が次第に近づいてくる。まるで榴弾と徒歩競争をやっているようだ。大きな土くれが、拳（こぶし）の一撃のように後頭部に当たった。ぼくは倒れたが、すぐに跳ね起き、また駆け始める。右足に痛みが走る。着地のときにくじいたに違いない。

砲弾の穴の中に、フランス兵の平べったい鉄兜がいくつか見える。まだ敵前線の後方にいるのか？ 兵士たちは僕に背を向けて、東の方を見ている。うつぶせになったまま彼らは動こうとしない。多分、死んでいるんだ。

そこは迂回する方が賢明だ。ぼくは穀物畑のなかにもぐりこんだ。小麦の茎の高さは、ほとんど人間と同じだ。身をかがめて、畑を駆け抜け、ゆるやかに東へと隆起している土手を駆けあがった。

畑はどこまでも続いている。しかしとうとう端までたどり着いた。小麦の茎の緑のカーテンを通して様子をうかがった。

士官がひとり、まっすぐに背を伸ばしてそこに立っていた。

「一番――、撃てえ！」かれは号令をかけた。大砲の咆哮がこれにこたえた。ぼくは身体を起こすと、手を振った。かれは手を振って返した。ぼくはかれに駆け寄った。

「煙草！」からからに乾いた唇でそう言った。かれは敬礼し、「バイエルだ」と、シガレットケースを差し出しながら名乗った。「ウーデットだ」その一瞬だけ、砲声は消え去ってし

父の工場で配管工見習い〔訳注：同工場でウーデットはモーザー＝カールから溶接を教わった〕

まった。戦闘は間隙あらしむべからずという教えが士官の頭によみがえる。

「二番、用意よいか？」かれは叫んだ。「用意よし！」下の砲座から声が響く。「二番――、撃てえ！」砲撃の轟音に大地が揺れかえる。

かれはぼくにマッチを渡してくれた。ぼくは煙草の煙を長々と、餓えたように吸い込んだ。

「君が飛び降りるのを見てたよ、戦友殿」かれが言った。「見事だったぜ。三番、用意よいか？」

ぼくは後方陣地への道を尋ねた。かれは親指で肩越しに、キュトリーの高地を指し示した。

礼を言い、よろめきながらぼくはさらに走った。新たな砲火集中地帯に突入する。またもや間近に榴弾が着弾するようになり、一度は爆風になぎ倒された。

掩体壕だ。その前で火が燃えている。毒ガスに対する備えだ。地下壕のなかは士官と兵が入り乱れていた。ぼくは通信兵に戦隊に連絡を入れるよう頼んだ。

「ウーデットじゃないか?」背後で誰かが叫んだ。「エルニー!」振り返ると知らない兵士が立っていた。赤らんだ瞼、蒼ざめて強張った兵士の顔は、戦い続けてきた日々と、眠らずに過ごした夜々の奮闘を物語っていた。

「モーザー=カールか?」ためらいながらぼくは聞いた。

そう、かれだ! かれの手ほどきで、ぼくは父の工場ではじめて鋼管の沸かし接ぎをやったのだ。

「覚えているか……、まだ覚えているか……?」周囲の現実の世界は沈み去り、ぼくらは再びオーバーヴィーゼンフェルトに立っていた。三人の若者、ヴィリー・ゲッツ、オットー・ベルゲン、そしてぼく。カールは日曜日の晴れ着を着て、ぼくらのうしろで土の上に寝ころび、草の茎を噛みながらぼくらを見ていた。ぼくらは凧を揚げていたのだ。

小さな女の子が凧を揚げるたびに手をたたいた。ヴィリー・ゲッツはその女の子を捕まえ、五枚の巻き上げブラインドを連結した凧に少女を結びつけると、そら行け! とばかりに凧は空中高く昇っていった。女の子は焼き串で刺されでもしたように悲鳴を上げ、女の子の母親が駆け寄ってきた。ぼくらは逃げた。ただオットーだけは逃げずにそこにいた。オットーはその場に立って、ゆっくりと、そして慎重に凧を回収していた。この太った女は泣きわめ

パラシュートで飛び降りた後、再び中隊に戻って。1918年6月28日。右は同僚のドレクマン

きながら、時々オットーにびんたを喰らわせた。それでもかれは凧の糸を放しはしなかった。

「オットーはいまどこにいる?」カールが聞いた。

「死んだ」

「そうか、死んだのか」つぶやくようにかれは言った。

戦隊との電話が通じた。戦隊の車輛がぼくをソワッソンとシャトー・チエリーの通りで待っているとのことだ。そこまでは連隊本部で馬を借りてやってこいということだった。

午後遅く、ぼくは新しい機体で再び出撃していた。眼下の砲弾孔だらけの地形のなかに、正午にぼくが墜落したフォッカーが見えた。むき出しの焼け焦げた枠組みが空に突き出していた。まるで鳥の骸骨のようだった。

＊

戦いは日ごとに激しくなっていった。こちら側が一機飛び上がると、向こう側では五機飛び上がってきた。敵の飛行機が近くに墜ちたりすると、ぼくらはそれに群がって略奪しつくした。敵機に取り付けられている、輝くニッケルやきらきら光る黄色い真鍮の計器類は、もう長いことぼくらのところにはなかったからだ。敵のこの過剰ともいえる物量に対抗するものは、使命感と四年の長きにわたる戦闘経験以外ぼくらにはなかった。毎回の出撃が、いまでは戦闘を意味していた。そしてぼくらは日に幾度となく飛び上がった。八月三日から二十五日までの間にぼくは敵二〇機を撃墜した。

墜死したフランス軍操縦士の所有物の中に、ぼくの写真があった。かれが撃墜されたその

La Guerre Aérienne
LIEUTENANT UDET
As des as boche actuel choisi pour remplacer Richhtofen
et dépasser Fonck : 40 victoires !

撃墜されたフランス人戦闘機パイロットの紙入れから見つかった雑誌の切り抜き〔訳注：1918年7月25日発行、「La Guerre Aerienne」誌に掲載されたウーデットの写真入り記事。ドイツ軍エース中のエースとして40機の撃墜戦果を挙げてることを紹介している〕

日の新聞から切り抜いたもので、写真の下には「エースのなかのエース」と書かれてあった。リットマイスターは死んだ。そして今はぼくが、最多撃墜の記録を持っていた。

八月八日の正午、戦隊に命令が届いた。ただちに全稼働機をもって、ソンムに転進せよと。かの地では数日来、イギリス軍によるドイツ軍防御線突破の戦いが激化していた。ぼくらにとってこの戦いは決定的な意味を持つものになるはずだ。

巨大な、災いを招く四つの鳥の群れとなって、ぼくらは轟音をとどろかせて北へと飛んだ。上昇するに従い、眼下に広がる世界に戦闘の痕跡がいよいよはっきりと現れてきた。フォンティーヌ＝レ＝カピーで、自軍塹壕に沿って低空をかすめるようにして飛んでいる、敵偵察機一機を発見した。間髪をいれず、ぼくは編隊を離れるとこの敵機に降下突撃し、射弾を送り込んだ。二〇発ほどの銃撃で敵機は空中で分解し、味方塹壕の近くに墜ちて粉々になった。午後五時三十分だった。

六時頃、ぼくらの燃料が怪しくなってきた。出発の時から燃料は十分ではなかった。ここ数日来、補給は悪化し、長距離飛行などは誰も考えもしていなかった。着陸して燃料を補給しなければならない。

眼下に小さな飛行場が見えた。ムクドリのように滑走路に降りていく。翼と翼を接するようにして駐機したが、飛行場のどこもかしこも戦闘機でぎゅうぎゅう詰めになった。

中隊指揮官たちが司令のところに出向いた。司令は如才のない男だった。助けてあげたいのは山々だが、それではかれ自身の機の燃料がなくなってしまうというのが、その言い分だった。ぼくらはかれに備蓄燃料を提供してくれるように頼んだ。かれは躊躇した。

このやりとりの最中に、空はイギリス機のエンジンの轟音でいっぱいになった。すでにこちらに飛んでいるときに、かれらの燃料から発する目に染みるような蓖麻子油(ひまし)の匂いが、ぼくらの鼻孔に飛び込んできていたのだ。

時折、航空機の一群が姿を現わし、そして再び切れ切れの雲のうしろに姿を消す。涼しい夏の夕べだった。雲は東の空に重く垂れこめ、引きちぎられたような裾を横空に引いていた。わずかに消え残った青空が、小さな島のようにほのかに輝いている。「係留気球攻撃にはもってこいの天気だな」ぼくは思った。

そのときだ、灰色の靄の中から一機のイギリス戦闘機が急降下してくると、二挺の銃身から飛行場に密集したぼくらの戦闘機に銃撃を浴びせた。なんともみじめな光景だった。リヒトホーフェン戦隊が、鶏の群れのように地上に集まって身をすくませ、燃料もなく無力でいる、その上を、猛禽が、イギリス戦闘機が舞っているのだ。

突き上げてくるような怒りにとらわれた。ぼくは乗機に駆けより、座席ベルトも締めず、そのまま飛び立った。

ふたたび、奴はぼくらの頭上を飛び過ぎた。ぼくは前下方から奴に近づいていった。奴は自分の身を守ることも忘れるほど驚いた。ただ十発だけだった。奴は空中でよろめくと、落下して飛行場近くの大地に激突した。死んだ。それはイギリスのSE5で、指揮官を示す小旗(フューラーヴィムペルン)をつけていた。一滴の燃料も残っていない、プロペラも停止した状態でぼくは着陸した。時間、午後六時三十分。

ようやく、飛行場の司令からぼくらの戦闘機に飲ませる火酒を手に入れることができた。せいぜい十分ばかりの飛行しかできない量だが、ぼくらが指定された場所にはたどりつくことはできる。

ぼくらは指定場所である広々とした野原に着陸した。歩兵たちが駆け寄ってきた。かれらはぼくらの到着を非常に喜んだ。というのも、イギリス軍は、先週は毎日、地上支援機の大編隊で歩兵部隊に機銃掃射を加えていたからだ。そして夜になると、八時か九時の間くらいに、二機のソッピース・キャメルが上空に現われ、ビラを空中からばらまくのだという。歩兵のひとりがそれをぼくに見せてくれたが、ビラには黒、赤、黄色の縁取りがされてあった。本物か偽物かはしらないが、投降したドイツ兵捕虜が掩蔽豪のなかの兵士たちに投降を呼びかけるものだった。

「八時と九時の間っていったよな、かれら？」

ぼくは仲間たちの燃料を借り集め、飛び上がった。雲を弱々しい黄金色に縁取って、太陽はすでに深く西に傾いていた。

フーコークールの南で、ぼくはこの二機と遭遇した。一機はすぐ西に機首を返して去ったが、もう一機はとどまった。かれは上空からビラの雨をぼくの顔めがけてばらまいた。巴戦だ。かれの小型で軽量な機体は、ぼくの重いフォッカーDⅦよりも小さい旋回をすることが可能だ。しかし、ぼくは常にかれの後ろに喰らいついていた。かれはぼくを振り放そうとして、高度一〇〇メートルとないところで、宙返りに入った。そのまま追尾する。宙返りの頂点で、ぼくの機体の回転半径はかれより大きいので、かれの機体の下方を突っ切った。そのとき、軽い衝撃があった。そしてふたたび眼下に目をやったとき、機体の残骸から敵パイロットが苦心惨憺して這い出してくるのが見えた。ドイツ兵がかれを捕らえた。何が起こったのかぼくには分からなかった。両機が背面飛行に入ったとき接触したのではないかと推測するほかなかった。時計は八時四十分を指していた。

三日後、フーコークールの野戦病院にぼくはかれを訪ねた。ビラの返報に、山毛欅(ぶな)の葉製の葉巻を入れた小箱を持っていった。ぼくの推測は当たっていた。宙返りの頂点で、ぼくの機体の脚が、かれの機体の上翼に接触し、外側の支柱を折ってしまったのだ。「あんなボクシングのクリンチみたいな戦闘の用意はなかったよ」かれは笑いながら言った。オンタリオ出身の感じのいい、背のひょろ長い学生だった。

一五年後、ロス・アンジェルスでの飛行大会の際に、ぼくはかれの消息にもういちど触れる機会があった。当時、ロスコー・ターナーは自身の大陸無着陸横断飛行の途上にあり、一枚のチラシをこの横断飛行の際に所持していた。チラシには黒、赤、黄色の縁取りがあり、いわゆるドイツ軍投降兵士から、塹壕内の兵士たちに投降を呼びかけたものだ。オンタリオの学生は、それをぼくにターナーを通じて送ってくれたのだ。そのチラシは、かれの手持ちの最後の一枚だった。そして一九一八年にかれがぼくに投げつけるのを忘れた一枚だった。

夜の闇が降り始めるころ、ぼくは戦隊に帰った。この夜、機体の下で、そのままじかに地面に横になって眠った。

翌日、朝の薄明のなか慌ただしく起こされた。戦車がやってきたのだ！　夜を徹して、燃料と新しい弾薬が搬入されていた。戦区を分割し、幾組かに分かれて出撃した。

パポームとアラスの間で、戦車部隊を発見。人工の霧を戦車の前部からもうもうとたて、その霧の後ろから平坦な野の上を這い進んでくる。全部で一五輌、獰猛な、鋼鉄製の亀のようだ。かれらが、這ってくる、這ってくる、這ってくる。

ドイツ軍の防御第一線はすでに突破されていた、……第二線も……、そしてさらに我が軍防御線後方へと転がっていく。

機体を急降下にいれ、二つの銃身から斉射をくらわす。上昇、再び急降下、そして斉射。啄木鳥が鉄のドアをたたいている、そんな感じだ。

ドイツ軍歩兵部隊は、パポーム＝アラスをつなぐ鉄道の築堤の背後に退却していた。築堤は要塞の壁のように湿原に聳え、高さは四メートル、川原石で覆われていた。そこから味方歩兵部隊の機関銃が、人工霧がつくる洗濯場を思わせる蒸気の中に掃射されている。間断なく、しかし効果もなく。

亀たちはどんどん這い進んでくる。

一輌の戦車が築堤に達した。重たげに戦車は斜面をよじ登り、線路に沿って進んで行く味方部隊は機関銃を引きずりながら、慌ただしく陣を後退させはじめた。地表の亀裂や溝

ロスコー・ターナーが戦後ロス・アンゼルスで、オンタリオの学生が空戦中にぼくに投げつけたビラの最後の一枚を渡してくれた〔訳注：ロスコー・ターナーは髭とペットのライオンで一世を風靡した米国の飛行家。自身は戦闘飛行訓練を受けたのみで実戦には参加していない〕

の中にかれらは姿を隠した。

ゆるゆるとこの戦車は線路に沿って身を引きずるようにして進み、機銃の掃射を繰り返していた。あらたな可能性が生まれた。今度は側面から戦車をとらえることができる。地上三メートルあるなしの低空で間近まで迫り、戦車を飛び越える。機首を返し、側面からの攻撃を改めてしかける。装甲されたボディ鋼板に打たれたリベットの一つ一つ、火器砲身の一つ一つがはっきりと見えるほど戦車に肉薄した。護符あるいは部隊記章か、側面に描かれた四葉のクローバーすら見えた。再び、戦車を飛び越える。脚が装甲砲塔の背に触れそうだ。

機首を返す、再度、戦車目がけて掃射。

この低高度による攻撃戦術で、ほかの戦車の動きは封じられていた。もしかれらがこちらに火砲を開けば、ぼくが攻撃している味方戦車に当たってしまうからだ。

五回目の攻撃で、最初の攻撃効果を確認した。重たげに戦車は路盤のふちに這いよっていく。味方の戦車がたむろしている湿原に戻ろうとしているのだ、あの人工霧の中に身を隠そうと。

戦車を目から離さず、戦車の動きひとつひとつを追っていく。慎重に戦車は築堤の斜面から身を乗り出した。いまや武骨な鋼製のボディの半分が空中にあった。次の瞬間、戦車はよろめき、ぐらついたかと思うと、斜面をもんどり打って落ち、仰向けにひっくり返って停止した。落ちた甲虫のように、無防備、かつ無力化して。

上空からぼくは戦車に突っ込み、この怪物の装甲の薄い腹部に機銃弾を叩き込んだ。キャタピラーは両側ともまだ動いていたが、右側が跳ね上がり、頭足類の足が何かをとらえようとするように虚空に伸び、そして落ちた。戦車は、今は、死んだように完全に動きをとめてそこに転がっている。けれどなおぼくは戦車に機銃弾を打ち続けた。砲塔の近くの脇扉が開いた。男がひとり血みどろの顔を両手で覆って地面にころげ落ちた。すべてが克明に見えるほど、接近して飛んでいた。しかしもう撃てなかった。銃弾を最後の弾帯まで撃ち尽くしていたのだ。

飛行場に戻り、新たな弾薬を装填させて先の場所に引き返した。これには二〇分とかからなかった。

しかし、戦車は死んでいた。黒く、ぴくりともせずに転がっている。その傍らの草の上に三人の兵士。イギリス軍看護兵が、ぼくが飛行場に戻っていた間にきたに違いない。かれらは遺体を戦車から運び出し、草の上に寝かせたのだ。榴弾の一発がかれらを埋葬するだろう。

夜になった。霧が野の底から暗い空に立ち昇った。戦車による攻撃は撃退された。バポームーアラスの線は全戦線にわたって停滞した。

＊

受話器の向こうで興奮しきった声。「いま、こちら側の係留気球二基が撃ち墜とされた。敵編隊は依然こちらの陣地上空を旋回している」

ぼくらは直ちに稼働可能な飛行第四戦闘中隊全機をもってブレイに出撃した。高度三〇〇〇メートルで飛行、眼下にドイツ軍係留気球の列線が見え、斜め上方にイギリス軍機の編隊、SE5、五機だ。かれらの下方に留まり、攻撃を待った。しかしかれらは戦闘を避けようとするかのようにこちらを窺っている。

突然、敵の一機がぼくらのそばを矢のようにかすめ、気球に突っ込んでいった。ぼくも機をぐっと降下にいれ、追いかける。敵編隊から急降下をかけてきたのは編隊指揮官だ。尾翼の細長い小旗がぼくの前ではためいている。

ぼくは降下を続けた、操縦桿を倒しつづける。風が風防でうなり声をあげる。奴に追いつかねば、奴を撃ち墜とさねば、気球への攻撃を阻止しなければ。

遅かった！　奴の機影が、水の中の魚のようにぴんと張りきった気球のおもてをかすめ過ぎた瞬間、——青い小さな炎が閃いたかと思うと、ゆっくりと灰色の気球の背に炎は這い昇り、次の瞬間、火柱が天にむかって立ち昇った。火柱が立ち昇ったところには、なお巨大な黄色い気球の外皮が、絹のように光りながら激しく揺れていた。

一機のフォッカーがこのイギリス機を追尾していった。巨大な火柱のそばで、二つ目の小さな炎がぱっとあがったかと思うと、煙と炎に包まれてドイツ機が地上に激突した。

急旋回、——ほとんど垂直にイギリス機は下方に突っ込んでいく、気球巻揚げ機のそばにいた兵たちが散って逃げる。すでにSE5は機体を立て直して、地を払うようにして西に飛んでいく。機体とその影とが一つに溶け合ったようにみえるほどの低空を。

だがいまは、ぼくが奴の背後にくらいついている。気狂いじみた狩りが始まった。高度は地上三メートルとない。電柱を飛び越え、街道の並木を飛び越える。大跳躍、マルクールの教会の塔だ。しかしぼくは奴の後ろに喰らいついたままだ。もう振り放されはしない。

アラスへと続く軍用道路。道路は緑の壁のような丈高い並木に沿って、風景の中を一直線に延びている。

奴は並木の右側を飛び、ぼくは左側を飛んでいる。並木の切れ目があればぼくは奴に射弾を送った。道路脇の野原にドイツ歩兵部隊が屯（たむろ）していた。ぼくが奴の首根っこに食らいついているにもかかわらず、奴は歩兵部隊に掃射をくらわした。しかし、これは奴にとって致命

クラウス・ベルゲン画「空戦」〔訳注：ウーデットの友人オットー・ベルゲンの弟クラウスの絵。「ロー」と胴体に描かれたウーデットのフォッカーＤⅦがフランス機を撃墜しているところを描いている。クラウスはゲーリングの空戦も絵にしている〕

的だった。瞬間、ぼくは並木を飛び越し、彼我一〇メートルに満たぬ距離で、奴を撃った。奴の機体は痙攣し、旋回しながらよろめき、地上に激突すると、水の上を跳ねる石のように大きく跳躍して、白樺の林の中に消えた。粉塵がもうもうと立ち昇った。

顔中、滝のように汗が流れる。飛行眼鏡が曇る、汗で目がふさがる。飛行服の袖で額をぬぐう。真夏だ、八月二十二日、正午十二時半、一年のうちで一番暑い日だ。外気温はほぼ四〇度、敵を追尾中、エンジンの回転数は毎分一六〇〇に達していた。

周囲を見回すとぼくのすぐうしろに三機のSE5がついている。かれらは第四中隊の攻撃を振り切り、死んだ指揮官の仇を討とうと、ぼくに急降下をかけてきた。地上すれすれに、ぼくは白樺の林のまわりを飛び回った。短く、素早く背後に目をやる。かれらは分かれ、二機は機首を返して西に飛び去り、残った一機にぼくという獲物をゆだねた。

これを見て、空戦の場数を踏んできた強者（つわもの）が相手であることが分かった。新参者なら三機編隊で襲い掛かってきたはずだ。老練な操縦士は、敵機を追撃する際、僚機は邪魔なだけであることを知っている。

やっかいな状況だ。背後の敵はどんどん彼我の距離を縮めようとしている。目測三〇メートルと離れていない。そして奴はまだ射弾を送り込んではこない。

「三発、四発で仕留めようというわけか」ぼくは思った。

地上は灌木の小さな林にまばらに覆われた丘陵がゆるやかに波打っている。この林のまわりをぼくはあちらこちらへと旋回しつづけた。

木々の下にドイツ軍の機関銃部隊。かれらはぼくらをじっと見上げている。「かれらが撃ってくれたら、そうすりゃ助かるのに」しかし、かれらは撃たなかった。多分、ぼくらの機体同士の距離があまりに近すぎ、飛翔する燕のように、上へ下にと飛ぶぼくに、かれらの機関銃弾が当たることを恐れたのだ。

森、丘、野原が視界に飛び込んでくる。すなわち、ぼくが墜ちるであろう場所だ。

膝にかすかな鈍い衝撃。甘く気の抜けたような燐の臭い、見ると、僕の前の弾薬箱に小さな丸い穴が開いていた。熱だ――曳光弾に火がつき、弾薬帯がひとつ爆発したのだ――数瞬後には機体は炎に包まれてしまう。

行動するか、それとも死ぬか、こんな時には人間はなにも考えないものだ。機銃の引き金をぐっと押す、固定機銃の二つの銃身からダッダッダッと音をたてて、機銃弾が青空の中に撃ち込まれ、白い煙の糸がぼくの機体の後方に流れた。

さっと後方を見やる。息が止まるほどの驚き、そして肺いっぱいに深々と息を吸い込んだ。追尾していた敵機が、白い煙の糸を回避するように脇へと進路を変えたのだ。ぼくが後方に機銃を撃ったと、きっと敵は考えたのだ。

ぼくは基地へと向かった。

着陸後、長いこと座席から動くことができなかった。機体から出るのにベーレントに助けてもらわざるを得ないほどだった。

ぼくは指揮所に歩いていった。

リヒトホーフェン戦隊最後の戦隊長ゲーリング〔訳注：後方の機体はゲーリングの乗機フォッカーＤⅦ。座席から後部胴体は白色で塗装されているのが分かる。後、かれの機体は全面白塗装となる〕

ゲーリング、フォン・ヴェーデル、シュルテ＝フローリンデ〔訳注：エリッヒ・ルデイガー・フォン・ヴェーデル、飛行第11戦闘中隊所属、撃墜戦果13。ユリウス・シュルテ＝フローリンデ、同戦闘中隊所属、撃墜戦果4〕

「ゲーリング大尉は、本日夕刻に着任なさるそうです」曹長がそう言った。ぼくは曹長をうつろな目で見つめた。

「ゲーリング、わたくしどもの新戦隊長であります」かれは繰り返した。「ああ、わかってる、分かってる」自分の声すら他人の声のように、気が抜けて聞こえた。休暇を取ろう。すぐに、今すぐにだ。こんなぼくをかれに見せたくない。

＊

休暇から戻ったとき、戦隊はメッツにいた。損傷は極めて甚大だった。死傷率は三〇〇パーセントに達した。戦争継続期間を通じて、三度にわたり士官たちが更新されたのだ。この大隊で騎兵大尉（リットマイスター）とともに最初の飛行を行なった者たちは、もはや一人も残っていなかった。そのため、軍統帥部は戦闘の最も激しい前線から戦隊を引き抜き、一時的に平穏な前線に配置したのだ。

飛行場に着いたとき、ゲーリングはかれ直卒の中隊を率いて、敵機の前線侵入阻止のための任務に出撃していた。かれが任務から戻り、着陸したとき、ぼくらは互いに挨拶を交わした。かれの顔は暗かった。かれはリヒトホーフェンの衣鉢を継ぐ者となった。なぜなら彼は、陸軍部内で最も才能ある軍略家と目されていたからである。この死んだような前線に遊んでいろとばかりに置かれたかれは書類を相手に戦うしかなかった。

「やあ、ウーデット」かれはぼそぼそとそう言った。

それからすぐにぼくは自分の中隊を率いて出撃した。

地平線上の砲火、ドイツ軍高射砲の黒煙、敵機が視界に入る。

かれらは近づいてきた。七機、デ・ハビランド複座DH9型だ。ぼくらは六機だ。しかしかれらはこの前線では新参だ、アメリカ式の編隊を組んでいる。こちらの最も若い操縦士でも、かれらより二年の実戦経験で優っていた。

飛行場のすぐ近くでぼくらはかれらと向かい合った。すべてが終わるのに五分とかからなかった。グルツェウスキーが一機を撃墜、そしてクラウト、ぼくのは燃えながらモンテニンゲンの近くに墜ちた。

残った敵は機首を返し、自基地へと飛んでいった。一機がぼくの頭上のコースを飛んでいった。フォッカーの機首をあげ、上方空中にまっすぐ射弾を送り込む。敵は、もはや回避もならず、ぼくが放った収束弾に撃ち貫かれるほかなかった。五〇メートルあるなしの上空でパチンとはじけ、敵機の炎に包まれた残骸との衝突を避けるために、ぼくは急いで機を降下に入れなければならなかった。

三機目の敵が、ぼくの間近を西へと飛んでいった。この敵の後尾には指揮官機を示す細長い小旗がひらめいていた。かれの後方につける。かれは追われていることに気づくと、方向転換し、ぼくにむかってきた。敵がいきなり一斉射したとたん、焼けるような痛みを左の太腿に感じ、撃ちぬかれた燃料タンクからガソリンがシャワーのように降り注いだ。

ぼくはエンジンの点火スイッチを切って、着陸した。戦友たちがぼくを取り巻いた。かれらは飛行場から空戦の一部始終を見ることができたのだ。

興奮してかれらはめいめいが勝手にしゃべっている。「おい、ウーデット運がいいぞ――四週間ぶりの最初の敵が――今日休暇から戻ったばかりで、すぐにこのプレゼントの山だ――」

飛行機を降りると、自分の傷の具合を確かめてみた。弾は太腿の肉を貫通し、少しばかりの血がまだ傷口から滴っていた。

同僚たちが道を開け、ゲーリングがぼくのところにやってきた。ぼくは報告した。「六一機目、六二機目の敵を撃墜。自らもわずかに負傷。左大腿に貫通弾。顔に傷はありません」

ゲーリングは笑い、ぼくの手を取って揺さぶった。

「わたしからの餞(はなむけ)に、自分はここに座って君のために獲物を取っておいてあげたのさ」かれは言った。いい奴だ。

そして終わりがやってきた。最後まで戦い続けたぼくらにとって、平和というものが理解できなかった。誰一人それを受け入れようとしなかった。

ある日、ぼくは除隊証明書をもらった。

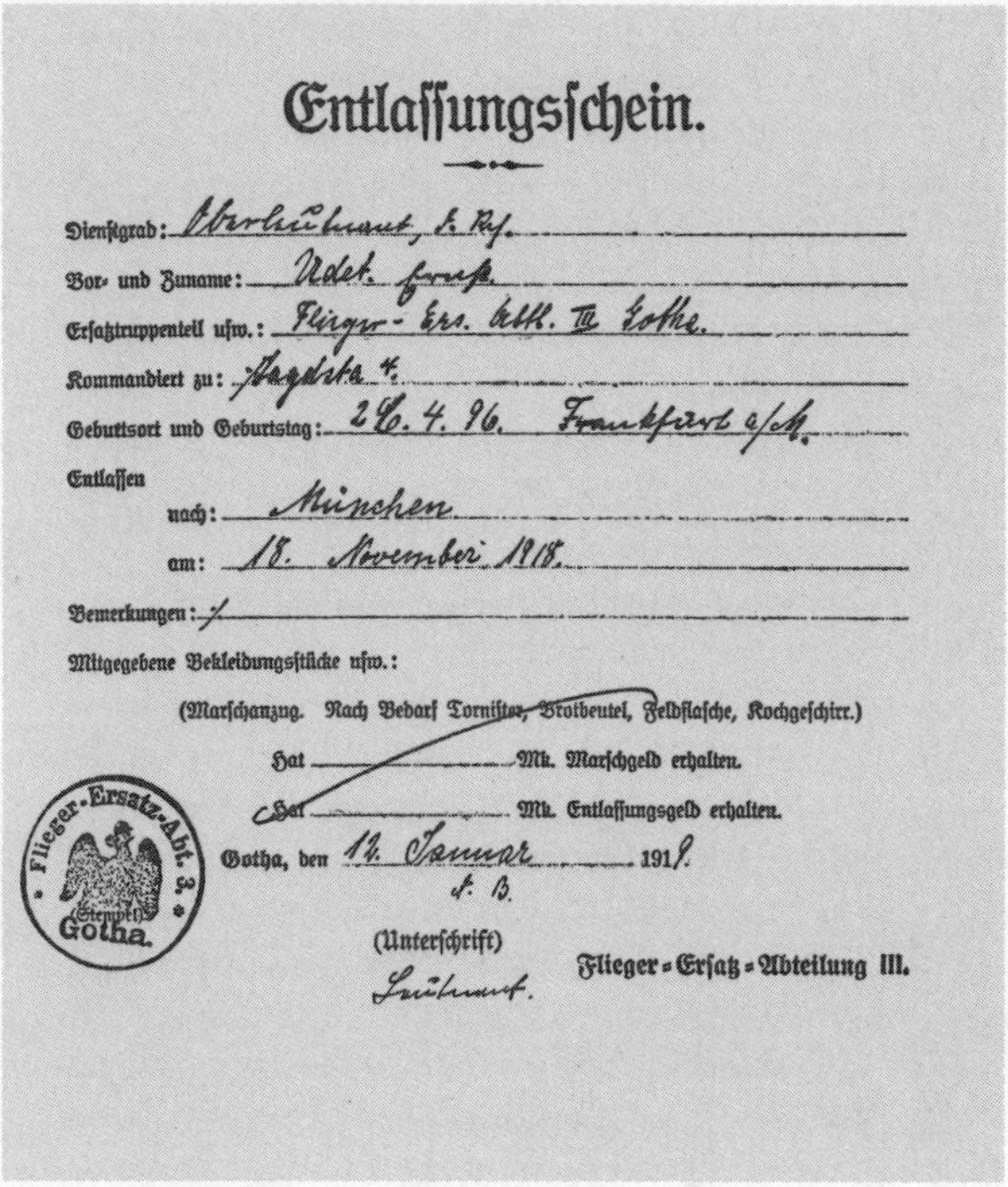

Entlassungsschein.

Dienstgrad: Oberleutnant d. Res.

Vor- und Zuname: Udet, Ernst

Ersatztruppenteil usw.: Flieger-Ers. Abt. III Gotha.

Kommandiert zu: Jagdsta. 4.

Geburtsort und Geburtstag: 26. 4. 96. Frankfurt a/M.

Entlassen

nach: München

am: 18. November 1918.

Bemerkungen: ./.

Mitgegebene Bekleidungsstücke usw.:

(Marschanzug. Nach Bedarf Tornister, Brotbeutel, Feldflasche, Kochgeschirr.)

Hat ______ Mk. Marschgeld erhalten.

Hat ______ Mk. Entlassungsgeld erhalten.

Gotha, den 12. Januar 1919.

I. B.

(Unterschrift)

Leutnant.

Flieger=Ersatz=Abteilung III.

Flieger-Ersatz-Abt. 3. (Stempel) Gotha

ウーデット除隊証明書

新たなる出発

その男は視線をそらすことなく、じっとぼくを見つめていた。灰緑色の軍用マントを着、帽章のない軍帽をかぶり、そして右腕には赤い幅広の腕章が巻いてあった。左翼の労兵会だ。かれのごつい頬から赤い髭が、炎のように目のあたりまでピンと逆立っていた。

一九一八年十一月、どんよりとした雨もよいの日だった。人間であふれかえるミュンヘンの路面電車の後部デッキに立っていた。

この男はいつまでもぼくを凝視し続けている。やがて男は手を伸ばすと、ぼくの襟元のプール・ル・メリットを指さして蛮声を張り上げた。

「そいつぁブリキだ」

まわりにいた人たちは顔をあげ、これから何が起こるのか、興味津々といったようすで見ていた。窓から雨のしぶくアスファルトを見ながら、さて、奴が襲い掛かってきたらどうしたものかとぼくは考えていた。

そのとき、早くも彼の毛むくじゃらのごつい手が伸びてきて、勲章をむしり取ろうとした。

「そんな役立たずのブリキなんぞ捨てちまえ」轟くような大声で奴は言った。

奴はぼくよりかなり上背（うわぜい）があった。けれどぼくは奴との距離を正確に計算に入れていた。次の瞬間、ぼくは奴のリスめいた髭を指の間に掴み、ありったけの力を込めて引きむしると、叫んだ。

「こんな役立たずの髭など取ってしまえ」

男は痛みのあまり悲鳴をあげ、猛り狂って腕を振り回し、車掌を殴り、まわりの乗客たちを殴ったが、ぼくには当たらなかった。プラットホームは戦場と化した。石炭用のスコップのように車掌は両拳を振り回し、まわりの人たちの頭を殴りつけた。

停留所に電車が停車する。軍用マントの男は外に転がりでた。男は立ちあがると、脅すように拳を振り上げた。男の騒々しい罵り声をあとに、路面電車はガタゴトと停留所を出た。

車内にいた数人のよく肥えたプチブルどもは笑っていた。しかしどんなに努力しても、いま起こったことのどこにも、ぼくはおかしみなど見いだせなかった。

＊

日が暮れると、ぼくら操縦士仲間は小さな醸造所直営のビアホールにちょくちょく集まった。うらぶれた気分だった。世間はぼくらを脇に押しのけ、ぼくらもまだ市民的生活にしっかりと根付いていなかった。

「なあ君」グライムが言った。「せめてもう一度飛び上がって、塵芥（ちりあくた）のようなこの地上を空から眺めてやりたいもんだなあ」ぼくらは酒をすすり、自分の前方をじっと見ていた。

板張りの部屋は冷え冷えとしていた。石炭を節約しなければいけないのだ。灯りはランプの力ない光だけだ。壁にはポスター類、国民会議の選挙ポスターや、戦時捕虜救済の呼びかけなどが貼られていた。

ぼくはグライムの腕をつかんだ。「もう一度飛ぼう」そうかれに言い、自分の計画を話した。

翌朝、ぼくらはすでに戦時捕虜救済事務所にいた。捕虜たちのために空戦ショーの開催をしたい、模擬空戦、曲芸飛行、模範演技飛行のショーをやりたいと話した。

事務所の連中は懐疑的だった。もし飛行機を調達できるなら、やってもいい。しかし、それは難しいだろう。確かバムベルクにはまだ引き渡されていない航空機、それも新品があるはずだと。

早速ぼくらはバンベルクに出かけた。寒々と寂しい朝だった。機体はがらんとした工場格納庫のなかに、皮剥ぎ場に引いて行かれる前の馬たちのように身を寄せ合って並んでいた。この飛行機の群れは敵への引き渡しを、絶望的な最期を、ここで待っているのだ。この光景は見る者の心に血を流させた。

ぼくらはここの機材管理人と長いこと交渉した。最終的に、二機の飛行機を救い出すことができた。グライムのためのフォッカーＤⅦとぼく用のフォッカーＤⅧパラソルだ。

一四日後、ミュンヘン中の掲示板に張り紙が貼られた。「オーバーヴィーゼンフェルトに於いて空中戦。プール・ル・メリット受勲者リッター・フォン・グライム対エルンスト・ウーデット中尉」

数千人、いや万に及ぶ見物人が押し寄せた。戦時捕虜救済事務所の金庫も大いに潤った。

「実を言うと」グライムが言った。「ひどく嫌なんだ。ぼくらが前線で真剣にやっていたことを、いまこんな風に見世物にするなんていうのは……」

「とにかく、ぼくらはまた飛んでいるじゃないか」ぼくは言った。

日曜日ごとに、ミュンヘン周辺や、バイエルン中のいろんな場所で飛んだ。人々は集まり金を払う、戦時捕虜救済事務所はこの事業に満足していた。ぼくらが着陸すると、前線での状況を知りたいという野次馬たちに取り囲まれた。

しかし、機を駆って空にあるとき、すべてを忘れた。グライムはぼくと同等の技倆をもった敵手だった。まるでこの空戦ショーが遊びではなく、真剣勝負であるかのように、空戦にのめりこんだ。一度、テーゲルン湖での空戦ショーの際、激しくぼくを追撃するあまり、高圧電線を見落としてしまった。かれの機体はこの高圧線にひっかかり、湖に墜落、沈んでしまった。かれ自身は無傷だったが、これで飛行ショーはおじゃんになった。予備の飛行機はもう調達できなかったのである。自分の乗っていたフォッカーも、結局すぐにも引き渡さざるを得なくなり、再び地上の人となった。

＊

ルムプラー社がミュンヘン―ウィーン間の定期航空便を開設しようとしていることを、アンゲルムントから聞いた。ぼくはパイロットとして応募した。

大事業だ。出発の際、オーバーヴィーゼンフェルトにはお役所のお歴々がずらりと集まった。鏡のようにピカピカのシルクハット、バラ色にほの光る禿げ頭、――それから野原中に朗々と響き渡る演説の数々。

この光景は写真にとられ、映画撮影用カメラが回され、いたるところで握手が交わされた。パイロットは三名、ドルディ、バッサー、そしてぼくだ。機体は古く、軍用機を改造したものので、この任務にふさわしいとは見えず、かなり肺が弱かった。

途上、向かい風が吹き始めた。秒速七メートル程度なのだが、それでもぼくらの鳥は飛びあぐねて、空中で停滞してしまった。結局、ぼくらは飛行機の燃料を全部使い果たしてしまい、不時着を余儀なくされた。この日、ウィーンに到着した者は誰もいなかったのである。ウィーンのアスペルン飛行場では市のお歴々や役所のお偉いさんたちが、ぼくらの到着を待っていた。フロックコートを着込み、シルクハットを頭にのせ、朗々たる演説を喉に仕込んで。かれらは日の暮れまで待っていたが、ついにぼくらは姿を現わさなかった。みな悲しみに打ち萎れて家路についた。

翌朝、ようやくぼくらはウィーン市の上空にたどり着いた。ステファン塔の上で旋回し、ドルディがビラをまいた。「ドイツ＝オーストリア間最初の国際間定期航空便、アスペルンへの三機の旅客複葉機の着陸をもって、正に開設さる」

けれどもはや誰ひとりとして姿を現わさなかった。ぼくらだけでひっそりと誰の目にも触れず着陸した。

到着した日にそのまま帰路につくことになっていたが、今回は華々しいお祭り騒ぎもなかった。

格納庫の前に数名の外国の士官が立っていた。連合国委員会の連中だ。その中の一人が僕らのところにやってきて宣告した。「君たちの飛行機は押収された。サン・ジェルマン条約によりオーストリアへの航空機の輸出入は禁止されているのだ」

ぼくらは抗議し、興奮して食ってかかった。しかし、かれは身をひるがえしてぼくらに背をむけてしまった。

ぼくはなおも機内に置いてきた飛行眼鏡を取りもどそうとした。しかし、一人の黄色い顔をした小男が立ちはだかり、もう飛行機の中を窺うことすら許してくれなかった。

ミュンヘン―ウィーン間最初の定期航空飛行の参加者たちは、列車で帰る破目となった。

連合国委員会のお偉方は笑っていたが、どう頑張っても、笑いの種など見つけだせなかった。

＊

あるアメリカ人がぼくの家に電話をかけてきた。ミルウォーキーのウイリアム・ポール氏だ。ホテル「四季」にかれは滞在していた。夕刻、このホテルに自分を訪ねてほしい、業務上の重要な相談をしたいというのだ。

かれは典型的なアメリカ人だ。かれはすぐに本題に入った。

ドイツに航空機製作工場を設立したいのだという。いわゆる大衆飛行機（フォルクス・フルークツォイク）を製作する計画で、この手の飛行機には大きな需要が見込めると期待していた。飛行機の名前も決めていて「エブリバディ」とするのだという。一緒にやる気はないかというのだ。

「ご一緒したいのはやまやまですが、ぼくには資本がありませんよ」ためらいながら言った。

ポール氏は手まねでぼくの言葉を遮った。「必要ありません。金ならわたしが持っています。わたしが必要としているのはあなたの知識、人脈、そしてあなたの名前なんです。会社の名は〝ウーデット航空機製作所〟とするつもりです」

真夜中にかれと別れたときには、この計画はあらゆる細部にいたるまでしっかりと固められていた。ぼくらはすぐに事前作業にとりかかった。ミルベルツホーフにある倉庫が借り上げられ、二名の職工と一名の技師を雇い入れた。最初のモデルの制作が始まった。

一九二一年七月十五日、戦棍の一撃のような知らせが届いた。連合国は引き続きドイツにおけるいかなる航空機の制作も禁止すると。

ポール氏が再びミュンヘンにやってきて、ぼくはホテルにかれを訪ねた。肩をすくめながらかれが言った。

「あなたにリスクを負う覚悟がおありなら、いいじゃありませんか」

禁止された飛行機の制作は罰金刑および禁錮刑と厳しく布告されていた。ぼくは一瞬考えこみ、「確かにそのとおりです」と言った。

ポール氏は喜んだ。「あなたならそう言うと思いましたよ」

ぼくは倉庫にもどり、三名からなる全従業員を招集し、状況を説明した。

「まずいことになることも有り得るぞ、諸君」ぼくはそう締めくくった。

「鉋はどこだ、ヒアスル？」一人がもう一人に聞いた。かれらは演説などぶたない、自らを犠牲にすることなど毛ほども重要とは思っていない、かれらは中断した仕事に取り掛かり、作業を続ける。戦友たちよ――。

とはいえ、慎重に事を運ばねばならない、徹底的に慎重に。ぼくは倉庫の窓を青く塗りつぶさせ、倉庫内の灯りは一つだけにしたので、まるで地下納骨所にいるようだった。窓の下には鉄菱を撒いた。庭の木戸を通ってくる者があると、それを知らせる鈴が鳴る秘密の装置も用意した。

ある朝、職工のひとりがぼくのところにやってきた。昨日、家に帰る途中、一人の紳士がかれに声をかけてきたというのだ。二人はビールを一杯やりにいき、金は全部その見知らぬ紳士が支払った。そしてついでに聞くといったふうを装い、ぼくらがここで何をやっているのかを聞いたという。「錠前さ」職工は言った。「錠前、どうして錠前なんだ？」

「口にする錠前さ！」職工は立ち上がってそこを立ち去った。

日が暮れてから男がひとり倉庫のまわりをうろうろしているのが見えた。「あいつか？」ぼくが聞くと、職工はうなずいた。

ぼくは真夜中にもう一度全従業員を倉庫に招集した。なんの説明をしなくとも全員がぼくの考えを理解してくれていた。

郊外のラメルス村で、ショイエルマンがミツバチの巣箱と鶏舎をつくる工場をやっていた。ぼくは電話をかけてかれに鳥の飼育に興味はないかと聞いてみた。電話で話すときでさえ慎重であらねばならないのだ。ショイエルマンはぼくの戦友で、ぼくと同じく戦闘機操縦士だった。「君の鳥と一緒にやってこいよ」かれが言った。

午前三時ころ、馬一頭に引かせた馬車が、ミュンヘンの通りをがたがたと抜けて行く。ぼくらの試作機が帆布に覆われて馬車の荷台に積み込まれていた。ぼくは御者の横に座り、二人の職工は試作機が荷台から落ちないように支えていた。急いでいたので機体を分解することができなかったのだ。

ショイエルマンの鶏舎でぼくらの鳥は孵化された。鳥が完成する数日前に、連合国の航空機製造禁止令が再び停止された。これでぼくらはおおっぴらに作業を続けることができた。

一九二二年五月十二日、いよいよ初飛行の日だ。戸外にポールと数名の操縦士が立っていた。職工たちは日曜日の晴れ着を着こんでいる。飛行機はしっかりとおめかしされて倉庫の前に引き出されている。もういちど、組み立て具合が検査された。ぼくのすぐ横にぼくらの技師が立っていた。突然、かれは手のひらで、自分の額をぴしゃりと打つと、製図部屋に駆け込んでいった。一枚の丸めた図面を小脇にしてふたたびぼくのところにくると、ぼくの服の袖を引っ張り、血の気の失せた顔で囁いた。

「手落ちだ――、どうしてこんなことになったのか自分でも分からんが、エンジンが四七センチ胴体の後ろに寄りすぎている――、計算するときに数字のコンマをひとつ見落としてい

ウーデット航空機製作所第1号モデル生まれる

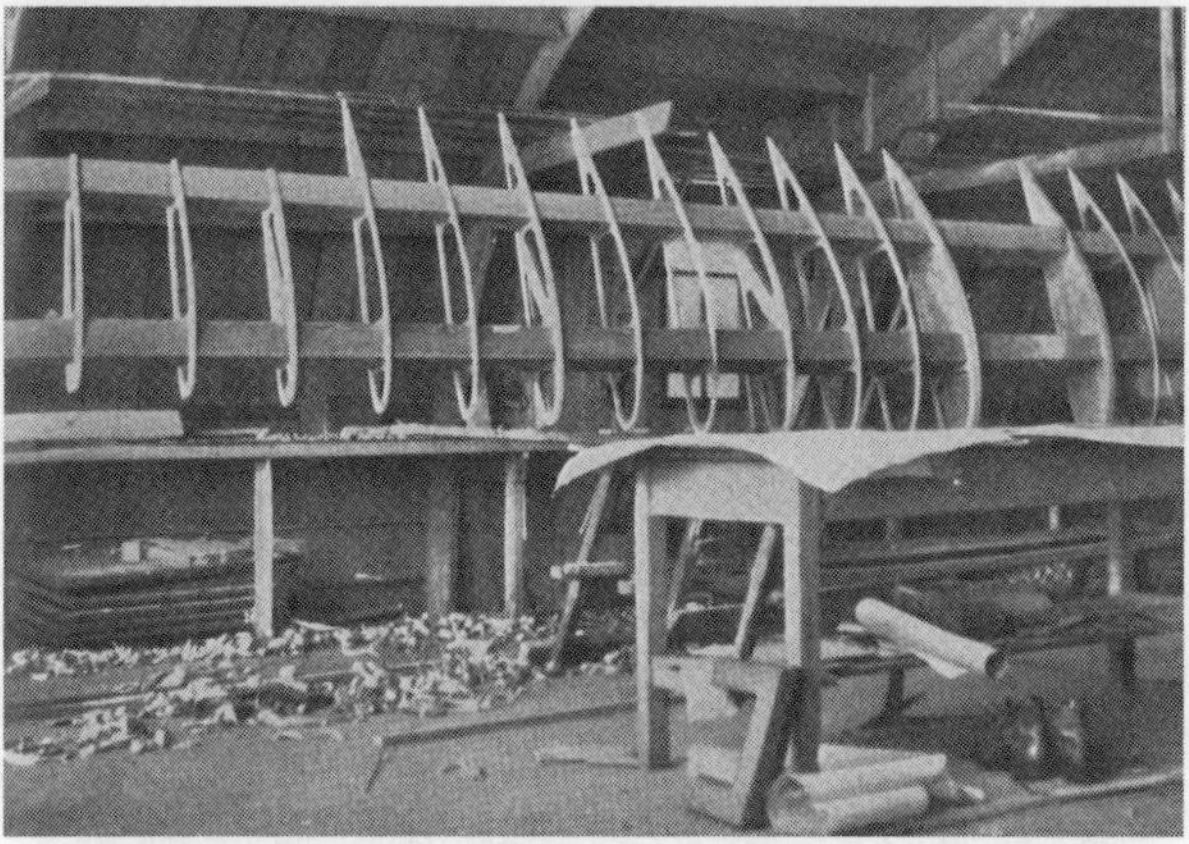

ウーデット航空機製作所、遮光した窓の背後での作業

たようだ」

実に静かに、再び鳥はその巣に戻っていった。四日後、鳥は再び姿を現した。胴体部四七センチの不足を補うため、厚板で胴体を延長したのだ。その結果、異様に胴体の長い代物ができあがり、飛行中の鵞鳥に痛々しいほど似ていた。

ぼくは座席に乗りこんだ。エンジンの回転計は、操縦席からはもはや数値を読み取れぬほど離れたところに付いていた。プロペラが回された、機体は癲癇の発作を起こしたようにのたうち回ったが、とにかく空に飛び上がった。ねじり弁の判別も不可能なほど、三〇馬力のハッケ発動機はこの小さな機体を揺さぶった。機体のあらゆる箇所が振動し、まるで荒削りの円頭石を敷いた道を走っているように飛んだ。

しかし、とにかくぼくは飛んでいる。二年たって再び初めて飛んだのだ。

＊

ブエノスアイレスのドイツ飛行クラブが、ぼくに招待状を送ってよこした。某飛行大会への招待状だ。ウイルバー・カップがかかっているのだ。

長いこと協議を重ねた。ポールは反対だった。今はぼくらの技術主任に納まっているショイエルマンは賛成だった。ウーデット航空機製作所はその設立から一年、順調に業績を伸ばしていた。最初の試みにおける初歩的な諸問題は克服されていた。ぼくらはＵ２型、Ｕ４型を発表し、両機ともよく売れた。とはいえ南アメリカへの渡航は費用がかかりすぎる、就中（なかんづく）、ドイツの金では。しかも今はインフレの真っただ中だ。

最終的にぼくは渡航することにした。外国でのビジネスの可能性、これはあまりに魅力的でありすぎたのだ。

ブエノスアイレスに船が着くと、フリードリヒ・ブリクスシュタイン氏が乗船してきた。船は埠頭にしっかりと係留されていた。夕刻だった。湾内は青い影に包まれていた。街では最初の明かりが灯り始めていた。

ブリクスシュタイン氏が両腕を高くあげデッキの上を駆けよってくると、ぼくの両手を掴んで言った。

「ウーデットさん、あなたがここにおられる、本当においでくださったんですね！」かれは額の上に、小さな汗をいっぱいかいていた。

「お招きいただきましたものですから……」ぼくの用心深い態度も、かれの熱狂ぶりを鎮めるのにはまったく役にたたなかった。

「わたしがあなたのご到着にどれほどの準備を整えたかご覧になっていただけますね」かれは外套のポケットから新聞の束を取り出し、せっかちな手つきでそれを広げた。

「エースの中のエース」とそこには書かれ、ぼくの写真も載せられていた。ほかはスペイン語でぼくには読むことができなかった。

ぼくらは遊歩甲板をぶらぶらと歩いた。ブリクスシュタインはぼくの腕を取ると、ぼくと腕を組んで歩き始めた。ぼくはこの種の馴れ馴れしさは好きではない、特に相手が男の場合には。とはいえ、かれはドイツ飛行クラブの会長であると名乗り、そしてそのドイツ飛行クラブがぼくを招待したのだから無碍（むげ）にはできなかった。

デッキを登ったり下ったりしながら、かれは自分の計画をあれこれと話した。ドイツから運んできた二機の飛行機と一緒に、この国のいろいろなところに行ってもらいたいこと、飛行機の貨物運賃はもちろん飛行クラブが負担することを。プラザホテルに宿泊の予約がされていた。「この街で一番のホテルですよ」ブリクスシュタイン氏は言った。ぎょっとしてぼくは財布のマルク紙幣（パピア・マルク）のことを考えた。

それからぼくらはホテルに入った。見事な建築物だ。ロマンチックな華やかさとアメリカ的即物性とが混在していた。

ブリクスシュタインは夕食の相伴をした。かれのおしゃべりには辟易した。それで食事が終わるとすぐにかれに部屋に戻る許しを請うた。「船旅で疲れていますもので」と。

自室で、なおしばらくの時を開け放った窓のそばに立って過ごした。部屋の下に見える街路は熱気と喧騒と光にあふれていた。異国の町で雑踏する人々を眺めるのは、一風奇妙な気持ちに人をさせるものだ。「かれらの足下に屈せられるか、あるいはお前が勝者となるのか？」ぼくは自分に問いかけた。

翌日の午前、ぼくはドイツ飛行クラブの事務所に行った。ブリクスシュタインが事務所の住所を書いたカードを残してくれていた。車が華やかな通りを離れるや、家並はしだいに少なく、みすぼらしくなっていった。兵舎のような灰色の建物のなかに、ドイツ飛行クラブはあった。

事務所には秘書がただ一人だけいた。ブリクスシュタインはシャツ一枚になって、事務所の中をあちこち歩きながら、かれの口述を秘書にタイプさせていた。かれは辣腕経営者であるかのようにふるまっていた。

宣伝用のパンフレットをかれは印刷させていて、その一枚を見せてくれた。右側にドイツ語のテキスト、左側はスペイン語だ。読んで驚いた。「ミュンヘンに本部を置くウーデット航空機製作所の総合代理人フリードリヒ・ブリクスシュタイン氏は飛行大会開催の栄誉を……」

「ふむ」とだけ額に皺をよせてぼくは言い、ほかには何も口にださなかった。しかし、さすがにブリクスシュタインにもぼくの驚きが伝わったようだった。

「わたしはちょうどいま、わたしどもの契約について口述中でして」かれは説明した。「商習慣上の諸条件についてね。もしお待ちになれるなら、お見せすることができますが」

ぼくは待たなかった。ひとりで熱気のこもった、ほこりまみれの通りをホテルへと帰った。徒歩で。金は節約しなければならなかった。

ぼくの期待はウイルバー・カップ開催の日にかけられていた。そこで、ぼくらが制作した小さな飛行機に何ができるかを示すことができる。それまでは持ちこたえなければ。

自由に使える金が乏しいとき、食事というものはある種の芸術となる。目は料理のメニューの料金欄に沿ってあてどなくさまよう。ある料理などは、マルクに換算すれば、ドイツ人労働者一人の一週間分の賃金に相当した。ぼくはラヴィオリに決めた。イタリアの簡素なパスタ料理だ。すべてのメニューのなかで、これが一番安かったのだ。ボーイがやってきた——僕の注文を聞いたが、ぴくりとも表情を変えない……いいホテルだ。

次の日の正午、ぼくはまたラヴィオリを注文した。ボーイは左の眉をわずかに動かした。「胃病でね」ぼくは唸るように言った。かれは恭しくお辞儀をした。胃病は洗練されて上品だが、空っぽの財布というのは、卑しく、下品だ。

七月も終わりのころだった。通りは熱気でうだっていた。ただホテルのバーは静かで涼しかった。ぼくはほとんどの時間をそこに座って、一杯のカクテルをすすりながら、つき出しのソフトチーズをスプーンですくって食べていた。チーズは向こうのテーブルに、大きな馬車の車輪のようなのが置いてある。無料で、客は自由にそこから取って食べていいのだ。というのは、こいつはひどく喉を渇かせるのだ。しかしぼくにはこれが夕食代わりだ。バーテンがこちらにちらりと視線を投げかけてくれば、スプーンを持って、うっとりとした表情を浮かべて見せてやるのだった。

八月九日はウイルバー・カップ開催の日だった。ハンディキャップ付きのレースで、一般大衆向けというよりも専門家むけのものだった。

飛行場は市郊外の緑の中にあり、木柵で仕切られていた。ブリクスシュタインは一緒にここにやってきた。かれはぼくを隈なくあちこち引き回し、スポーツジャーナリストやアメリカ、イギリスの工場の代理人たちに紹介した。紹介された人たちは皆礼儀正しかったが、どこか打ち解けないところがあった。ブリクスシュタインは父親が有望な息子の世話をするように、ぼくを扱った。

レースが始まった。五五馬力ジーメンスエンジンを搭載したぼくの小さなU４は非常に不利だった。スパッド、カーチスそしてニューポールが強馬力エンジンを搭載した鳥たちの代表だった。

しかし、U４は健気に飛んでみせた。U４が着陸したとき、ぼくが抱いた感慨は、ウーデット飛行機製作所は立派な仕事をやったということだった。

ブリクスシュタインが言った。「明日の新聞を待ちましょうや。それから判断することにしましょう。アルゼンチンでのビジネスはこれすべて評判しだいですからなあ」

翌朝、ホテルのボーイに新聞を全紙、ベッドまで持ってこさせた。ウイルバー・カップの記事は全紙に載っていた。しかし、U４についてはほとんど何も書かれていなかった。

ぼくは事務所のブリクスシュタインに電話をかけた。実に素気ない調子でかれが言った。

「今日午後から、ホテルにあなたをお訪ねしますよ」

ぼくはその日一日を部屋で過ごした。ブリクスシュタインがくるまでにえらく時間がかかった。ようやくかれが現れたときにはもう日が暮れていた。

「まったくもって怪しからん話ですな」部屋に入りながらかれはもうしゃべっていた。「アメリカ人どもはプレスにすごいコネを持っているんですよ」

安楽椅子にどしんと腰をおろすと、ひじ掛けに両足を載せてふんぞり返った。

「もちろん、我々としては計画の手直しをしなきゃなりません。あなたには煙草会社の広告飛行をやってもらいましょう」

「広告で飛んだりはしない」きっぱりと撥ねつけてやった。

かれの顔つきが変わり、むき出しの悪意がそこに現れた。

「ほう、この先どうしようとお考えですかな?」

「飛ぶつもりだ」ぼくは言った。「ロザリオの飛行大会に応募して……、それに、ひょっとしたら一機でも二機でも飛行機が売れるかもしれない」

かれは笑い声をあげた。「お気づきでないようなら申し上げますがね、あなたの飛行機の荷渡し指示書はドイツ飛行クラブ宛てに発行されているんですよ」

「何を言いたいんだ?」

「ドイツ飛行クラブは、二〇〇ゴールドペソの運賃をあなたに代わって立て替えているんですよ」冷ややかにかれは言った。「この全額を弁済いただけるなら、荷渡し指示書はあなたのものになる。さもなければ……あなたには煙草会社のために飛んでもらわにゃなりませんな」

ブリクスシュタインは出ていった。足先がむずむずする。こんなに蹴りを喰らわせてやりたいと、そそられる背中というのはめったにないものだ。

夕食に、バーにぶらぶらと降りていった。またチーズだ。ぼくはすっかり意気消沈してしまっていた。ミュンヘンに送金依頼の電信を打ったら、かれらは金を送ってくれるに違いない。しかし、二〇〇ゴールドペソといえば、紙(パピア)マルクでは大変な額だ。多分、このことでか

ウーデット航空機製作所 U4 飛行機。1923 年、南アメリカで

れらは飛行機の製造を制限せざるを得なくなる、もしかしたら、その上職工たちを解雇することになるだろう。ここは自力でがんばるしかない。

若い男がぼくの横にある椅子に座った。金髪で、ピンク色の肌、少し酔っている。アメリカ人だ。見たところ、大型外洋汽船で今日の午後ここに到着したばかりのようだ。

ぼくらは話を始めた。かれはボストンの学生で、これがかれにとって最初の大旅行だということだった。かれはぼくにおごるといってきかなかった。

ぼくらは英語とフランス語をごっちゃにして話をした。「ところで、あなたはどこの国のお方です？」

「ドイツ人です」

「あぁー……」驚きのあまりかれの顔が長くなった。――「フンだって？　小さな子供たちの手を切り落としたっていうあの？」

かれは立ち上がり、ゆっくりと上着を脱いだ。「ぼくは謝罪を要求する」ろれつのまわらぬ舌でかれは言った。しかし、何に対する謝罪かということは、言わなかった。

ぼくもすぐに椅子から滑り降りた。かれはぼくより頭一つ大きく、よく鍛え上げた体をしていた。シャツの下で筋肉がふくらむのが分かる。ぼくに勝ちみがあるとすれば、急襲しかない。ぼくはかれにとびかかり、拳でかれの顎を殴った。ぼくの拳（こぶし）が破れて血が流れるほどしたたかな一撃だった。

しかし依然かれは身じろぎもせずに立ったままで、あっけにとられたようにあたりを見回している。

「オー……」そういうと、上着を着て、椅子に腰をおろし、また飲み始めた。ぼくは血まみれになった手にハンカチを巻くと、目のすみでかれの様子を窺った。しかし、改めて襲いかかってくる様子はなかった。乳飲み子のように平和そうに、一二杯目のカクテルを啜っている。

髪をきちっと上方にブラシですきあげた紳士がぼくの肩をたたいた。「わたしたちのテーブルにご同席いただければうれしいのですが」アルゼンチンに住む、ドイツ人だった。

「ブリクスシュタインですって？」髪をすき上げた紳士が言った。「仕事相手を選ぶうえでまったく運の悪いことでしたな、ウーデットさん」

「ぼくが選んだわけじゃありませんよ」

今日の午後、ホテルであったことをぼくは話した。かれらはどうしたらぼくを助けられるか相談をした。

「トルンクイストだ」ひとりが言った。「あなた、是非ともトルンクイストのところに行かなきゃだめだ。スウェーデン出身のアルゼンチン人でね、アルゼンチン鉄道の支配人をしてます。どこからどこまでもスポーツマンって男です。かれならあなたを間違いなく助けられる」

翌日の朝、ぼくはトルンクイストの事務所にいた。かれにはすでに事の次第が知らされてあった。

「ブリクスシュタインは塩漬けしてハムにしてやりますよ」そう言って、二機の飛行機の引渡し証明書をぼくに渡してくれた。「あなたの鳥たちはこれで、アルゼンチン鉄道のゲストだ、ウーデットさん」

最後に、ぼくはドイツ飛行クラブを訪ねた。事務所から階段を降りてきたとき、ぼくの拳はまた破れて流血していた。しかし今回のぼくの拳の一撃は、むしろ製作所の仲間たちのためにくらわしたものだった。

ブリクスシュタインは姿を消し、事はよい方向へと進み始めた。ぼくは頻繁にアルゼンチンのドイツ人会の人たちから招待を受けた。ロザリオ・ブエノスアイレス間飛行競技大会では、オリヴィエロ操縦士がぼくらのU4を駆ってその日の最高タイムをたたきだした。

その日の夕刻、プラザホテルのバーでぼくらはドイツ人、アルゼンチン人のスポーツマンたちと祝勝会を開いた。そこで高名なレーサーのヨルゲ・ルーロと知り合いになった。「もしほかにこれという人がいないなら」かれが言った。「わたしがアルゼンチンでのあたの工場の代表者を喜んでお引き受けしますよ」

ぼくはうなずいた。うれしさのあまり、言葉が出てこなかった。

かれは財布をだした。「飛行機の代金の一と二分の一をすぐにお支払いし、残りはお引渡しの際に払うことにしましょう」かれは金をテーブルの上に置いた。ぼくはそれを何気ないふうを装いながらポケットにいれた。

ボーイがぼくの前にチーズを置いた。ぼくはそれを突き戻すと「どうやってあれほどたくさんなチーズを食べられるのか、まったく理解できませんね」ともったいぶって言った。

ウーデット航空機製作所をぼくは離れた。工場は順調だったにもかかわらずだ。「コリブリ」は一九二四年のレーン飛行競技大会で優勝し、「フラミンゴ」は練習機として採用されることが決まっていた。

しかし、それからかれらは大型航空機の制作に取り掛かり始めたのだ。四発のウーデット「コンドール」だ。ぼくはかれらに警告した。誰もぼくの言葉に耳を傾けてくれなかった。それでぼくは会社を離れた。

アンゲルムントがやってきた。「なあ、君、どうだろう、昔グライムとやっていたような曲技飛行をともかくもういちどやれないものかな」

ぼくはしばらく考えた。空にとどまり、もう一度飛ぶためには、これが唯一可能性のある道だ。

「いいよ」ぼくは言った。「もし君が、万端手配を引き受けてくれるならね」

アンゲルムントは早速動き始めた。その広くがっちりとした肩を、馬車を牽引する馬具に投じ入れ、その馬具が悲鳴をあげるほどに必死の奮闘を行なった。かれは事務所を借り、航空ショーのプログラムを編成した。方々を旅し、行く街ごとに交渉した。

ぼくが到着すると、すべての手はずはすでに整えられていた。バリケードがそこにあり、出納係が雇い入れられていた。そのうえアンゲルムントは、料金を金庫にいれずに通ったり、抜け道を通ろうとする不心得者を監視していた。

ぼくは会場に行って、用意されたプログラムを機械的に飛ぶ。初めは、それは大いに気晴らしになった。空に放った風船玉を追いかけ、ターンし、宙返りをやる。集まった見物人たちは拍手をする。しかし、次第にぼくは飽きを覚え始めた。

夕刻、全プログラムが終了すると、アンゲルムントを迎えにいく。かれは中隊を前にした曹長のように立っている。出納係が集合させられ、マルクとグロッシェン銀貨の重荷をおろす。かれはそれを検算し、一切合切を自分の後ろに置いてある洗濯籠にシャベルですくうようにして放り込む。

「行くぞ」ぼくはそう声をかける。それからふたりで歩き、そのあたりで軽く一杯ひっかける。

アンゲルムントは、観客たちの会話をよくぼくにしてくれた。観客たちの話しを聞くのはじつに楽しかった。プロペラを停めて急降下の演技をやったとき、それを見ていた利発そうなベルリンの女性が断言した。「ご覧になって、あのひともう助からないわ、すぐに墜ちてしまうに違いないわ」ライプチッヒで地上すれすれに宙返りをやったときには、飛行ショーに熱狂したザクセン人が、「ああも低いところを飛ぶ自信はあるだろうがよ、いっぺんスカッと、もっと高いとこを飛んでもれえてえもんだぜ!」

しかし大抵は戦時中の話になった。「なあ、まだ覚えているかな」アンゲルムントが言った。「気違いじみた偵察員(フランツ)が君を撃ち落したときのことを? 奴さん、石でできたみたいに座ってやがった。それから奴(やっこ)さん、君の飛行機にたっぷりと鉛玉を撃ちこみやがった。つい先ごろ、奴に会ったよ。今じゃ弁護士をやってるぜ」

そう、ぼくらはこんな暮らしを送っている。今という時代のなかに立ち、日々のパンのために戦っている。生きるというのは常に容易とは限らない。一回の飛行ショーの中止が、ひと月の懐具合をぶちこわしてしまうことさえあり得る。

そして、ぼくらの思いは常に、人生が戦うに値したあの時代へとかえっていった。

アフリカの四人男

冒険心に富むひとりの若者が、飛行機と映画撮影機を以て東アフリカへの探検準備を整えた。

ぼくたち、男四人は囲いのないテントのなかに座っていた。シュネーベルガーは映像撮影者だ。小柄で針金のように痩せてはいるが筋張ってたくましい若者だった。戦時中、かれはトファナの英雄だった。三〇名の兵士が敵砲弾に空中に吹き飛ばされながらも、シュレッケンシュタイン城塞を死守したのだ。その死骸の転がるなか、八人で戦い抜いたのだ。かれは無口だったが、ひとたび口を開けば、その言葉は千金の重みがあった。

それからズホッキーとぼくだ。二人とも探検隊の飛行士だった。

四人目の男、ジーデントプフ親爺は物語を語っている。語っているのは、ケッテルスハイムの一弾という有名な話だ。

テントの外にはアフリカの夜があった。ジャッカルが吠え、ハイエナの甲高い笑い声、ぼくらの後方に広がる原生林は、波濤(はとう)のように、やわらかく、腹にこたえるざわめきをあげている。テントから出てみれば、凪(なぎ)の海のように平らな、月光のなかで妖しく薄ら光るセレンゲティの平原を見ることができた。

ジーデントプフは語る。ときどき、かれがくわえたシャグパイプの火口(ほくち)が赤く燃え、闇の中を火球のように漂って、痩せて鞣(なめ)したようなかれの顔を照らしだした。昔、かれは、ドイツ領東アフリカの最も富裕な男たちの一人だった。肥沃な溶岩土に富み、動物も水も豊富な、ドイツの一侯国領に匹敵する広さの、火口台地をまるまる一つ所有していた。

戦後、かれはすべてを失った。いま、かれはぼくらの旅の指導者であり、助言者となっていた。

「俺は見たのさ」ジーデンドルフは話しを続ける。「敵要塞の鉄張りの扉の覗き穴の蓋が、上に持ち上げられて開くのを。劇場の緞帳にあるあんな覗き穴だ。俺たちはそこから三〇〇メートルほど離れた自然の地形を利用した掩体(えんたい)に身を伏せていた。「さてこれから、おめえらに味わってもらいたいものは」俺は自分の若い衆たちに言った。「沸騰する鍋(ジーデントプフ)のスープの上に浮かぶ脂肪の目玉(ブイヨン)だ」俺は銃を構え、狙い、引き金をひいた。向こう側で覗き穴が閉まった。覗き穴の鉄蓋が下に落ちたのさ。覗いていた男に弾は命中した。そいつは……」

「ケッテルスハイム要塞のイギリス軍指揮官だった、だろ」シュネーベルガーがジーデントプフの話の腰を折った。「さあ、もう寝袋のなかに這いこもうぜ」

ジーデントプフは立ち上がった。「やっかいな野郎だぜ」かれの声は悲しそうだった。「ケ

アフリカの奥地で

ッテルスハイムのこの話は誰だって知っている。喜望峰からスーダンまでな。けどよお、おめえたちにこの話をするのは初からたったの三回目じゃねえか」

ぼくらは連日、セレンゲティを縦横に飛んだ。野生の動物たちの姿は常に見られた。巨大なヌーの群れが、見たこともない鳥たちに驚いて四方に散っていく。キリンの群れ、ライオンの一団、飛行機が地上に落とす影に向かって突進してくるがっしりとぶ厚い足をした犀。犀たちはその短い角を激しく空に突き上げる。

燃焼する晴朗さ、ガラスのように澄み切った空気のなかで、上空からは一〇〇キロ先まで見通すことができた。にもかかわらず、仕事は困難だった。飛行機から、動物の姿はカメラにとらえることができないほどあまりに速く過ぎ去ってしまう。ぼくらはエンジンの燃料弁を絞り、向かい風で地上を這うように飛ばなければならなかった。このやりかたでしか、使い物になる動物たちの写真を撮ることはできなかった。

二匹の雄と三匹の雌からなるライオンの群れを見つけた。

群れの上を六メートルの高さで飛び、操縦桿を足の間に挟んで写真を撮る。

雄ライオンたちは幾度か頭をもたげて、いぶかし気に空を見上げるが、立ち上がろうとはしない。雌ライオンたちは違った。彼女たちは立ち上がると、飛行機を目から離さず、小刻みに、いらいらしたように、尾で砂をたたいていた。

突然、雌ライオンの一匹が、飛行機の右翼の間近まで、地上を蹴って飛びかかってきた。あやうくカメラを落としそうになるほど、ぼくは驚いた。

ズホッキーとシュネーベルガーは、別の機体でぼくの後ろについている。かれらは非常にゆっくりと、地上三メートルくらいのところを飛んでいた。ぼくは振り返り、二人に警告しようと手を振った。

がしかし、事はすでに起こってしまっていた。電光のように雌ライオンの黄色い体が、空高く飛んだ。主翼への前足の一撃、ズホッキーの機翼が傾斜し、地面に軽く接触しながらも機体を立て直し、地上一メートルとない高度を、テントのある東に向かって飛んだ。一本の長い、銀色の羽布の切れ端を機体後方にはためかせながら。

飛行機に打撃を与えたライオンは砂の上でのたうちまわっている。ほかのライオンたちは立ち上がり、こちらを目で追っていた。

キャンプで僕らはライオンにやられた機体を調べてみた。主翼の前部桁は打ち砕かれ、後

雌ライオンが地上数メートルを跳びあがり飛行機を攻撃

雌ライオンに壊された主翼を点検するシュネーベルガー（右）とズホッキー

部桁とエルロンはもぎちぎられていた。ライオンの一撃は恐るべきものだったに違いない。前足の鉤爪、体毛、飛び散った血が機体に付着していた。

飛んでいる飛行機に、動物が襲い掛かってくるようなことを体験したのは、これ一度きりだった。通常、かれらが襲い掛かるのは、ぼくらが着陸したときや、かれらの縄張りに足を踏み入れたときだけだった。

あるとき、ぼくらはエシミンゴールの谷の上を飛んでいた。ズホッキーとジーデントプフは〝クレム〟に乗り、ぼくは一人で小型の〝モッテ〟に乗っていた。眼下にはいばらの藪や、ほこりをかぶって光沢のない、群生するタカトウダイ草の緑が広がっていた。

ぼくらは着陸して撮影をしようとした。ズホッキーがまず水平飛行にはいる。ほとんどかれの機体の脚が地面に触れようとした瞬間、かれは機首を再び持ち上げようとした。

このあたりでよく見かける、丸みを帯びた滑らかな表面を持つ岩のひとつが、突然身を起こして、飛行機の後ろから突進してきたのだ。犀だ。

何がどうしたのか、ほとんど目で追うこともできぬほど、すべては瞬時に起こった。ズホッキーの機体はよろめき、シロアリの巣に機体をひっかけ、地上に突っ込んでしまった。粉塵の雲が立ちのぼり、壊れた脚を空に向けて、機体はひっくりかえっていた。

ぼくはかれらのすぐ横に着陸した。犀はぼくらのまわりを足音も荒く円を描いて歩き、次第にその輪を縮めてくる。ライフルを二発ぶっ放す。堅い皮で鎧（よろ）われたこの獣は、荒い鼻息をつきながら藪の中に姿を消した。

「ズホッキー、ジーデントプフ」ぼくは叫んだ。

哀れっぽい声がぼくの叫びに応えた。「ここだ」ズホッキーは、墜落の衝撃で機胴後部に吹っ飛んだにちがいない。

仰向けになった〝クレム〟をもとに戻すことは、重すぎて人ひとりの力では無理だ。ブッシュナイフを抜いて、機体の横腹を切り裂いた。

やっとのこと、ズホッキーは飛行機から這い出すと、草の上に大の字になり、硬直したように動かなくなった。衝突はひどくかれの全身を震盪させたようだ。

飛行機の周りをあちこち走り回り、ぼくはジーデントプフを探した。と……一本の茶色の手が……ぴくりとも動かず、飛行機の胴体から突き出している。

「ジーデントプフ！」ぼくは叫んだ。「ジーデントプフ！」

そして力の限りに飛行機の胴体を蹴った。

物音一つしない。

一秒が果てしなく長く感じられた。とそのとき、老いたアフリカ人の声がした。

「くそったれめ、この猿の檻はペストのようにいやな臭いがしやがる」

五分後、ブッシュナイフを使ってかれを機体から引きずり出していた。

かれらふたりをぼくの飛行機に乗せて、キャンプに帰った。ズホッキーは即刻床に就かねばならなかったが、ジーデントプフ親爺は夕刻には夕食を食べに、共同で使っているテントに姿を見せた。背を丸め、足を引きずってはいたが、口汚くののしりながら、コーンビーフを二人前食った。

三か月後――ぼくらはすでにドイツに帰っていた――ベルリンの病院に、ぼくはズホッキーを見舞った。かれの顔は十歳の子供みたいに小さく、体重も三六キロになっていた。肝臓が縮んでしまっていると医者は言った。

ズホッキーはぼくに、ジーデントプフからの手紙を見せてくれた。老兵は骸骨のように痩せてしまい、先週は二五キロも体重が減ったと、書いてあった。

二人とも、ほとんど日を同じくしてこの世を去った。

飛行機が墜落した場所は、動物たちの腐肉で汚染されていたのではないかとぼくは思った。医者たちに墜落のことと、ぼくの懸念を伝えたが、ただ肩をすくめるばかりだった。しかし、病気の原因がなんであったのかは、かれらも説明することができなかった。

＊

ズホッキーとジーデントプフは去った。シュネーベルガーとぼくだけで、さらに仕事を進めた。ぼくらは仕事の拠点を、ウフィウム族の縄張り、ババタイに移した。午後早くに飛び立ち、四五分後には着陸していた。もし車を使って移動していたら、一〇時間の旅となっただろう。

ぼくらは無花果（ファイゲンバウム）ホテルに投宿した。空の上から早くもそのホテルはぼくらの目をひいた。四つの小さな、丸い藁ぶきの小屋が、草原の果てしない広がりの中に、蜜蜂の巣箱のように置かれてあった。その小屋のすぐそばに、鉱山で働く労働者の飯場を思わせる、一棟の平たく、細長い建物がある。一本の無花果の巨木が、暗緑の樹冠を建物の上の空へと広げていた。このホテルはラヴレイス卿が、平原の真ん中に、車や飛行機でアフリカを旅する人々のために建てたものだ。これまでぼくが宿をとった宿屋のなかでも最も風変わりなもののひとつだった。

どの藁ぶき小屋も小ざっぱりとした、白いシーツを敷いたベッドが二つあるきりで、ほかにほとんど家具らしいものはなかった。母屋にはしかしバーがあって、酒は、ヨーロッパのどの豪華ホテルにも引けを取らぬ品揃えだった。マルテルがあり、ヘネシー、モイコウ、オールド・ブラックもホワイトもあった。

カウンターのそばの、砂糖の荷箱の上に手足を投げ出して寝そべり、ぼくらは液体の形をした文明を楽しんだ。バーのドアは開いていて、無花果の大木が木陰をつくる前庭と、そしてさらに遠く、草原の果てと地平線とがおぼろに溶けあっているあたりまで見えた。頭に陶器の壺をのせて、黒人の女たちが通り過ぎていく。すらりとした姿で、独特な、流れるような歩き方をする。

「いい仕事ができると、ぼくは思うな」シュネーベルガーの言葉に、ぼくはうなずいた。

空が次第に曇ってきた。ここへ向かって飛んでいるときすでに、北東の空には、吐息のように淡い雲のヴェールがかかっていた。それが成長して、今では壁のようになっている。青い影が、黄色い、陽射しに震える大地を渡っていく。

「〝モッテ〟になにかかぶせておいた方がよさそうだな」

ぼくらは飛行機を駐機した場所まで歩いた。すでに闇がたちこめ、天蓋の青い鋼の輝きは雲の黒い帷衣で隠されていた。ぼくらは帆布を〝モッテ〟にかぶせようとした。

その瞬間、天が二つに裂けた。旋風が地を払って吹き、帆布をぼくらの手からもぎ取り、〝モッテ〟を押し転がし、ぼくら二人も枯葉かなんどのように吹き転がされた。それからはただ猛然と降る雨、雨、雨だ。

ひとつひとつの雨粒など見分けられない、小型の洪水がぼくらの上に落ちてきて、足元で激しいしぶきをあげている。

この洪水は一分ほどでやんだ。それから普通の雨に変わった。

五〇メートルと離れていないところに〝モッテ〟があった。〝モッテ〟の痛ましい残骸が。

「シュネーフロー！」ぼくは悲痛な声で叫んだ。

飛行機の残骸の陰から、かれがひょっこりと姿を現わした。髪の毛が乱れた束になってかれの顔にへばりついている。まるで水浴びをした鼠のようだ。

バーテンは、ぼくらのグラスをすでに片づけてしまっていた。

「旦那方はもうお戻りにならないと思ったものでね」かれは愛想よく笑った。新しいマルテルのグラスを持ってこさせた。今回は水を飲むコップに入れてもらった。医学的な理由からだ、というのもぼくらは寒さでがたがた震えていたのだ。

ぼくらは降参すべきなのだろうか。死んだ〝モッテ〟をここに残し、家郷へと帰るべきなのか。それとも、ぼろぼろになった飛行機を修繕して、再出発の準備を為すべきか。

マルテルはまるで放熱器のように胃袋を温める。バーの外では嵐が過ぎ去り、夕日がぎらぎらと西の空に輝いていた。きらきら光っている水たまり、草原の葉の上の露、大地からは湿気が蒸気となってもうもうと立ち昇っていた。

もう一度飛ぶと、ぼくらは決めた。

翌日、アルシャに出かけた。探検隊の宿所から整備士バイエルを迎え、アルシャの町から二人のドイツ人大工、グラーゼル親方とブライヒ親方を連れ出して、ババタイに戻った。膠（にかわ）のはいった大きな壺とひたむきな熱意をもって、かれらはこの新たな課題に没頭した。

日中、整備士と親方たちにはすることがある。〝跳虫（シュネーフロー）〟はカメラを手に外をあちこち跳ね回っては、すらりとしたババタイの娘たちや、たくましい胸を持った堂々たる男たち、そしてたくさんの黒人の子供たちの写真を撮っていた。

「かれらいい奴らだぜ」かれが言った。「不潔なことに目をつぶりさえすればね」

ぼくにはなにもすることがなかった。

ラヴレイス卿のファイゲンバウム・ホテルには風変わりな人たちが出入りしていた。車での旅行者がほとんどだが、時には胡散臭い男たちが、どこかの部族と胡散臭いビジネスをするために南に向かっているというふうなのもいた。ぼくが興味を覚えたのは、ここに定住した農民たちだった。年中続く孤独に耐え、ここで生きることのできる者は、頼もしい男にちがいない。そうでなければ堕落してしまう。

そんな中に、一人のアメリカ人がいた。大柄で、がっしりした身体つき、額は高く隆起し、頭の禿げた男だった。かれは二、三日ごとにバーにやってきた。オールド・ブラックとホワイトのグラスを三杯ずつ傾け、金を払うと出て行くのだった。男はサリヴァンという名だった。バーの支配人の話では、サリヴァンの妻は、かれを捨てて行方をくらましてしまったということだ。彼女はとても美しかったそうだ。かれは今も彼女が帰ってくるのを待っている。

ある夕刻、ぼくはかれと話をした。いかにも男たちの会話にふさわしく、カカオ豆や綿花の栽培のこと、イギリスの新たな関税のことなどを。最後に、かれは翌日のバッファロー狩りにぼくを誘ってくれた。

翌朝、まだ夜も明けきらぬうちに、かれは車で迎えに来てくれた。草原を車は激しく上下に揺れながら走った。木々のかたまりも、まるで霧の中の島影のように上下に揺れる。

小さな林で車は止まった。林の前には大きな岩が突き出ている。サリヴァンはその岩の上を指さした。岩の上は、天然の待ち伏せ用の足場なのだ。かれ自身は、勢子たちを按配するために、木立の茂みの中に姿を消した。ぼくは岩の上に一人でいた。前方には緑の壁のような森があり、後ろには太陽の輝きにゆれる草原が広がっていた。静かだ。正午の静けさだ。茶色い草の中で虫が鳴いている。木々の梢からは、調子のはずれた鳥の鳴き声が聞こえてくる。勢子たちは音を立てることなく、進む。バッファローの耳は非常に敏い。

カサカサという音。横広に張り出した角のある、黒い頭が木立の葉のあいだから現われた。バッファローは危険をかぎつけて、茂みの中からでてきたのだ。たくましい、年を経た牡牛だ。群れから離れ、おのれの最後の日々を過ごす、独行者だ。

奴からは八〇メートル離れている。ぼくは銃を構え、撃った。奴は身をすくませ、ぎこちなくぐるりと回ると、茂みの中に引き返した。

すぐにサリヴァンが現われた。かれは手を振り、ぼくはかれのところに駆け寄った。サリヴァンはステッキで藪の暗緑の葉のうえの明るい赤色をした泡立った血を示した。

「肺に当たったな」大したもんだというふうにかれは言った。

今度は別の位置で待ち伏せをするように打ち合わせた。開けた草原の、森の縁から三〇メートル離れた場所だ。サリヴァンはまた勢子たちのところに戻った。

バッファローが茂みのなかを歩く音が、しばらく前からぼくには聞こえていた。荒い鼻息をたて、咳こみながら、奴は茂みの下生えのなかから現われた。それからそこに立って、頭を低く構え、小さな血走った眼で、じっとぼくをにらみつけた。とどめの一発を放った。奴はそこに崩れるように倒れた。

ゆっくりと、バッファローのそばに歩いて行った。奴はそこに倒れている、もはや動くこともなく。血は奴の口から流れ、頭の傷からは血が滴り砂を赤く染めていた。バッファローを撃つというのは、英雄的な行為なんかではない。この戦いにおいては、互いの武器が対等ではないのだ。

叫び声をあげて、黒人の勢子たちが茂みの中から飛び出してきた。サリヴァンもかれらのなかにいた。

「あんたの獲物の前で写真を撮らせたらどうだ？」

ぼくは頭を振った。かれの言葉に皮肉が含まれているのが分かった。しかし、そうでなくとも写真など撮ろうとは思わなかった。

「うれしいね」かれが言った。「もしあんたがあの連中と同じだったら、俺はがっかりしていたよ」どんな連中のことを言っているのか、サリヴァンは言わなかった。

黒人たちは長いナイフを引き抜くと、バッファローに群がり、腹を裂いて腹綿（はらわた）を抜き出し、後脚の腿から大きな肉の塊を切り取った。火が焚かれ、肉は串刺しにして焙られた。少し硬かったが、とてもうまかった。

ぼくらは車で平原を抜け、ファイゲンバウム・ホテルに戻った。太陽はもう西に傾いていた。赤い靄（もや）をまとい、世界のうえを隈なく漂う、炎の気球。

「あんたは知るまいな」サリヴァンが話しはじめた。「ここでいまどんな狩りが行なわれているか。これまでの人生で金（ドル）を狩るほかは狩りをしたことのない阿呆がやってくる。こちらへくる船の上から、奴の秘書が、ナイロビの白人ハンターに電信を入れる。〝ミスター・マネーメーカーは三頭のライオンと、バッファロー二頭、それから像も一頭撃ちたいと、お望みだ。できれば三日間で〟とな。白人のハンターはイギリスの現地当局から狩猟許可を調達し、探検のための調理人から弾薬に至るまで手配する。〝サファリ〟と奴らはこの探検を呼んでいる。それから狩猟地区に出発だ。ライオンはもうそこで待っている。奴らが先にしかけておいたシマウマの肉をかじりながらな。

ドル持ちの旦那は銃を撃って、ライオンは倒れるというわけさ。〝こんな見事なライオンは、イギリスの皇太子だって獲ったことはありませんや〟そう白人のハンターは小さな声で言って、両眼をつぶる。もうこれ以上、ハンターの顔に浮かぶ愚かしい自惚れや、撃たれた獅子のはげちょろけの毛を見なくてもすむようにな。年老いて獲物を狩れなくなった飢えがこいつを破滅させたんだ。

それからUSAからおいでになった旦那は獲物のうえで写真を撮らせる。たいがいは、ライオンの鬣に足をかけてな。

白人のハンターが、まだ本当にハードボイルドになってないような場合には、かれは自分を恥じる。というのも、昔はかれも本物のハンターだったからだ。しかし金がかれを汚してしまったのさ。いまじゃ、狩猟探検の案内者に身を持ち崩したってわけだ。おかげで、金はたまるし、身入りもいい、車も持てるし、御殿も召使も持てる。だがな、本物の狩りは悪魔に売っちまったってわけだ」

太陽は地平線の向こうに姿を消した。月が天蓋に昇った。ババタイの村から女たちの歌う声が聞こえてくる。

ぼくらがファイゲンバウム・ホテルの宿の方に戻ったときには、シュネーベルガーはもう眠っていた。テーブルを戸外の小屋の前に運ばせ、そこでぼくらは飲んだ。

「昔、一人の男と知り合いになった」サリヴァンはウイスキーをソーダで割ることもせず、渇きを覚える者が水を飲むように、酒を喉に流し込んだ。

「奴は本当のハンターだったよ。ここへは猛獣狩りをしにきたんだ。白人のハンターも雇ってきた、というのは、男は金を持っていたからな。白人のハンターは男のために、一頭のライオンを用意した。老いぼれのライオンで、白人のハンターがしかけておいたシマウマのあばら肉を、平和そうに食っていた。奴がそれをみたとき、どうしたと思う。奴は大声で笑いだすと、銃を肩に背負って言ったよ。『牛なら家郷でも撃てる』ってな。そのすぐ後で、俺は奴にファイゲンバウム・ホテルで会った。奴はカナダ人で、背の高い男だった。飛行家で、レーサーでもあり、もう何度も墜落して、まるで古い自動車のタイヤチューブみたいに傷だらけだった。『人生なんぞくだらん』奴が言った、『死の始まるぎりぎりのところで楽しむ以外はな』奴は原住民と一緒に狩りをしたがった。それで俺は、マサイ族の酋長をひとり仲介してやった。

お前さん、これまで耳にしたことはないかね」三杯目の酒から、かれはぼくをお前と呼ぶようになった。

「ここで黒人たちが象をどんなふうに狩るのか。夜、象の群れが眠るころ、短く、刃幅の広いブッシュナイフ一本だけを持ち、狩人は叢林の下生えに身を潜めて夜を過ごす。この狩りは月のない夜でなけりゃ駄目だ。さもないとすぐに象たちは狩人を見つけちまうからな。狩人は象牙を取るために、群れの中で一番大きな雄を狙うんだ。ナイフの一振りで、象の長い鼻を切り落として、叢林のなかに姿を消す。三秒だけかれには猶予がある。三秒間のうちに逃げ出せなければ、もう誰もこの男を見ることはない。鼻を切られた雄象は跳ね上がり、痛みのあまり錯乱して、叢林から草原へと暴走する。後ろむきに。というのは、鼻のない象というのはもう前に走ることができないのさ。一五〇〇メートル駆けた後、象は崩れ倒れる、出血が多すぎて死ぬんだ。あんまり愉快なやり方じゃない、確かに。だがな、これは一対一の栄誉ある戦いだ。象一〇頭に対し、少なくとも人間の死者が一人でる。カナダ人が俺にこの話をしてくれた。奴は一度こんな狩りを黒人たちと一緒にやったんだ。四か月、奴はマサイと一緒に暮らした。それから再びこのあたりに姿を現わした」

「で？」

「そんだけの価値はあったってな」かれが言った。「奴とマサイ族はある日、一頭のライオンに遇った。草原を群れをなさずに歩き、単独行動をする一頭だ。こんな動物はめったにいない、偉大な人間と同じようにな。こういう単独行動をするライオンは絶対腐った肉は食わない。ただ若くて、新鮮で、たくましい獲物だけを殺す。倒した獲物の血を飲み尽くし、喉のあたりの一番うまい肉だけをちょっとばかり食うと、残りはそこに置いたままにする。ほかのものたちのためにな。というのは、単独行動をするライオンのまわりには、小さなライオンたちの集団がいつもいるからだ。王の食卓の残り物で身を養っている宮廷の扈従たち、といったところさ。そんなライオンの一頭をかれらは見つけ出し、追跡を始めた。新鮮な動物の死骸が、このライオンが進んだ道を示してくれる。一〇日経つと、マサイたちは引き返した。村と女たちから、あまりに遠く離れてしまったからだ。家が恋しくなったんだな。

カナダ人は、しかしそのまま追跡を続けた。狩人の脳が考えつく限りの策略を、このライオンを罠にかけるために試してみた。おとりの子牛たちが、夜中に草原で鳴き声をあげていたときには、近くの樹上に組んだ足場に蹲って、蚊に血の最後の一滴まで吸われそうになった。あるときには、はらわたを抜いたシマウマの腹の中に隠れて待った。しかし、そのライオンは姿を現わさなかった。

一日中、かれはライオンを追い続けた。その結果、彼は骨と皮ばかりにやせてしまった。それから、ある日、かれは追っているライオンに出遭った。

草原の草の茂りのない開けた場所に奴はいた。ライオンは男から五〇メートル離れたところに立っていた。男はライフル銃を頬に構えた――そして撃たなかった。かれは撃てなかったのだ。

ただ狩人だけがこれを理解できるだろう。かれに突然ある感情が芽生えた。向こう側に立っているこの動物、この誇り高く、王のような動物が、多くの人間たち以上に、かれには近しいものに思えたのだ。かれは銃をおろすと、ライオンを見つめた。このライオンも向こう側から、そのトパーズのように黄色い、哀し気な目でかれを見つめていた。

この空き地を縁取る丈高い枯草の中に、ほかのライオンたちの黄色い頭が現われた。とりまきたちがそこにいて、獲物をかぎだしたのだ。突然、そのなかの一頭が、空き地の中に跳び込み、男に向かってまっすぐに駆け寄ってきた。巨大なライオンは頭を返し、たった三度の跳躍で駆け寄っていくライオンに追いつくと、うなじに前足の一撃を加えた。電光に打たれたようにその若いライオンは崩れ倒れた。カナダ人は荷役人夫たちのところに戻った。ゆっくりと歩き、時々まわりを見回した。しかし、ライオンはかれを追ってはこなかった。

もしかれ以外の誰かが、この話を俺にしたのなら」サリヴァンが言った。「俺はただ笑っただけだったろうよ。しかしな、この男の口から一度だって本当じゃない言葉が出たことはなかった。それに」かれはちょっとものを考えるように間を置いた後で、言葉をつづけた。「このいきさつはまったく理性的に説明することができる。あの若いライオンは、強者の権利を侵害したんだ」

「君のカナダ人に会ってみたいものだ」

サリヴァンは立ち上がった。「死んだよ」かれが言った。「長距離飛行の途中、南の方で墜ちて燃えちまったよ。ほとんど何も残らなかったそうだ」

＊

雨季が近づいていた。地平線には、灰色のヴェールがかかっている。探検隊の本隊はすでにアルシャを出発し、車で海岸のほうに向かっていた。シュネーベルガーとぼくはしかし、飛行機で帰りたかった。ぼくらは予備の飛行機、ＢＦＷを使うことにした。〝モッテ〟は、確かに修繕はしたのだが、こんな長距離飛行にはもう使えなかった。

ぼくらの出発の日は、祭りのようだった。ババタイの娘たちが胸をゆすりながら、飛行機の周りで跳ね回り、バーの支配人は白い帽子を振っていた。サリヴァンも農場からわざわざやってきてくれた。かれは頑丈な茶色の紙の包みを小脇に抱えていた。乳母車のようにその包みは見えた。しかしそれは数日前、かれと一緒に撃ったバッファローの角だった。

「お前さんは狩人だよ」かれが言った。まるでぼくの腕を引きちぎらんばかりの勢いで、ぼくの手を握って振り回した。この言葉は、かれがしらふでいるときの最高の愛情表現だった。

それからぼくは飛び上がった。

平原は姿を消し、標高三〇〇〇メートルに達するマウ山脈の山巓の連なりが、ぼくらにのしかかる、ヴィクトリア湖は巨大な、輝く銀の盾のようだ。それから、北に向かって果てもなく伸びる原始林の緑の樹々の梢の海。朽ちて、甘い腐敗臭が眼下の森から空の上にまで匂ってくる。

シュネーベルガーは逆光のなかで写真を撮っている。

突然、誰かが座席の下で、機体を金槌でたたいているような衝撃があった。前方を見ると、予備燃料タンクがちぎれた結束帯からはずれ、ぶらぶらと揺れているのだ。樹々の梢、高八〇メートルに及ぶその樹幹、空き地も、人間の集落もない。水平に飛ぶことも着陸も不可能だ。左にはヴィクトリア湖の水面。平らな水際近くの水の中には、緩慢に漂う木の幹のようなものが見える、クロコダイルだ。上空からははっきりとその姿が見える。「万事窮す!」

そのとき、シュネーベルガーが立ち上がり、上半身を前方に投げ出すと、両手でタンクにしがみつき、自分の体重でタンクを台座に押さえつけた。おかげでキャブレターへの配管は壊れずにすんだ。かれがこのままジンジャまで持ちこたえることができれば、ぼくらは助かる。原始林の木々の梢すれすれの高度で飛んだ。森からの腐臭は耐えがたいほどだが、高度を高くとれば温度が下がる、この低高度ならば、あるいはシュネーベルガーは、もっと長く持ちこたえられるかもしれない。

「やれるか、フロー？」ぼくは叫んだ。エンジンの爆音がぼくの言葉をかき消した。

かれは答えなかった。しかし、かれの小柄だが、筋張ってたくましい体は、タンクの上に鋳ついたように覆いかぶさっている。

ジンジャだ、イビスホテルが見える。アフリカの野生の真ん中に投げ出されたヨーロッパ文明のかけらだ。ぼくらは速度を落とし、着陸した。ぼくはシュネーベルガーを飛行機から助け降ろさねばならなかった。かれの身体はとてつもない奮闘の結果、硬直してしまっていた。その夜、かれは熱をだした。

フォード社の代理人が、損傷個所の修理を助けてくれた。

「この広い自動車道にずっと沿って、スーダンを抜けていけよ」別れ際にかれが言った。「万が一に備えてな……」

ラロ上空でぼくらは象の群れを見た。一〇〇頭にも及ぶ大きな群れが、丈の高い草の中の小道を移動していく。ほこりが靄のように立ち昇っている。

燃料配管が破損。着陸せざるを得ない。下は湿地と藪だ。自動車道のほうに戻る。そこに

——驚くほど平坦な砂地があった。定点着陸の訓練なら確かにいい場所だ。五〇メートルたらずを滑走して、機体は停止した。ぼくらはジュドにいる。八日から一四日のあいだに一台は車が通る自動車道のそばに。大地は焼き釜のなかにいるような熱を発散させていたが、暑さを避ける家など近くにはない。テントの布を機体にかぶせ、その下に潜り込んだ。シュネーベルガーは熱のせいで、水を求めてうめいている。

ぼく水を探しに出た。一箇所、草が他よりも緑色をしているところがあった。あそこには水気があるに違いない。探し続けていると、褐黄色をした、とても飲めそうにない沼水が、穴のなかに溜まっていた。ぼくはその水を空のオイル缶に入れて煮沸した。手数のかかる作業だ。その水を自分のパジャマの生地で濾す。シュネーベルガーはその水を喉を鳴らして一気に飲み干した。ぼくが作った水だけでは焼け石に水だった。日暮れ時分、数人の黒人が、テントのまわりをうろうろしはじめた。かれらに手を振ると、再び姿を消した。しかしとうとう、かれらの一人が近づいてきた。それは酋長の息子だった。

お互いなかなか言うことが通じない。しかしやっとのことで、ぼくらはラウ族の土地に着陸したことがわかった。飛行機をかれらは知っていたが、怖がって、ぼくらにもへつらうような態度を取っていた。

しかし、ぼくらの飛行機が壊れて飛べないことがわかると、かれらの態度は一変した。かれらの支配下にぼくらがあるということ、それをぼくらに気づかせようとした。

ミルクを持ってきてくれるように頼んだ。四時間後、黒人たちは空の水筒をぼくにつき返

ローム近郊の象の群れ

高熱に苦しむシュネーベルガーのために水をろ過する

すと、手を出して「五シリング」と言った。ぼくは肩をすくめ、シガレットケースを差し出した。真鍮製で、ミュンヘンの工房で作られたものだが、金のように輝いていた。かれはそれを手に取ると、じっくりと眺めまわし、押しボタンのあたりをひっかいた。なんとかかれは金の純度を示す検証刻印をさがしていたのだ。それからかれはさも軽蔑したように、分厚い唇を曲げると、それをぼくにつき返した。

「金じゃない」かれは言った。

ガラスのビーズ玉も持っていたが、もうあえてそれを見せようとは思わなかった。

二日間、ぼくらはここにへばりついていた。シュネーベルガーの容体は悪いままだったし、ラウ族の黒人たちは、日に日に厚かましくなっていった。かれらがぼくらのものを盗んでいくのを防ぐため、いつもテントにいなければならなかった。暑さは耐えがたく、脳みそがからからに乾燥していきそうだった。しだいに、陰鬱な絶望感にとらわれていった。病気の友をかかえ、水も食料もなく、まわりにいるのは客に対して不愛想な黒人たちだ。そして雨季はもう戸口まで来ていた。ここを誰かの車が通るまで、一週間はかかるかもしれない。三日目の朝、遠くでかすかにぶんぶんと鳴る音が聞こえた。――それはやがて飛行機のエンジンの歌となった。飛行機が姿を現わした。小さな〝プス・モッテ〟だ。ぼくはシュネーベルガーにかけてあった毛布を取って、すでに操縦士がぼくらの鳥の銀色に輝く機体を確認したに違いなかったろうが、何度も毛布を振って合図した。

操縦士はぼくらの上で二回旋回し、着陸した。カーキー色の服を着た、すらりとした、屈強そうな男だった。「キャンプベル・ブラックだ」かれはそう名乗った。ぼくらにタバコと、それから何よりも水、飲み水をもってきてくれていた。ぼくらが最後に給油したジュバのシエルのガソリンスタンドが、ぼくらが飛び去った後、ぼくらが目的地に着いたかどうか、電信で問い合わせてくれていたのだ。

英国式の雅量、英国式の歓待だ。

午後には、一機の大型の軍用複座機が着陸し、修理道具、燃料、それからショルト・ダグラス飛行大隊司令官のチャータムへの招待状を届けてくれた。

翌日の夕刻には、ぼくらはすでにそこにいた。大佐はぼくらを微笑しながら迎えてくれた。ぼくは礼を言おうとしたが、かれは手でそれをやめさせた。

「私たちは一九一七年、同じ前線に立っていたんですよ」とかれは言った。「それで十分だ。たとえ、敵味方であったとしてもね」

アメリカ

エンジンの轟音が空を震わせていた。少なくとも一五機の機体が、クリーヴランドの飛行場の上を飛んでいる。横転し、きりもみをし、宙返りを繰り返しながら、三日のうちに始まる飛行大会に向けて訓練をしていた。

ぼくは着陸した。整備士たちがやってきた。かれらのすぐ後ろに鼻眼鏡をかけ、出場者名簿を持った男がいた。

「ドイツからおいでのウーデット大佐？」

「ええ、ウーデット中尉です」

「わたしどものところには、あなたは大佐で登録されておりますが」かれは険しい目でぼくを見つめた。

「残念ながら、ぼくはただの中尉です」

「まあ、それじゃ大尉ということでお互い納得しましょう」かれはそう言うと、鉛筆で帽子の縁をはじいた。

大きい格子縞の服を着た数名の紳士たち、クリーヴランドの地方新聞の記者たちだ。かれらは有名な曲技飛行機、「フラミンゴ」を見たいというのだ。

ぼくは飛行機を彼らに見せた。「これですよ」かれらは機体をじっと見て、それからぼくの顔をじっと見た。フラミンゴも今では八歳、このタイプの最初の飛行機だった。若いときには、このフラミンゴも立派に見えたのだが。

「ああ、実に興味をそそられる飛行機ですな」新聞社の紳士たちが言った。礼儀をわきまえた人たちだ。かれらはナショナル・エアレースに参加する外国からの客人に、不愉快な思いをさせたくなかったのだ。

ぼくはまだしばらく飛行場に残って、ほかの飛行機の練習の様子を見ていた。豪胆な男たちだ。重い、強力な馬力のエンジンを積んだ飛行機を駆って、大砲の砲弾のように空を縦横に飛び回っている。かれらを相手に勝利を収めるのは並大抵のことではないと思った。一〇〇馬力のエンジンを積んだぼくの雀（すずめ）は、隼（はやぶさ）に対抗して飛ばなければならないのだ。

頭上を、一機のレーサーが轟音をあげて飛びすぎ、パイロンを回った。この瞬間、白い燃料の霧がしゅっと音をたて噴きでたかと思うと、黒い煙を後方にひきはじめた。機体が燃える。

電光の速さで飛行士は反応し、乗機を背面飛行に入れると、機を上昇させ、自らは機体から飛び出した。教会の塔ほどの高度で、パラシュートが開き、ぼくから五〇メートルと離れていない場所に着地した。

ぼくはそこに駆けていった。かれはそこに立って、コールテンのズボンの埃を払った。整備士たちが飛行場を走ってくる。

「なにかほかに被害はあったか?」かれは聞いた。

整備士服を着た男が言った。「何もない野原でよかったよ」

「オケー」飛行士はそう言うと、キャメルを取り出し、それに火をつけた。ぼくはかれを間近で見ていたが、マッチを持ったかれの手は、一瞬たりとも震えたりはしなかった。このアメリカ人は恐ろしく肝の太い奴だ。

ホテルでぼくは、飛行大会の参加者名簿に目を通した。イギリスのアチャリーの名がある。ポーランドからはオリンスキィ、イタリアはデ・ベルンハルディだ。最高の飛行士たちと、最良の飛行機だ。するとぼくは一〇〇馬力の「フラミンゴ」でドイツを代表するということになるのか。これ以上の高馬力のエンジンを搭載した機体の制作は、平和条約のためにぼくらには許されていない。

ぼくは眠れぬ幾夜かを過ごした。個人として、勝負に敗れることはなんでもない。戦いを楽しみ、最善を尽くせばそれでいい。勝とうが負けようが、それは個人の問題でしかない。しかし、祖国の名誉をかけて、敗れるということは、つらい。

ぼくの「フラミンゴ」は、ある意味クリーヴランドでは有名だった。モーニングに黄色い靴を履いて、晩餐会にやってきた男といった意味で。

クリーブランド飛行大会に参加した外国飛行士チーム。左からデ・ベルンハルディ（イタリア）、オルリンスキー（ポーランド）、アル・ウイリアムス（アメリカ）、ウーデット、クビタ（チェコスロヴァキア）

いよいよナショナル・エアレースの開催当日となった。輝くばかりに晴れわたった日だった。外国から参加した飛行士たちと一緒に、ひとり一台ずつの車で迎えられ、警察のオートバイのサイレンに先導されて会場にむかった。

会場は群衆で埋め尽くされていた。クリーヴランドから、シカゴから、ニューヨークから、この国中のいたるところから人々が集まっていた。鉄道で、車で、飛行機でここにやってきたのだ。大空の国民の祝日、それがエアレースなのだ。

九時ころから大会は始まり、夜のとばりが降りるまで続いた。それから花火のショーだ。翌日もレースはさらに続く。一週間にわたり、毎日行なわれるのだ。

「数十万の観客」チョッキを腹のうえでぴんと締めた大会委員会の一人が言った。

戦いが始まった。プログラム番号が次から次へと、ぎっしりと詰まっている。恐ろしい咆哮をあげながら、高馬力の飛行機が、上空から急降下する。観客たちの頭上で宙返り、ほとんど垂直に飛行機は再び上昇していく。

陸軍の飛行士たちが現われる。胡蜂(すずめばち)の大群のように、ごうごうと音をたてながら近づいてくる。観衆は叫び声をあげる。三〇機の飛行機から三〇の人間が飛び出す。三〇のパラシュートが開き、巨大な白い雲のようにゆれながら地上に降りてくる。

「ウーデット少佐、ドイツ！」ぼくが飛行機に乗り込む間に、マイクの声が会場に響き渡る。ぼくは自分の仕事にとりかかる。事前に自分のプログラムは然るべく準備していた。ほかの高馬力エンジンの飛行機と同じように競い合うことが、無理なことは明らかだ。奴らはより早く上昇し、より敏捷に横転し、宙返りをし、一定のテンポで旋回する。同じことを「フラミンゴ」でやれば、すぐに息がきれてしまうだろう。

で、ぼくは飛行機をゆっくりとした速度で飛ばす。滑走路の地面すれすれに——いわば曲芸飛行を劇場の平土間席でやるのだ。

地面すれすれに背面飛行をやる。左翼で離陸用滑走路の地面を、土煙が舞いあがるほど削る。プロペラを停めて宙返りをやり、大会役員席の数メートル手前で機体を再び上昇させる。そして出発した地点にピタリと着陸させることで、プログラムを閉めた。ほかの者たちも軽快な「フラミンゴ」に乗っていれば、多分同じようにできたはずだ。しかしかれらは重い機体を駆り、ぼくが大当たりを取ったというわけだ。

着陸すると、観客席から人々が歓声をあげ、帽子や腕を、またハンカチを振りながら押し寄せてきた。

ラジオのリポーターがぼくをつかまえ、マイクの前に引っ張っていった。そこにはすでにリッケンバッカー大佐が、二四機のアメリカ最多の撃墜記録の保持者が、立っていた。贅肉の一切ない、彫りの深い顔をした大柄な男だった。白い顔をしたインディアンのようだ。群衆の頭より高い台の上に、ぼくらは並んで立った。

「最初に、わたしたちが遭遇したのはソワッソンだった」リッケンバッカーが言った。かれの声は会場中に響きわたった。「その日、私たちは七〇機で出撃した。そして、夕刻、自分たちのキャンプに帰還したのは、五二機だけだった。わたしたちはさらに幾多の戦いを交え、さらに多くの人々が命を失った。わたしたち二人は、しかし生き残った。そしてこれが一番素晴らしいことだ。なぜなら、いまぼくらは互いに握手を交わし、戦いが終われば、名誉ある敵は名誉ある友となるのだということをアメリカの若者たちに示すことができるからだ」

リッケンバッカーはぼくに手を差し出した。群衆は割れんばかりの拍手と歓呼で讃えた。

ぼくらは記念碑の台座にすえられた銅像のように、がっちりと手を握り合って立った。

突然、長身のリッケンバッカーがぼくのほうに身をかがめると、痩せた顔をニヤリとさせて、意味ありげに尻のポケットをポンポンとたたいた。「一杯やろうぜ」とぼくに耳打ちした。アメリカはちょうど長期の乾季にあたる時期だった。ぼくはうなずき返した。それからもう一度、ぼくらは二体の銅像のようにして立ち、石でできたような顔をして観客の歓呼にこたえた。

飛行大会中には、各国ごとに特別な日が設けられていた。「ドイツの日」にはある特別なサプライズが用意されていた。自分の演技飛行を終えたあと、ぼくはワナメーカー少尉の前に進みでる手はずになっていた。一九一八年七月、ぼくはかれを撃墜していた。

ワナメーカーは、奥さんを連れてぼくのほうにやってきた。かれが事前にスピーチの準備をしていたことは明らかだった。

「ハロー、アーネスト！」かれの声がマイクをとおして響いた。「しかし、ずいぶん太っちまったもんだなあ！」まるで即席でしゃべっているかのように、かれの声は威勢よく、ざっくばらんな調子だった。

ぼくは、背に隠し持っていた、羽布の切れ端を取り出して見せた。それはかれを撃墜した後、ぼくが切り取った、かれの飛行機の機体番号だった。

すると、突然、入念に準備したユーモアのすべてが、かれの頭からけし飛んでしまった。

「これはまあ、ご親切に」かれは口ごもった。――「君がそのことを覚えてくれていたとは、実にすてきだ」

かれはマイクの前に立っていることなど、すっかり忘れてしまっていた。「なあ、君」かれが言った。「ここでのこのバカ騒ぎが終わったら、アクロンのぼくらのところに来ないか。

エディ・リッケンバッカー。最多の撃墜戦果をあげ大戦を生き延びたアメリカ人戦闘機パイロット〔訳注：リッケンバッカーがウーデットに贈った写真で、「親愛なるわが友エルンスト・ウーデットへ。互いに往時を語り合えたことをうれしく思う」と書き添えている。リッケンバッカーはスイス内のドイツ語使用地域からの移民の裔で本来はリッケッバッヒャーという名であったが、この名のドイツ臭を嫌い改名した〕

妻もぼくもそうしてくれたら嬉しいんだが。違うかい、ミルドレッド」

ワナメーカー夫人は、ちょっと面食らったような顔をしてうなずいた。「ええ」小さな声で夫人が言った。周りに集まっていた観客たちから歓声が沸き上がった。ワナメーカーのスピーチは成功を収めた。かれが準備していた陽気な大西部風のスピーチを最後までやったとしても、これ以上の成功は望めなかったろう。

大会が終わったあと、ぼくはアクロンに行った。

ワナメーカーは郊外の緑のなかに居を構えていた。堅実な中産階級の、居心地のよさにあふれた暖かい巣だ。

夕べ、ぼくらは丸い食卓を囲んでいた。ワナメーカーはぼくのためにドイツワインを用意してくれていた。ライン産ワインだ。かれは次から次へとワインを注いでくれた。ぼくらはかれの今の職業のことを話した。かれは検事になっていた。戦争のことも話した。しかし、ワナメーカーを撃墜した、あの日のことが、どうしても鮮明に思い出せなかった。自分の部屋に戻って、ベッドに横になったとき、はじめてすべての記憶がどっと鮮明によみがえった。

＊

一九一八年七月二日の早朝だった。ごく近くで鳴り響く、高射砲の砲声で、ぼくは目を覚ました。

窓に駆け寄り、「ベーレント」と叫んだ。

「飛行機を準備しろ！」かれはすぐに飛行場を斜めに突っ切り格納庫へと全速力で駆けていった。

ぼくはパジャマを着たままで階下に駆けおりた。走りながら毛皮の戦闘服に体を滑り込ませた。出撃。高度三〇〇〇メートルまで上昇する。凍えるように寒い。高射砲の弾幕が行き先を示してくれている。二組の編隊が入り乱れて咬み合っていた。八機のニューポール対六機のドイツ戦闘機だ。

敵機の尻に喰らいついているレーヴェンハルトの黄色く塗装したフォッカーが識別できた。別の敵機がかれのうしろについている。レーヴェンハルトを救うために、この敵機を押しのけねばならない。レーヴェンハルトは前方の敵機を追いかけるのに夢中で、自分の後方に迫っている危険に気づいていないようだ。

しかし、ぼくの前を飛ぶアメリカ人操縦士も同じように、こちらには気が付いていない。ゆっくりとかれを照準にすべり入らせる。次の瞬間、前を飛ぶニューポールのエンジン部に、機銃弾が束になって命中した。燃料が白く噴きだす。敵機の機首がさがる、水平に戻る、もう一度機首が下がり、ずしっと地表に激突した。ぼくはそのそばに着陸した。

パイロットが機体の残骸から這い出してきた。かれに近づき、タバコを差し出した。かれは礼を言い、ワナメーカー少尉だと名乗った。歯を食いしばりながら、自分の大腿を指さした。「折れた」

衛生兵がやってきて、かれを担架に載せた。一人のドイツ兵がそばを走り抜けながら、「今しがた三人のアメリカ人が撃墜されたぞ」と叫んだ。ワナメーカーが、何を言っているのか尋ねたので、ぼくは通訳をしてやった。「うむ、俺たちにとっちゃ素晴らしい朝になったな」それが戦場でかれと言葉を交わした最後だった。

部屋の壁には家族の写真がかけられていた。集合写真や個人の肖像写真だ。ほとんどが古い銀板写真だ。

もしかれが死んでいたら、もう二度とこの暖かい巣に戻ってくることはなかったろう。そしてブロンドの髪をしたかれの妻は、ぼくを憎んだろう。彼女の夫を殺した、このぼくを。

しかし、暖かいランプの光の向こう側に男たちの世界があるというのはいいことだ。闘いの世界、そこでは弱者の憎悪などなんの結果も生まない。「俺たちにほんとうに素晴らしい朝を、ワナメーカー少尉」そうぼくは心に念じ、電灯のスイッチを切り、眠りについた。

*

ハリウッドにやってきたとき、ぼくは無名の男だった。少なくとも映画スターたちの名声に比べれば。

三日後には、撮影所の誰もがぼくのことを知っていた。方々(ほうぼう)で招待を受けたり、あちこちと連れまわされたり、インタヴィューを受けたりした。映画会社の大物が、飛行大会でぼくが初めて飛んだあとでこう言った。「このウーデット少佐とわたしはすぐにも話をしなければならんことがある」と。この一言が、ハリウッドでぼくを有名にするには十分だった。

以来、映画スターたちの邸宅に出入りするようにもなった。たいていが親切で、あっさりとした仕事熱心な人間たちだった。かれらの奇矯さは単に宣伝(うり)の手段に過ぎない。ただ一つだけ、どう見てもイカレテイルとしか思えないほど熱中しているものがあった。「スイミングプール」だ。

誰が一番大きく、素晴らしい、快適なプールを持っているか、激しい功名心をむき出しにかれらは戦っていた。ぼくの判断する限り、金的を射とめたのはハロルド・ロイドだ。かれのは潜水ヘルメットをつけてプールの底を散歩することができた。

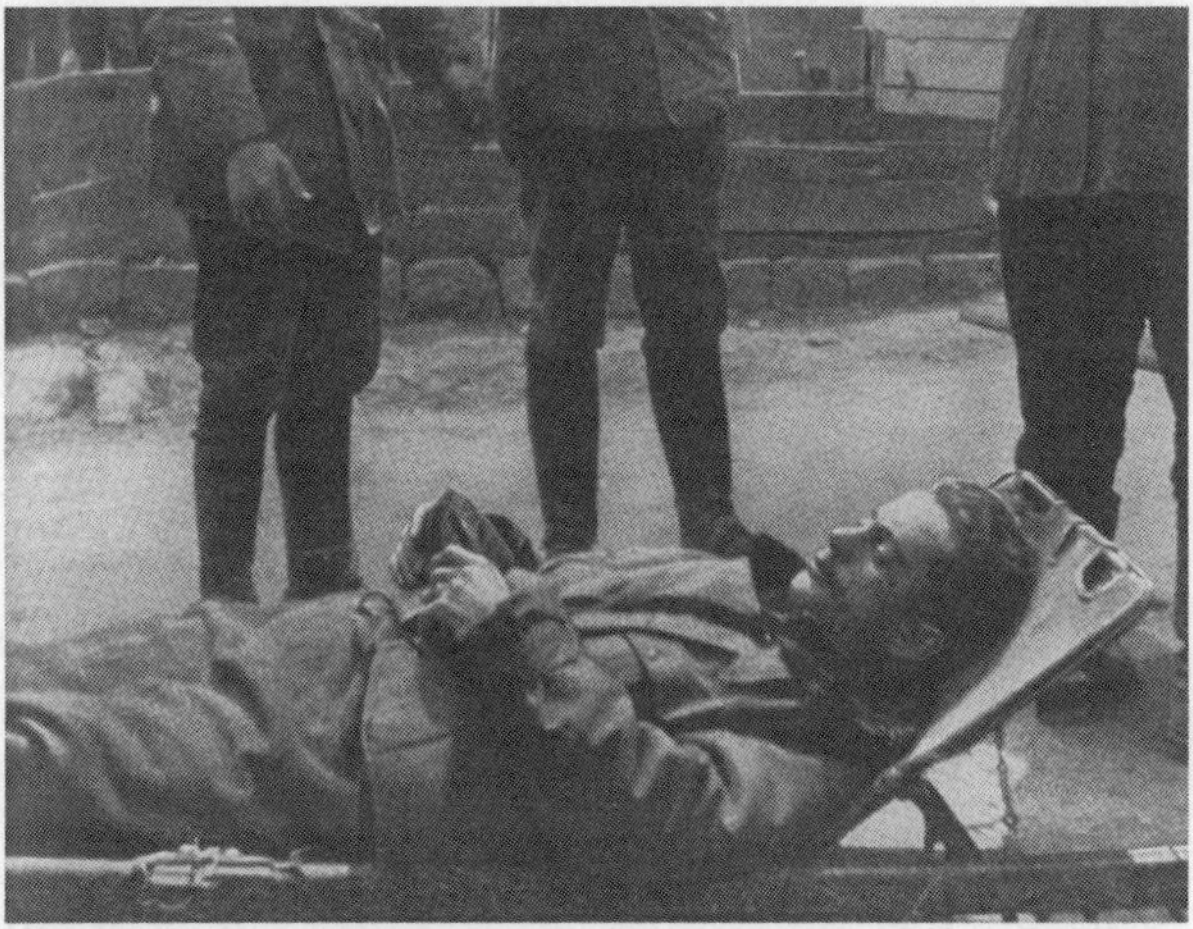

撃墜されて負傷し、担架に載せられたアメリカ人少尉ワナメーカー〔訳注：ワナメーカーとは渡米以前から手紙のやりとりがあった〕

女優のメリー・ピックフォードは、曲技飛行に興味を持っていた。ぼくらは賭けをして、ぼくが勝った。「フラミンゴ」一の主翼で地上に落ちている彼女のハンカチをすくいあげたのだ。

翌日の朝、一人の紳士が滞在先のホテルにやってきた。

ここで車を持っているかね？――いいえ。

車を持ちたいと思うかね？

多分。あまり高くなければ。

値段は問題じゃない。ホテルの前に車を一台停めてある。四人乗りのリムジンだ。もしぼくが、昨日ピックフォードと賭けをしたときのように、車の上に置いたハンカチを翼で落とせたら、その車はぼくの物になるというのだ。

映画会社の宣伝部長はすぐにカメラ

マンを連れてやってきた。五分後、ぼくは車の所有者になっていた。

三週間、ハリウッドにいた。そしてようやくぼくは映画会社の代理人からの「お言葉」を聞いた。会社の総支配人が、ぼくと協議するよう取り計らしめたのだ。かれは単刀直入に切り込んできた。「リヒトホーフェンの映画を撮りたいと思っているのだが、飛行全般についての助言者を必要としている」

かれは相当な額を提示した。ファンタスチックな額だ。一瞬、ぼくは考えこんだ。リヒトホーフェン？ 駄目だ！ ハリウッドには大きすぎる。

「問題外ですね」

代理人は肩をすくめた。「残念ですな」しかし、ぼくを説得しようとしたり、できない理由を尋ねたりはしなかった。実際的で、からっとしていて、アメリカ的だ。

「一杯やろうぜ」

ぼくらは一緒に酒を飲んだ。

＊

司会役の委員長が声をあげた。かれはいかめしい、二つに分かれた白髭をはやしていた。

「さて、それではもうひとつ、わたくしどもは我らが英雄飛行家のために、サプライズを用意しております。わたくしどものなかにおひとりの男性がおられます。つつましいお方です。その方は一九一八年、ウーデット少尉を敵砲火の弾雨をついて救出したのです。ミューラーさん、どうぞ！」

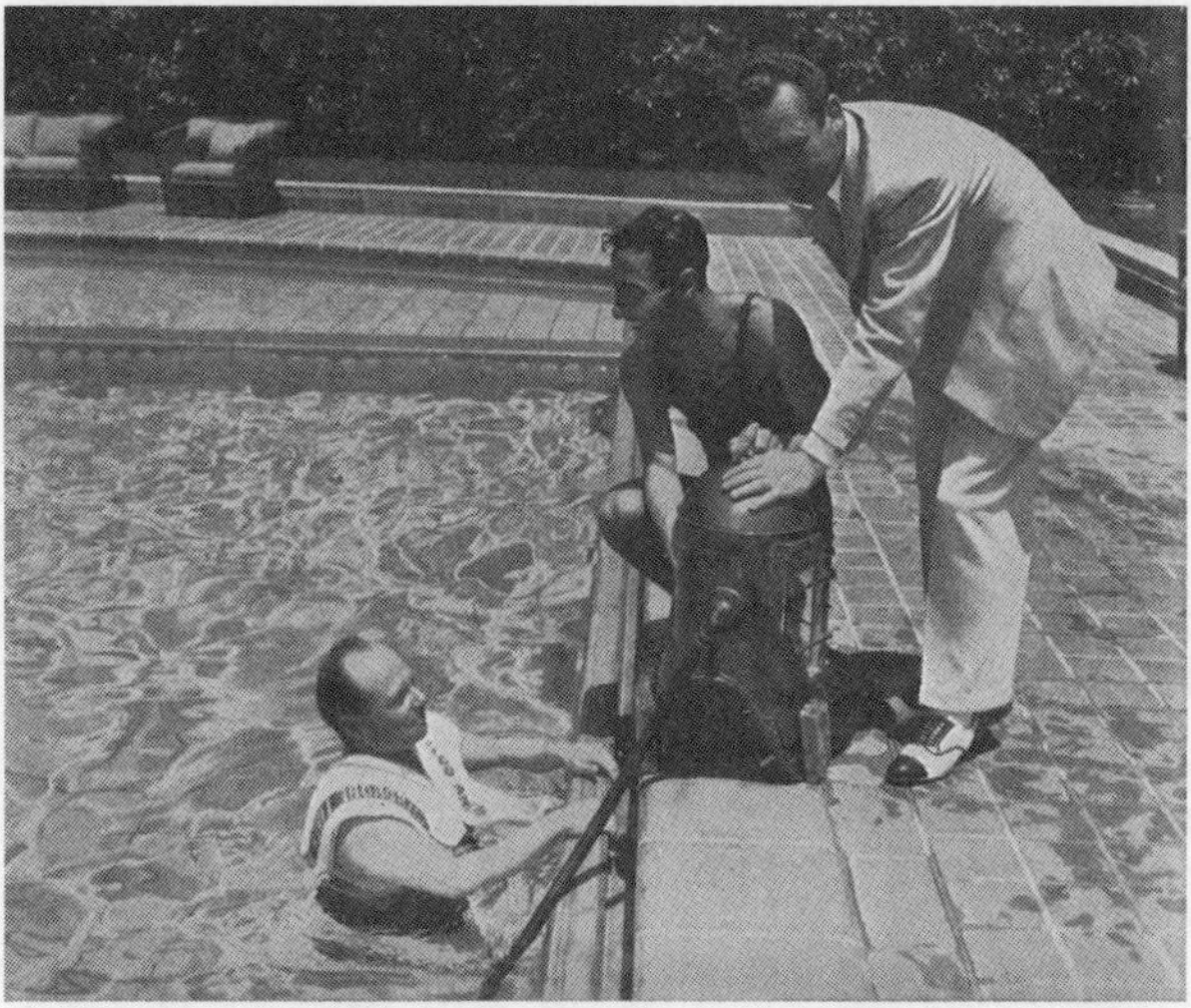

ハロルド・ロイドのスイミングプール。潜水ヘルメットを着けてプールの底を散歩することができる〔訳注：ハロルド・ロイドは米国の喜劇俳優。水中にいるのはウーデット〕

観衆の割れるような拍手が響いた。

男がひとり、演壇に立った。少しためらいがちに、当惑したように。中背というよりはいくらか小柄で、蒼ざめ、非常に痩せていた。髪の毛は薄く、金髪だった。神かけて、これまで一度も会ったことのない男だった。

「さあ、ミューラーさん」議長が励ました。「ウーデットさんにご挨拶を」

ミューラーは話し始めた。聞き取りにくい喉声で、その声は震えていた。「わたしはうれしく思います」かれは言った。

「生きてもういちどあなたにこうしてお会いできて、少佐殿」

ぼくはかれを上から下までじっと見た。服の袖口は破れ、靴には修繕の痕があった。飛び出した、青い目には不安が宿っていた。踏みつけにされ、生活に虐げられた者の不安が。かれは今、最後の希望をかけて戦っているのだ。「かれにチャンスをやろう!」そう思い、かれに歩み寄った。

「ありがとう、ミューラーさん」ぼくは大きな声でそう言い、かれに手を差し出した。会場中に割れんばかりの拍手が起こる。突然、かれはよく通る声で話し始めた。有刺鉄線のなかで半ば気を失っていたぼくをどのようにして発見したか。どのようにぼくを助け起こし、砲弾の降りそそぐなか、味方陣地まで運んでいったかを。母がその愛児を守るように。話が終わったとき、会場に静粛をとりもどすため、委員長は楽隊にファンファーレを鳴り響かせなければならなかった。それほど集まった人々の歓声と叫び声は大きかった。演壇の下の平土間で、ミューラーは記者たちに取り囲まれた。ときどき、ぼくの方を見上げて、はにかんだような笑みを浮かべた。それから、かれは記者たちの質問に答え始めた。

数日後、ミューラーが職を得たことを知り合いから聞いた。あるドイツ系の大手の食肉販売業者のところに。それまでかれには職がなかったのだ。もうずいぶん長いこと。

「かれにチャンスを与えよ!」ぼくは考えた。アメリカの選挙のスローガンだ。そしてなんとすばらしいスローガンであることか。

世界の果てで

デーヴィッドが一匹の海豹を仕留めた。それを砂の上に引きずりあげると、腹を裂いて内臓を抜いた。アザラシは痩せていた。季節は初夏で、発情期のアザラシたちは脂肪を失ってしまうからだ。

ぼくらはほったて小屋の前に切芝を積んで作られたベンチに座り、デーヴィッドを見ていた。かれのうしろでは、海から暗緑色をした軽いうねりが、岸辺に寄せていた。波間には巨大な氷山が漂い、大きく、静かな白鳥のように海面を滑っていく。時折、いきなり氷山が二つに裂ける。すると大砲の砲声のような大きな音が、フィヨルド中に響き渡り、対岸の陸地の垂直に切り立った玄武岩の壁でこだまとなって返り、なおしばらくはさ迷っているような音を空に残す。氷河から崩れ落ちた氷塊が水の中に転がり落ち、五メートルの大波が立って、ざわめきながら、岸辺に押し寄せては静まる。

デーヴィッドはかれの仕事を終え、血まみれのナイフを熊の毛皮で作ったズボンで払う。

かれが先頭を歩き、その妻がその後をついていく。彼女はカヤックをかついでいる。それから子供たちがやってくる。どの子もその細い腕で持ち上げられる限りの肉の包みを背中に背負い、引きずるようにして。デーヴィッドは歩き過ぎていきながら、悠然と、厳粛な面持ちでぼくらに会釈した。かれは凄腕のハンターだ。かれの妻のほうは、赤褐色の顔のなかに歯がきらめいて見えるほど、ぼくらに笑いかける。

砂の上には海豹の骨と臓物だけが残っている。すぐに犬たちがやってきて海豹の残骸に群がる。毛むくじゃらの蠢くひとつのかたまりになって、もう一匹一匹の姿は見分けられない。

突然、犬の群れは悲鳴をあげ、入り乱れて飛びすさった。一本の通路ができる。そこをナンウンジアルジット、〝熊狩人（ベーレン・イエーガー）〟という名の、この村で一番大きく、一番強い、イグドロルジットの犬の王が歩いてくる。

ほかの犬たちは獲物から離れ、ハーハーあえぎながら輪をつくってまわりに座る。そう、さながら群衆のただなかに立つ人間のように、海豹を咥えて振り回し、海豹から皮や毛の大きな塊を咬みちぎっている。ベーレン・イエーガーはほかの犬などまったく気にしない。まだそこに残っていた骨や内臓を鼻で吟味すると、後ろ脚をあげ、残り物に小便をジャアジャアかけた。それからのっそりと重々しく、ほかの犬たちの群れの中に入っていく。すると再びかれの前に道が開く。

シュネーベルガーは飛び上がった。「あの犬を自分のものにしなくちゃ！」シュリークとぼくはシュネーベルガーの頭越しに目くばせした。ぼくらは笑っている。すでにぼくらはイグドルジットに六週間滞在していた。ハンターのデーヴィッドが、かれのナンウンジアルジットを他人に売るくらいなら、自分の右手を切り落とす方がましだと考えているのを知るには十分な長さだ。

北の海上に赤い光の玉がひとつあがり、続いて緑色の玉が二つあがった。一瞬わなないて停止し、それから海に落ちた。燃える雲雀のように、発光信号弾は頂点に達すると、

ファンクの信号だ。撮影を始めるので、シュリークとシュネーベルガーにやってこいという合図だ。ゴムズボンをはいた二人のエスキモーが地面をいかめしく、急ぎ足に踏みしめながら集落を抜け、シュリークの飛行機を海に降ろそうと海岸に向かっている。シュネーベルガーとシュリークは家に入り、飛行に備えて服の上に毛皮を着込んだ。ふたりは家を出、暇を告げてぼくから遠ざかっていった。かれらの小さな〝クレム〟が北へと姿を消した。海燕のように玄武岩の壁に紛れいってしまった。

フィヨルドの海上をナウガイチアクまで六〇キロメートルを飛ぶのだ。そこに探検隊の本営があり、ファンクとほかの撮影隊参加者たちがいる。映画「ＳＯＳ！　氷山」の撮影が行なわれていた。

撮影隊は移動している氷山に近寄るため、しっかりした流氷を必要としていた。メカニックのシュリークとぼくだけがイグドロルジットに留まっていた。というのは、このフィヨルドのなかで平坦な海岸があるのはここだけで、着陸のためには、砂浜が必要だったからだ。

シュネーベルガーはたびたびぼくらのところにやってきた。これまで一緒に「死の銀嶺」や「モンブランの嵐（シュツルム・ユーバー・デム・モンブラン）」といった山岳映画を撮った。一緒にアフリカにもいった。塹壕での戦友同様、ぼくらは仕事仲間としての絆で結ばれていた。

この仕事をやり始めたころは空陸の共同作業にいろいろ難しいこともあった。しかし、ぼくらは徐々に飛行機チームと地上チームの間の折り合いをつけていった。発光信号弾がぼくらを遠くから招集する。ファンクス博士の白いテントの屋根の色とりどりの竿が、映画撮影中のぼくらに指示を与える信号となる。

今ではそのうえに郵便連絡も行なうようになった。ヌガイチアクでは、二本の長い竿の間に郵便袋がぶら下げられ、ぼくらはそれを飛びながら取り、こちらからの通信文は本営の上に投下するのだ。また切手も用意した。アメリカン人ロックウェル・ケントが図案を描いて、それを手刷りしたのだ。かれは一年のうち九か月をグリーンランドのイグドロルジットで暮らしていた。エスキモーたちはかれを、年長の兄弟のように慕っていた。なぜなら、自然への愛と、素朴な人々を理解する心という、迷いから覚めた者の知恵を、かれは持っていたからだ。

飛ぶということも、最初のころは容易なことではなかった。海面のすぐ下を青い氷が漂っているのだ。ガラスのように明るく、透明で、空の上からは視認できない。しかし、着水の際にそんな漂う氷にフロートをぶつけると、フロートの底部が損傷した。ここにきて最初の数週間で、バイエルとブッフホルツは四〇か所以上の穴の修理をしなければならない破目に

ヌガイチアクに停泊する撮影遠征隊の船

なった。

一度、ぼくの機体のエンジンが停まり、二つの氷山の間の海面に着水せざるを得なくなった。氷山はものすごい速さで互いに接近してきた。そのままでは二つの山に挟まれて手もなく粉砕されてしまっただろう。ぼくは操縦席から這い出しフロートに降りるとプロペラを手で始動させ、どうにかこうにか操縦桿を握って、高さ六〇メートルはあろうかという巨大な氷の立像の青く光る壁の間を上空へとすり抜けた。

シュリークも事故に遇った。まさに昨日のことだ。燃料供給管が壊れたのだ。かれは障害物のない海面の上に着水せざるを得なかった。鋼索でかれと機体をイグドロルジットまで曳航していくのに四時間を要した。風は斜めにぼくらに吹きつけ海には大きなうねりがあった。

夕べになると、ぼくらがその二階を宿所にしている、小さな木造教会の前のベンチに座って過ごした。ときどきはアコーデオンを演奏した。すると色とりどりの、毛皮をつなぎ合わせた晴れ着を着て、小さな女の子たちがぼくらのまわりに集まってきた。しかし大抵は、ぼくらはただ黙って、煙草を吸っていた。するとデーヴィッドの父親の老ダニエルがやってくる。ダニエルも若いころは凄腕のハンターだった。

ぼくらの横に腰をおろし、皺だらけの手を蒼ざめた太陽に伸ばし、マタクを噛む。それは鯨の腹の脂身を細かく角切りにしたものだ。噛むとクルミのような味がする。

ダニエルはぼくらの吸っている煙草に物欲しそうに、ちらりと目を走らせる。だが、決してねだったりはしない。それをするにはかれはあまりに誇り高い。

ときどきぼくらは一杯の酒をふるまった。するとかれは笑い、しゃべり始める。そばに座っているロックウェル・ケントが通訳してくれた。老人は偉大な狩りの物語をしているのだ。かれは立ち上がり、背伸びをする。こんな風に白熊が襲い掛かってきたのだ。

内陸氷（ないりくひょう）のへちの上に、まったくかれらだけでいた。犬たちは熊のまわりに半円を描き、吠えたてた。一頭がさっと地を蹴って白い敵にとびかかった。次の瞬間、犬は背骨を折られて雪の中でのたうちまわる。二頭目も白熊の前足の一撃で、地面にたたきつけられる。三匹目。

そのとき、ダニエルが自ら白熊に襲い掛かった。銛（もり）で。なぜならそのころまだ銃はなかったのだ。老いた、震える手で、かれはそばの壁に立てかけてあったボートの櫂をつかみ、それを虚空で振り回す。その姿はぼくらを感動させこそすれ、けっして滑稽なものではなかった。なぜなら、ひとりの男が、かれの過去の戦いについて語っているからだ。

白熊は銛を牙と前足で捉え、子供がツララを折るようにばらばらにしてしまった。

ダニエルは長靴から長いナイフを引き抜き、白熊に突っ込んでいった。白熊の前足の死の抱擁をかいくぐり、下から白熊の心臓めがけてナイフを突き立てた。血しぶきが高い弧を描いてあたりに飛び散った。かれの頭上を越えて飛び散る——かれの敵の血が。そして白熊は頽（くずお）れた……、犬たちがその上にとびかかっていった。

老ダニエルは咳きこんだ。教会の厚い板囲いに身をもたせかけねばならぬほど激しく咳きこんだ。それから唾を吐いた。砂の上に。かれは血を吐いた。

頭を振ると、かすかににやりと笑って、自分の小屋に帰っていった。じゃあなとも言わず

グリーンランドでの一コマ

エスキモーの少女

グリーンランドでの一コマ

わがアルグスエンジンの音に耳を澄ます（エスキモー犬）ニキナック

に。かれは結核を患っているのだ。そしてもう長いことはないだろう。

ここでは多くの者が、結核を患っている。ぼくらがイグドロルジットに滞在していたひと夏のあいだに、七人の村人が結核で死んだ。六〇人しかない住人のうちの七人がだ。

＊

三発の発光信号弾がヌガイチアクの本営から打ち上げられた。すなわち、ぼくに着陸せよということだ。岩だらけの海岸に着陸するのは容易なことではない。ふたりの男の手を借りてぼくは接岸した。飛行機を降り、ぼくはテントに駆けていった。

本営は大変な騒ぎになっていた。撮影隊の学術顧問であるゾルゲ博士の行方が分からなくなったのだ。八日前にかれは折り畳み式のボートで北のリンク氷河に向けて出発していた。

「七日間、お前は心配なしに暮らせるね」出発に際し、かれは笑いながら妻に言った。「しかし、八日たっても戻らなかったら、ファンクとほかの人たちに知らせてくれ」

それからかれは小さなクレッパーボートで出発し、流氷の間の狭い水路に姿を消したのだった。かれはたったひとりで出かけた。かれに同行しようとしたエスキモーたちには戻るように命じた。

今日がその八日目だった。そして今朝、カンゲルドルク・フィヨルドで海豹猟に出ていた一人の猟師が本営にやってきた。大滝のすぐ後ろの流氷の上に載っていた、クレッパーボートの残骸を発見したのだ。男は船首部の破片を持ってきていた。間違いなく、それはゾルゲのボートのものだった。

シュネーベルガーとぼくはすぐに捜索に出発した。カンゲルドルクへと、内陸氷の広大な水盤を縁取る、高さ一〇〇〇メートルにも及ぶ黒い岸壁に沿って、流氷の上を飛んだ。黒い玄武岩の中の白い大理石の柱のように見える滝の周辺を上昇、あるいは下降しつつ旋回した。

氷の割れ目から、海の寒気が上空まで吹き上げてくる。時々、青く輝く平らな氷の上に黒い影を見つけた。しかし、降下してみると、それは氷のうえにむき出しになった岩塊に過ぎなかった。

飛行機の燃料が乏しくなってきた。いったん戻らなければならない。着陸すると、本営にいた全員が駆け寄ってきた。

ぼくらはゾルゲのテントに歩いていった。そこにかれの妻が待っていた。細長い野営用のベッドに彼女は座っていた。レニ・リーフェンシュタールが彼女のそばにいて、やさしく彼女の肩のあたりを抱いていた。

ゲルダ・ゾルゲは泣いてはいなかった。黙って、石のような顔をして座っていた。関節が白く浮き出るほど、両手をきつく握りしめていた。

この絶望した女性の手は、涙よりも心にこたえた。

ぼくは二回目の捜索のため飛行機に燃料を補給させた。今度は独りで行く。しかしシュネーベルガーがすでに飛行機に乗り込んでいた。「目が四つあるほうが二つよりよく見えるだろ！」かれは言い張った。

ぼくらは飛び上がった。

今回はもっと北の方に飛んでみるつもりだった。多分、ゾルゲはずっと北の方で遭難し、流氷が彼のボートの残骸を乗せて、南へと流れてきたのではないかというのがぼくの考えだった。

ぼくらは岸壁の半ばくらいの高度を飛んだ。幾度も巨大な氷山の屹立する氷頂(ひょうちょう)を回避しなければならなかった。フィヨルドはいよいよ狭くなり、いよいよ暗くなっていった。

リンク氷河——ゾルゲが目指したところだ。ほの輝く氷のドーム。高さ一一二メートル、幅一五〇〇メートル、海から透明な緑の壁が聳え立っている。ここで内陸氷はとてつもない厚みをもって海の中に突き出ていた。

氷河の壁に沿って飛んだ——ゾルゲの手掛かりになるようなものは何もない。

上方に目をやる。そのときだ、氷河の南端の黒い岩陰から、矢のようにまっすぐに、天に向かって一筋の煙が立ち昇った。

ぼくらは旋回して、そこへと飛んだ。シュネーベルガーが手を伸ばして下方を指さした。等身大よりも大きい数人の人影が、岩の上に歩哨のように立っていた。ぼくはかれらに近づいた。人と見えたのは岩塊だった。ゾルゲが服を脱いで、それを岩塊にかぶせていたのだ。かれの派手なセーター、帽子。これがかれのところまで導いてくれる。

すぐにぼくらはゾルゲ自身を見つけた。痩せこけてひげだらけの男が、邪神バールの神官のように火のまわりで跳ね飛びながら、両腕を空へとかかげている。

かれの頭上で旋回し、手を振った。操縦桿を膝の間に挟み、素早く通信文を走り書きした。「二時間内にボートをあなたのところに寄越す」と。それを空薬莢のなかに入れて投下した。かれがそれを拾い上げるのを確認した後、ぼくらは引き返した。

途中、撮影隊のモーターボートに出遭った。ゆっくりと流氷の間を縫いながら北に向かっている。もう一度ゾルゲの居場所を書いた通信文を投下した。手を振って合図すると、向こうも分かったというようにハンカチを振った。

宿所はうれしい興奮でわきたった。三回目の飛行のために、残っている燃料缶から、最後のガソリンがかき集められた。モーターボートが、今日のうちにゾルゲのところまで行けるかどうか、不確実だったからだ。

今度ばかりはシュネーベルガーも一緒に行くことはできなかった。飛行機の偵察者席には、食糧や燃料、毛布が詰められた大きな袋がロープで結わえ付けられていたからだ。

ゾルゲは遠くから早くも飛行機の爆音に気づいていた。ぎざぎざ尖った岩の先端に立って、こちらに手を振っている。かれの真上を、低空で旋回する。ぼくは袋を掴んで、偵察者席から持ち上げた。そのとき、首がぎゅっと後方に引っ張られ、ぼくは後ろざまにのけぞり、背中をしたたかに座席の背に打ちつけた。糧食袋の紐が首に絡み、喉を絞めつけているのだ。岩だらけの地表すれすれのところで機体がふらつく。ポケットナイフを掴む——絡んだ紐を素早く切る——助かった。

ぼくは操縦桿を掴みなおすと、下方を見やった。

雪に覆われたグリーンランドを飛ぶ

クヌート・ラスムッセン、グリーンランドの無冠の王〔訳注：ラスムッセンは極地探検家でエスキモー学の父と呼ばれる人物だが、本書には写真だけが載せられている〕

レニ・リーフェンシュタールと〔訳注：リーフェンシュタールは映画女優、後監督となりベルリン・オリンピックの記録映画製作で有名。ウーデットとは初期の山岳映画で共演、グリーンランドで撮られた「SOS 氷山」にも女性飛行士役で出演した〕

巨大氷山のきらきら輝く壁のそばでは「クレム」も小さなブヨにしか見えない

糧食袋はちょうどかれの足元に落ちてバウンドしていた。かれはぼくが危うく死にそうになったことには気づいていないようだ。両手を合わせてぼくにむかって振っている。

六日後、ゾルゲは再びヌガイチアクに戻ってきた。かれは、これまで人間が見たもののなかで、最も壮大な光景を目の当たりにしたのだった。リンク氷河の一部が剥離し崩れたのだ。ベルリンじゅうの家屋をひとつにしたほどに巨大な氷塊が海に落ち、三〇〇メートルの高さまで水柱があがった。そのときに起こった大津波が、かれのボートを海岸から四メートル高い岩の上に乗りあげさせたのだ。ボートはこの時に砕け、その一部が南に流されたのだった。

*

ゾルゲが戻ったその日の午後、ぼくらは射撃をやった。ぼくが射撃大会を催し、優勝者にはぼくのウインチェスターが贈呈されることになっていた。イグドロルジットのすべての男を招いた。みんな自分の銃を手に集まってきた。かれらの銃のすべてが古いフリント銃だ。そのなかには、前込め式の銃も一挺あった。

ぼくは腕の悪い射手ではない。リヒトホーフェン戦隊の射撃大会では、同僚たちにひけをとったことはなかった。しかしグリーンランド人たちとは張り合えなかった。

かれらは大儀そうに、ゆったりと銃に弾を込め、じっくりと照準をつける。しかし、姿勢は玄武岩の塊のようにビリッとも動かず、手は石から彫りだしたように静かだ。最初の一発はことごとく標的の三つの輪の中に入り、二発目はことごとくど真ん中に当てる。

優勝してウインチェスターを獲得したのはイメラルスク、「小さな水袋」という男だった。

イグドロジットでの射撃大会〔訳注：左手前で煙草をくわえているのがウーデット〕

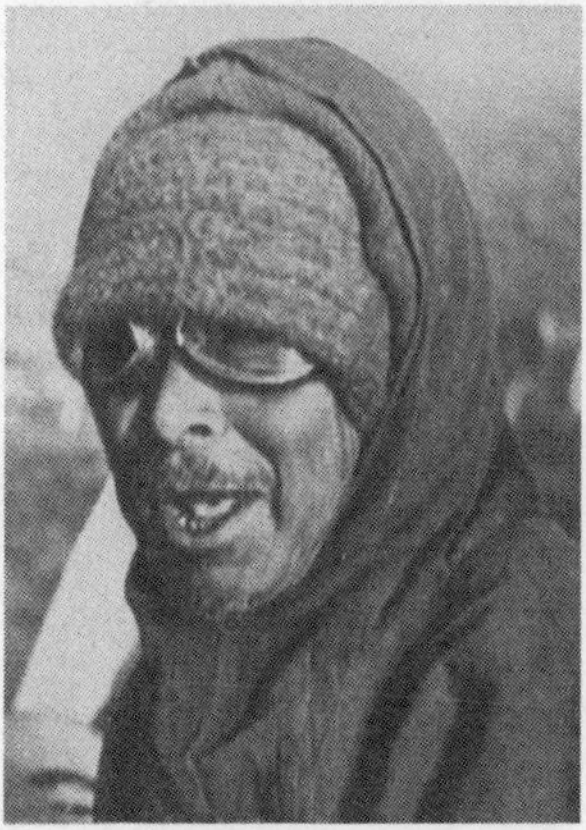

老ダニエル

かれはウインチェスターを抱きしめ、撫でまわし、笑い声をあげながら自分の小屋に駆けていった。

その夕刻、デーヴィッドがやってきた。かれの父、老ダニエルは死の床にあった。老ダニエルには一つの願いがあった。人間鳥(メンシエン・フォーゲル)で、フィヨルドの上を、イグドロルジットの上を飛んでみたいというのだ。

「いいよ」ぼくは言った。

「飛行機を準備するから人手を集めてくれ、それから君の親爺を浜に連れてくるんだ」

二人がかりでこの老人を運び、飛行機に乗せた。かれの頭に飛行帽をかぶせ、飛行眼鏡をかけてやる。老ダニエルは子供みたいに笑った。

ぼくらは飛び上がった。ゆったりと鳥は空に舞い上がり、輪を描きながら高みへ、高みへと昇っていく。

眼下には沈みゆく太陽に黄色く染め上げられた海。白い氷山が彼方へと流れていく。一年(ひととせ)もはや押しつまり、北では冬がその黒い馬を馬車につなごうとしている。

夜がやってきた、長い夜が。

より高く……もっともっと高く……、イグドロルジットの土でできた小屋はモグラ塚のように小さく見える。教会はおずおずとその木製の指を天に伸ばしている。山々はぼくらの眼下にあり、北に広々と視界はひらける。鋼鉄の盾を思わせる内陸氷河の広大な平原が、太陽の光に輝きながら果てもなく地平線まで続いている。

極地の夜

見事だ。ぼくの前に座っている老人は、飛行機の動きの一つひとつに身を合わせ、旋回するごとに共に身を傾ける。カヤックを漕ぎ、波の流れを己のものとするハンターは、自然の法則を知っているのだ。

エンジン音が轟く。静かに大地と海が、ぼくらの下に沈んでいく。

そのとき、ひとつの声が響きはじめた。胸のうち深くからたちのぼる、長々と尾をひく、力強く響く声音が。

老ダニエルが歌っていた。

かれは歌い続けた、着陸したときも、ボートから降ろされ、小屋に運ばれていく間も。かれは歌っていた。暗い穴の中に姿を消してしまうまで。

翌朝、デーヴィッドがぼくの小屋の戸口に立っていた。「父は昨夜死んだよ」

ぼくはかれに手をさしだした。

「君はぼくの友人だ」かれは言った。「いつまでもぼくらのところにいてくれていいんだよ」

しかしぼくは歩みを続けなければならない。やがて長い夜が始まる。そしてすべての生はその夜の中に消えてしまう。

終章

ぼくが属する世代は戦争を通して形成された。戦争はぼくらを人生の最も重要な時期に見舞った。弱者はその一撃に粉砕された。身をすくませる恐怖以外、かれらのうちには何も残らなかった。ぼくたちの内部ではしかし、――ここでぼくは前線で戦ったすべての兵士たちに代わって語っているのだが――生への意志はより堅固に、より力強いものとなった。ひとつの新しい生への意志、それは個々人の生よりも、共同体の生と未来とにすべての価値があるとするものだ。

一四年の長きにわたって、ぼくらはこの認識を戦後の異邦を思わせる世界を経巡りながらも抱き続けた。誰もぼくらの新しい信仰の偉大さについて、何一つ理解しなかった。かれらは兵士の堅固な美徳も、友情も、義務の遂行ということも、そして自己犠牲の精神について、なにひとつ知ろうとは欲しなかった。ぼくらはかれらのなかにあって異邦人だった、そして日々のパンのために働いた。ぼくは飛んだ、生きるために。しかし、同時に、ぼくは希望を持っていた。自分の仕事を通して、空を飛ぶということへの、ドイツ人の思いを眠らせずにいられるのではないかと。地上のいろいろな場所に出かけた。いたるところに友情を求めた。ぼくは求め、それを見出した。ドイツで、アメリカで、アフリカのブッシュのなかで、グリーンランドの氷の中で。

飛行家同士の友情を！

しかし、ひそやかに、ぼくのなかに、そしてぼくらすべての心の中にひとつの憧れがあった。ぼくらを形成した精神が、生き生きとした力としてぼくらと分かちがたく結びついている国民の間に、作用する様を見てみたいという。

それは現実のものとなった。そしてそのゆえにぼくはこの本を閉じる。なぜなら、ぼく個人の生は些事となり、共に思いを同じくするドイツの運命の流れの中に注がれたからだ。

ぼくらは拠って掲げるべき旗を持たぬ兵士であった。ぼくらはぼくらの旗を再び掲げた。総統がぼくたちにそれを返してたのだ。

老兵たちにとって、生は再び生きるに値するものとなった。

補遺

I　エルンスト・ウーデットの思い出

空軍鍛冶場でのある一日

朝七時、――かれはちょうど起きたところだ――電話が鳴る。素早く受話器を掴む。寝る前に頼んでおいた、天候についての報告が伝達される。手際よく着替えをし、一杯の紅茶と幾切れかのパンを飲み込む。その間にまた電話の音。副官が電話口に出て、がちがちに確定している本日の日程を、もう一度、かれの記憶にしっかりと刻み込ませる。質問が出される。そのほかになにかあるか？　と。それから手短で簡潔な処理指示。

電話口に夜間戦闘指揮官。「昨夜は見事戦果をあげました。海岸近くの上空で敵五機を撃墜、うち二機は四発の爆撃機です」

喜色がかれの顔に一瞬浮かぶ。「よくやったぞ、君たち、本当によくやった。この調子でいけば、すぐにも敵はもうやってこなくなるだろう」

玄関では車が待っている。法定速度以上のスピードで、車は役所に向かう。かれは人間にも機械にも、自分自身のテンポを強いる。八時半、航空省の巨大な建物、かれが仕事をする場所に入る。手短な挨拶。執務室で外套を脱ぎながら、開放したドアの向こう側に呼びかける。「すぐに面会者を入れてくれ」

最初の面会者たちが、直ちに執務室に入る。開発部の者たちだ。新しいグライダー曳航試験についての報告がなされる。幕僚部の部長と技術部門の局長が、協議に加わる。報告内容を頭の中で熟慮検討しながら、その明るく青い目を報告者にひたと向けて、ウーデットは聞いている。そのあいだに、かれから短い質問が投げかけられる。「映像フィルムは持ってきているか」

「すでに映写室に用意してあります」

すぐさま室外の廊下を渡って、ウーデットの考案になる部屋に移動する。報告事項を確認するために現地まで飛んでいくことになれば、一日、あるいは少なくとも半日の時日を要する。映像フィルムは五分間で、すべて、主要な点について語ってくれる。時間節約のための標語に曰く、あらゆる部門において、敵より迅速であれ、常により迅速であれ。フィルムが終わる。同時に部屋は明るくなり、簡潔な指示が出される。「本件についてはさらに研究を進めるように」

工業評議会がすでに執務室で待機している。評議会の代表者が、直近の各地の工場視察について報告を行なう。日に夜を継いで、工場では生産の槌音が響き、煙を噴き上げる工場の煙突の林は、ドイツを越え、ヨーロッパに延びている。ドイツ国民の大半が、今や、空軍のために生き、働いているのだ。ここに脳がある、航空装備局長、官庁の抽象的な言葉で「GL」と呼ばれるエルンスト・ウーデット、かれがこの強力な工業複合体の脳なのだ。

報告の途中で電話が鳴る。ミルヒ元帥からだ。「本日午後十六時、国家元帥のところで協議だ」

「了解した。試験飛行場から戻ったらまっすぐに向かう」

電話の呼び出し音。電話交換手が言う。「新しい投下照明弾の開発者が空軍大将と話をしたいと申しております」

「ちょっと待て。本件についてはまず爆撃機大隊と協議させよう」

工業評議会との協議は終盤に近づいている。「生産は総力をあげて動き出しており、莫大な計画要求にも対応し得るものとなるでしょう。その前提条件は……」

ウーデットが話を遮って言う。「私たちは目標を達成する。そして、鉄人がそれを望んでいるのだ」

「鉄人」とは、国家元帥ヘルマン・ゲーリンクのことだ。

たくさんの面会者のうちの次の面会者、対空火砲開発局長。かれは新しい重防御兵器に関する提案をする。

「承知した。すぐに取り掛かれ」

副官が郵便物をもってやってくる。短いため息。「くそったれの書類め！」書類の束に激しい非難が浴びせかけられる。書類は重要度に応じて整えられている。しかし、重要でないものはそのまま顧みられない。かれは黙って書類に目を通しながら、欄外にメモを書いていく。女性秘書が声をかける。「特殊任務受託者が、新任の挨拶の取次ぎをと申し出ております」古い戦友だ、かれは考える、入ってもらおう。時計を見やる。十二時ほんの少し前、試験飛行場に出発するためにはぎりぎりの時間だ。

外套を着ながら、控室に呼びかける。「車の用意はいいか」女性秘書が窓を開け、手をたたく。車が玄関まで乗りつける。

「ジーベル」がすでにプロペラを回転させながら待つテンペルホーフ飛行場に全速力で車を走らせる。三〇分ほどの短い飛行の後、試験場の滑走路に着陸。たくさんの格納庫、轟きわたるエンジンの騒音、緑の芝生、地平線が灰色にかすむあたりまで延びている離陸用滑走路、そして、その上の果てしもない大空。飛行場の雰囲気。

試験場の司令が、多くの同僚たちに取り巻かれて、滑走路で待っている。敬礼、握手。そこにいる者たちの中には、かれが先に「機長（フルークカピテン）」の称号を与えた、鉄十字章の受勲者、ハンナ・ライチもいる。

そして新型の試作機。かれは機体のまわりを歩きながら、情熱的な騎手が高貴な純血種の馬を観察するように見て回る。この新しい機体に隠されたものを、かれはすでに見抜いている。この間にも、短く、ナイフのように鋭い質問がなげかけられる。

長くは待たず、さっさと試作機に乗りこみ、飛び上がる。機体は矢のようにまっすぐに空へと上昇していく、すぐに飛行機と一体となったことが、見ている者にも分かる。それから鋭い調子で機体を責める。地面すれすれまでの急降下、再び高く舞いあがる。巨匠がこの機体を意のままに操っている。

かれが着陸し、全員がかれのところに駆け寄っていく。専門家たちとの間で短い質問と回答のやりとり。熱心に論じ合いながら、飛行場を歩いていく。ほかの多くの試作機がかれを惹きつける。――一時間後には、再びベルリン――GLは国家元帥の待つ、大臣執務室へと続く庭を歩きながら、ミルヒ元帥と討議している。軍備計画、航空兵力、工業生産従事者、その他念のために用意した多くの資料書類の分厚いファイルを小脇に抱えて。

二時間後、かれは戻るが、どんどん仕事が押し寄せてくる。兵站部の局長はロシアからの鹵獲物評価分析について報告したいという航空機製造工場従業者の統括者は、スペイン及びオランダ人労働者の徴募並びに投入について語り、財政部局の長は、工業生産の財政的問題について報告する。

十九時三十分――二十時ころに、航空研究ドイツ・アカデミーでの講演が始まる。家に帰って着替えをする時間はない。しかし、執務室の脇には風呂が備えられ、執務室の戸棚には替えの服が用意されていて、時間通りにかれは夜会用の服に身を包み、「パイロットの家」の大広間を歩いている。

二、三の講演が行なわれる。この専門的な聴衆の前では、講演内容は重要な問題にのみ絞られる。一日の慌ただしさの中では許されなかった会話が、ここではその翼を広げる。かれは工業部門の長と歓談し、前線から帰った若い一人の中尉と、最新鋭の戦闘機によるかれの体験について、長いこと、詳細にわたって語り合う。経済学者、技術者、パイロットたち、そのほかの多くの人々とも語り合うが、会話は常に一つのテーマを軸に交わされる。かれの仕事、空軍に関して、総統と国家元帥にそれを担保する知識を得るためだ。かれの車が人通りのなくなった軍用道路を自宅へと走るのは、もう夜もかなり更けたころだ。

これが、かれの生活だった。毎日、毎日、その最後の日まで。第一次大戦においては、国民にとって、かれは万人の目に顕著な前線の兵士であり、空の戦いの勝者だった。今次の大戦においては、空軍の鍛冶場にいて、国民の目に触れることはなかった。いずれにせよ、彼の功績は、他に抜きん出、不朽のものであった。

アンゲルムント大佐

GL副官

Ⅱ　ウーデットの死亡広報

ウーデット大将事故死

DNBベルリン、一九四一年十一月十八日

航空総監ウーデット大将は、一九四一年十一月十七日月曜、新兵器の試験中、深刻な事故に見舞われ、重傷を負って病院に搬送途中死去した。総統は職務遂行中に悲劇的な死を遂げたこの士官を、国葬をもって弔うよう指示した。

先の大戦において、敵六二機撃墜の戦果をあげたる、戦闘機操縦士としての卓抜せる功績を称賛し、また空軍再建における抜群の尽力のゆえに、総統は、飛行第三戦闘戦隊に故人の名を冠することをもって、ウーデット将軍を顕彰するものである。

Ⅲ　国家元帥ゲーリングによる弔辞――一九四一年十一月二十一日

今、わたしたちは別れを告げなければならない。君が、わが愛するウーデットよ、もはやわたしたちのうちにいないということを、わたしたちには理解することができずにいる。今もってなお、わたしたちには君を失ったのだということを想像できずにいる。なぜなら、まさに君の生きざまは、常に力にあふれ、常に生き生きとして、常に快活なものであったからだ。そして、君は、我々一人一人の誰もが、心の深いところで結ばれていると感じさせる、本当に良き戦友だった。

君の功績を称えることは、わたしの責務ではない。なぜなら、行動を通じて、君は不滅の者となったからだ。君は常にドイツの偉大な英雄の一人に数え入れられるだろう。

わたしたち二人がいまだ若く、戦闘機操縦士であった往時を思い返せば、やはり君はわたしたちの中で最も快活であった。しかし、いざ敵を撃滅せんとするときには、君の意志のなんと決然とし、君の目は鋼のように澄み渡ったことか。われらがマンフレート・フォン・リヒトホーフェンに次いで、わたしたちの中で君は、最も戦果をあげた者であった。そしてその若さにもかかわらず、君はすでに赫々たる名声を得ていた。わたしたちの目に、君は凌駕できぬ者として映り、君の現われるところ、敵は消え去らねばならなかったことを、わたしたちは知っている。

そしてその後、われらの栄えある軍は敗れた。しかし、君もわたしたちも、そのとき、敗れはしなかった。リヒトホーフェンが、ベルケが、そしてウーデットが成し遂げた偉業は、決して滅び去るものではないという信念が、生き生きとして、わたしたちの心に在ったからだ。君の生活のすべては、常に我らが愛する空軍に向けられ、そしてその崩壊の最初の日から、すでに君はその再建にむけて積極的に行動した。当時、君の名は帝国の隅々にまで知れ渡っていた。どの飛行大会においても、わたしたちは君が飛ぶのを見た。君の雄々しい飛行をとおして、君は国民に、我が国の航空、我が国の空軍への信頼を築き、そして国外に在っては、君はより広く、我が軍の敢闘精神を代表するものとなった。グリーンランドの氷山の空においても、内陸アフリカの熱帯の荒野の空でも、アジアでもアメリカでも、どこにおいても君は無敵の飛行家であった。

わたしたちはよく語らいあったものだ。わが空軍を新たに、より強力に再建する日が早く来ないものかと。そしてその日はやってきた。あの一月三十日、我らの勝利の旗、輝けるハーケンクロイツが全ドイツにひるがえり掲げられたとき、空軍再建の日がわたしたちにやってきた。そして総統が、わたしに、空軍を再建せよとの名誉ある使命をゆだねられたとき、わたしは昔の戦友たちに呼びかけた。戦友たちの中で、呼びかけた最初の者は……余人の誰をほかに考えられよう……君だった。

わたしは君に軍備を、すでに君はそれをもって見事な勝利を獲得したのだが、われらが戦闘航空集団の再建をゆだねたのだ。わたしたちは君と共通の体験をもって強く結びついている。かつて、わたしたちは大空の狩人であった、そして今なおそうなのである。君が最初の礎を置いたのだ。

それからわたしの執務室での協議の時代とでもいうべきものが始まり、お互いに意見を交換し合うなかで、あらたな兵器を生み出したのだ。当時、爆撃機操縦士もまた攻撃に際しては、敵に対し肉薄しなければならぬということを君は初めて言った。ちょうど狩人が狩りを成功させるために、獲物に肉薄して、至近の距離からその武器を使用するように。この会話の中で、君はその見解を主張した。爆撃機操縦士もまた爆弾を高々度からではなく、むしろ至近距離から勢いをつけて敵に投下しなければならないと。

そのころ君は初めて急降下爆撃機について言及した。今も君の熱を帯びた言葉が、わたしには忘れられない。その熱い言葉で、兵士であると同時に芸術家でもある君は、わたしに説明してみせてくれたのだ。突然わたしの前に立ち現れたこの思想からは、限りない可能性が示され、新たな兵器を創り出そうという決意が生じたのだ。この新しい課題を統括し、この前人未到の道を任せられる者は君をおいてほかにはいなかった。そのゆえに、わたしは、わたしたちの兵器の全技術の開発を君にゆだねたのだ。はたして、まさにわたしたちの兵器は、技術的に高度の完成を遂げるべく君によって指導された。わたしたちのもとに集まり、君の中にかれらの模範を見る、すべての希望にあふれ、雄々しく、勇敢な若者たちに、わたしは兵器を与えなければならなかった。その兵器をもって、かれらもまた、その雄々しい精神によって、真に偉大なことを達成することができるように。

君は、この兵器の創造についての唯一人であった。第六感が、君にいかなる航空機が正しいものであるのかを見抜かせる力を与えた。

しかし、君が為したことは、それればかりではなかった。いったいどこに、自ら新しい試作機を試験する、技術部門の長がいただろうか。技術的にごく初期の段階にある試作機の試験飛行において、君は過去二回、パラシュートで脱出しなければならない破目となった。君がこの事故でそのかけがえのない命を失わなかったことは、わたしたちすべてにとってなんと幸運だったことか。

かつて、どこにも、最高責任者が、すべてを自分でやってしまうなどという例はなかった。君は命をかけて、わたしたちの雄々しく、若さにあふれた操縦士たちに、自分たちの兵器に対する、力強い信頼を与えたのだ。君が考案し、自ら飛ぶことにより完成させたものを、それゆえに彼らは、いとも自然に受け入れた。わたしたちの航空機が、比較の限りにおいて、過去最高のものであり、そして今も最高のものであり、今後も最高のものであるだろうと、わたしが繰り返し君に話したとき、君はそれを誇りに思ってくれたにちがいない。

君は、かくも力強く、かくもたゆむことなく、不断に職務に没頭し、常に新機軸を打ち出したのだ。君の本性というものが、単に兵士の堅固な義務への忠実さということだけではなく、芸術的な個性をも付与されていたことが、そしてまさにこの二重の才能が、君をして真なる物を把握させ、最高のものをわたしたちに与えてくれたのだということを、わたしは喜ぶ。

そして今また、君はわたしたちのために斃れた。これまでと同様、君はすべてを自ら行なうことを欲したがゆえに。君はわたしたちの元から去ったが、君の生涯をかけた仕事とともに、一つの遺産を残してくれた。それは未来を共に型作り、わたしたちの兵器が強力で威力あり続けるものであることを保証する、君の全思想と、直観と熱情に満ちた兵器だ。

不休の職務のかたわら、君はいつもわたしたちにとって、考えられる限り最高の友であった。君に会えば、わたしたちの心は光と喜びに満ちた。君は何をするときも楽天的であった。昔、君が若い戦闘機操縦士だったときも、われらが空軍の大将となった今も、君はいつも快活であった。そして君は、わたしたちすべてと心から結ばれていた唯一の人だった。それはただ単に空軍再建の始まりにいた者たちにとどまらず、わたしたちの若者たち、とくに若き戦闘機操縦士たちにとって、君は常に年長の、良き友であった。かれらが戦果をあげたとき、いかに君はかれらを誇りとしたことか、そしてあの日、君の撃墜数が、初めてかれらによって凌駕されたときの、君の誇らしげなさま。誰よりも君自身がそのことを喜んだのだった。そして、君という人はいつも、謙虚であった。おそらく、謙虚すぎるほどに君という男は謙虚だった。

君が去った後のこの空隙を、いかにして埋むべきか、わたしたちにはいまだ見当もつかない。君はいつも生き生きとしていたので、君はいつまでもわたしたちと共にいるものだと、わたしたちは思い込んでいた。わたしたちの願いはただひとつ、われらのもとに留まれ、ということだけだ。

神は君を召された。そして、いまや君は、君より先に斃れた者たちのもとに行くことができる。どのようにしてか、わたしには分からないが、しかし、もし君がかれらを見い出したなら、かれらにこう言ってやってくれ、新生空軍は先の大戦の戦士の精神に忠実に、無敵のものとなり、勝利を約束するものとなったと。それは君もまた熱い魂で、いついかなる時にも求めてやまなかったものだ。

君が、決然たる確信と勝利へのゆるぎない自信をもって生きたように、わたしたちはこれからも生きていこう。そして、いま、最後に臨んで、わたしに言えるのはただ一言だけだ。

わが最高の友よ、さようなら。

君は永遠のものとなった！

空軍（ルフトヴァッフェ）へ、
空軍の同僚諸君（カメラーデン・デル・ルフトヴァッフェ）に日課命令！

航空装備局長、大将エルンスト・ウーデットは、一九四一年十一月十七日、新兵器の試験に際し、重傷を負い、その結果死去した。ドイツ航空界の強化のみを目指した、戦士の生涯はここに閉じられた。

エルンスト・ウーデットは、ドイツ国民にとっては先の大戦においてリヒトホーフェンに次ぐ無敵の戦闘機操縦士であり、操縦桿を握る若者たちにとっては、輝ける模範であった。ドイツ空軍は雄々しく、明々たる道を切り開く先達を失った。誇りたかき悲しみのうちに、騎士鉄十字勲章の拝受者、プール・ル・メリット所持者の棺台に、かれが何よりも愛した軍旗を垂れよ。諸君、大将ウーデットは、ヴェルサイユの後の暗い時代に、とりわけて我らの隊列に再び加わって以来、再建と勝利への道を開いた。航空装備局長として、ドイツ空軍を祖国のためには強き盾とし、敵には恐るべき剣（つるぎ）となさしめんとして武備に心を砕いた。大将ウーデットは、きわめて重大な責任を負い、しばしば新しき試作機の最終的かつ決断の時において、雄々しくも自ら試験飛行を行なった。そうして初めて、そのような航空機が戦争の高度な要求に添うものとなれば、前線の戦友たちに与えたのだ。「兵士であるということは、敵について思いを巡らし、勝利を期し、自らの身を一顧だにせぬこと」というかれの言葉は、一英雄の生涯が残した遺産であり、兵たるものの永久不変の責務である。

かれの名声は不滅である。それゆえ、わたしは今日、総統にして国防軍最高指揮官の意志を果たす。その命により、飛行第三戦闘戦隊に、ウーデット戦闘戦隊の名を付与する。
かくて、我らが偉人の思い出は、空軍において永遠のものとならん。

ヘルマン・ゲーリング
大ドイツ帝国国家元帥　空軍最高指揮官

ウーデットの生涯（一八九六～一九四一）

濵口自生

幼少年時代（一八九六年〜一九一三年）

一八九六年四月二十六日、日曜日、フランクフルト・アム・マインにエルンスト・ウーデットは生まれた。父の名はアドルフ、母はパウラ。ウーデットが生まれてほどなく、一家はミュンヘンに居を移す。テレジエーン緑地に通じる、カツマイル通りの四階建ての建物が彼らの住まいとなった。

父は暖房用ボイラーと給湯設備の工場を経営していたが、その祖先はいかにもその職業にふさわしく、二〇〇年余の昔、フランスを追われ、ヨーロッパ各国に工業を興したユグノー（新教徒）である。母の旧姓はクリュガーで、こちらは西プロイセン、ポンメルンの官吏の家系の出である。結婚前は国民学校の教員をしていたようだ。一九〇八年、彼が十二歳のときに妹のイレーネが生まれている。

一九〇六年（十歳）、テレジエーン・ギムナジウムに入学。日本での中学校に当たる。第一学年の終わりの通信簿ではこんな評価を頂戴している。「肉体的には普通。知的な面では優れている。理解力はよいが、すぐに忘れてしまう。何事にも関心を抱くが、おざなりで、いろんなことを知っており、しゃべることが好きだ。性格的には陽気で活発である。全般に深く突きつめて理解しようという真剣さに乏しく、正確さに欠けている。受け答えははきはきしており、素行は申し分ない」。

どこか上の空な生徒だったようだ。ところが、一九一〇年（十四歳）の評価になってくると教師の評価は苦々しい調子を帯びてくる。「知的で必ずしも悪い資質を備えているわけではないが、成績は平凡である。この原因の多くは注意力の散漫、集中力の欠如に由来する。頭の中は課業以外のことでいっぱいになっている。特に航空に関することが彼の頭の中に巣くっている。加えて、自身で単葉機を製作し、将来は飛行家になろうなどと考えている。絵を描き、写真を撮ることに夢中で、必須科目についてはほんの片手間にやっているにすぎない。学校と家庭の連絡について、家族からの積極的な姿勢は見られない」。

これが一九一一年（十五歳）となると教師の評価は毒を帯びてくる。「この青年はその年齢に似合わず虚弱で、神経質そうな印象を与える。またときどき胃の不具合、気分の不快を訴える。彼の天分ではギムナジウムは厳しい。ぼんやりした頭で物覚えも遅い。何かの具合で活発に空想をふくらませはじめる。この欠点を是正しようにも集中力の欠如並びにおざなりで大雑把な性格が妨げとなっている。彼の魂は善良で人懐こく、教師のためにすすんでなにかしようとするところもある。両親は一度として面談にやってこなかった」。かくして彼は三年生を二回落第する羽目となる。

一九〇九年を軸にした前後数年というのは、ウーデットの人生において一つの大きな画期となった時期である。一九〇三年にライト兄弟が人類初の動力飛行を行って、空気よりも重い物体が空を飛べることを実証して以来、すさまじい勢いで航空技術は進歩した。一九〇九年七月二十五日、ルイ・ブレリオが自作の単葉機でドーバー海峡を横断した。ドイツでは同年七月から十月にかけてフランクフルト・アム・マインにおいて第一回国際航空展覧会が開催され、ライト兄弟、ルイ・ブレリオ、ユベール・ラタム、アンリ・ファルマン等、航空界の先駆者たちが華やかにドイツの空を舞った。八月、フランスではシャンパーニュ飛行大会が催され、九月末にはベルリンのテムペルホフ飛行場で「世界先進飛行家競技会」が行なわれた。風に巻かれる木の葉のように、興奮にきりきり舞いしながら、ウーデットも仲間たちとともにミュンヘン・エアロクラブを立ち上げたのである。

ウーデット幼年時の写真

飛行という熱い風に頬を打たれたのはウーデットばかりではなかった。第二次世界大戦で戦車軍団を指揮し、砂漠の狐として勇名を馳せたエルヴィン・ロンメルは、十七歳の一九〇八年、後にドルニエ社の主任技師となるハンス・カイテルとともに、故郷アーレンで複座のグライダーを製作し、本格的な滑空飛行に成功した。後年、名機メッサーシュミットＢｆ１０９の設計者として知られることになる十二歳のヴィルへルム・メッサーシュミットも、年長の友人でドイツにおけるグライダー開発の先駆者となるフリードリヒ・ハルトの助手としてグライダーの製作に携わっていた。

当時、ウーデットたちがよく出かけた場所の一つは、ミュンヘンのオーバーヴィーゼンフェルト練兵場だが、ここにはバイエルン軍の飛行船部隊の仮兵舎があった。初めのころはごくたまに係留気球が見られる程度だったが、そのうち飛行機も飛びはじめた。一九一三年にグスタフ・オットーがこの場所に「オットー航空機製作会社」を立ち上げてからは、ここも少年ウーデットの立ち回り先の一つとなった。会社の敷地を囲う木柵のすきまからオットー社製の複葉機、ブレリオ単葉機の整備が行なわれる様や、エンジンの音に夢中になっていた。

グスタフ・オットーの会社でテストパイロットとして働いていたレオ・ロートは、毎早朝、工場にやってきては、彼らの仕事を見ている少年に気がついた。ニッカーボッカーにごわごわの帽子という少年のいでたちが、特にレオの目を引いた。そのうち言葉を交わすようになると、この少年はレオに、なんとしてでも一度空を飛んでみたいという希望を打ち明けた。父親の同意書を持ってくることを条件に、レオはこの少年の頼みをかなえてやることにした。翌朝、遠くから父の同意書をふりかざしながら少年がやってきた。少年は初めて空を飛んだ。もちろん、少年はウーデットである。

ウーデットは一九一三年、ギムナジウムの中等課程修了試験にどうにか合格し、父親にバイクを褒美に買ってもらった。ギムナジウム高等科に進学する気などウーデットにはなかったろうし、父のほうは家業の工場で仕事をさせようと考えていた。

第一次世界大戦勃発～操縦士になるまで

一九一四年八月、へぼ将棋指しの指し間違いのような形で第一次世界大戦が勃発した。普仏戦争以来四三年間続いたヨーロッパの平和は終わった。ドイツ・オーストリア軍は、一八九八年当時のドイツ参謀総長アルフレート・フォン・シュリーフェンが作成した第二次シュリーフェン計画に則り、フランス、ロシアとの二正面戦争に突入した。これは軍団を八個軍に分け、二四〇キロに及ぶ地形険阻なドイツ・フランス国境を持続正面として、第六軍、第七軍を配置し防御に専念させ、第一軍から第五軍の精鋭をもってベルギーを蹂躙、フランスの頭上から振り下ろす斧のようにしてなだれ込み、フランス軍を攻囲、第一～第五軍で構成される上あごと第六軍、第七軍の下顎に

オートバイ志願兵として1914年8月出征時の写真。皮のコート、ズボン、手袋、帽子はすべてオートバイを駆ってミュンヘンを走りまわりウーデット自身が調達したもの

敵軍を巻き込み噛み潰してしまおうというものである。かくフランス軍を六週間で殲滅した後は、第八軍と予備軍で防御させている東部のロシア戦線に、西部戦線から引き揚げた全軍を投入、ロシア軍を撃破するというものだった。結論から言うとこの作戦はうまくいかず、戦線は膠着し、戦争勃発四か月後の十一月には、ドイツ、フランスそれぞれの防御線はスイスからイギリス海峡にまで達し、両軍とも塹壕の中にこもってしまった。大きく上下に開いたドイツ軍の牙は、抜くもならず咬むもならず終戦まで続くのである。

戦争がはじまったとき、ウーデットは十八歳だった。しかし、肉体的にまだ生育しきっていなかった。八月二日、祖国のためにという熱意に燃えて、志願兵受付事務所に出頭したウーデットに、係官はすげなく言い放った。「部隊への採用は見込めないね。君は一六〇センチに足りん身長じゃないか」と。しかし、これしきのことでへこたれるウーデットではなかった。次に目をつけたのが、志願オートバイ兵だ。幸い父に買ってもらったオートバイがある。徴募の窓口となっていた、全ドイツ・オートモービル協会に早速登録すると、自分の前にまだ何人の申し込み者がいるのかを確認に、協会に日参した。彼の熱意が通じたのか、待ちに待った召集令状が届いた。この志願オートバイ兵というのは、オートバイ及び装備、戦場での食糧自前で前線部隊の後方で伝令を務める兵である。

一九一四年八月十八日、ミュンヘン中央駅を午後十時頃に、彼は西へと出征する。八月二十日、シュトラスブルク着。第二十六ヴュルテンベルク予備師団に伝令兵として配属され、同師団の駐屯地シルメックに向かってバイクを駆った。途上、負傷兵や捕虜の群れを見、遠く砲声の轟く音を聞く。彼が触れた最初の戦争の姿だった。

シルメックからさらに西に移動していくが、特別な成果もなく過ぎた。ただ、ミュンヘンから一緒にやってきた他の四名のうち二名がこの間に命を失っている。ウーデットもある夜、オートバイで走行中、砲弾孔に飛び込み、自前のバイクを大破してしまうという事故を起こした。

この事故の結果、自身は入院し、バイクはシュトラスブルクで徹底的に修理しなければならないことになり、修理をしているうちに所属師団はベルギーに転進してしまっていた。転進先のリュティヒに向かったが、リュティヒに着いた頃には師団はすでに別地に移動した後だった。しかも目下師団の所在不明ということで、そのままリュッティヒの軍用車兵站にポストを得て、一か月を同地で過ごした。

同地でいるあいだに飛行将校たちと知り合う機会があった。飛行将校の一人が操縦する機の偵察員席に乗せてもらい、ウーデットは飛んだ。少年時代の大空への熱狂が再び呼び覚まされる。ウーデットはこの飛行将校を頼って、ベルギーで飛行部隊に入る苦心をしたが、うまくいかなかった。そうこうするうちに、志願オートバイ兵として軍との契約が終了し、ウーデットは飛行士補充部隊に入隊しようという決意を胸に帰郷した。

飛行士補充部隊とは、軍の飛行士養成所である。当時、軍は飛行士の不足を補うため大々的に募集を行なっていた。入隊希望者は多く、しかも現役の士官や下士官が優先されたから、入隊申し込みを受け付けてもらうまでにウーデットは一ヵ月を要している。

そのうち、彼の耳に「入隊以前に所定の飛行教練を終了した飛行士はただちに採用される」という話が飛び込んできた。早速、少年時代板塀の隙間越しに覗いていた「オットー飛行機製作所」に照会したところ、グスタフ・オットー氏の理解も得られ、彼はここで飛行訓練を受けることができるようになった。一九一四年暮れのことである。ギムナジウムでは落第生であった彼も、昔なじみのオーバーヴィーゼンフェルトのオットー飛行学校ではよくがんばった。まさに水を得た魚だ。

当時の航空機の信頼性に関する面白い逸話をウーデットは書いている。いよいよ飛行試験を受けることになり、彼は自信たっぷりにその日を待ちわびていた。試験当日、飛行直前に整備士が彼にこう言った。「とにかく八分以内に降りてこい」と。それ以上はエンジンが持たないという理由だ。結局、エンジンは五分と持たず、試験は失敗に終わる。ただ、二回目はいいエンジンに当たり、見事に合格した。

ウーデットは飛行免状を手に、ミュンヘン郊外のシュライスハイム飛行士補充部隊への入隊申し込みを行なったのだが、今度は「若すぎる」という理由で追い返されてしまった。彼はダルムシュタットの飛行士補充部隊と、デベリッツの部隊にも申し込みを行なった。数日後には両方から電報で召集令状が届いた。ダルムシュタットからの方が少し早く届いたので、こちらに行くと決めた。

さて、いよいよダルムシュタットの第九飛行士補充部隊に入隊したわけだが、どういう手違いからか飛行科のほうには配属されず、地上勤務の中隊の方に入れられてしまう。なんとも苦労に満ちた飛行士への道程だ。いろいろ策を弄し、苦労を重ねた挙句に、飛行科を統括している士官に直訴してようやく飛行科のほうに回してもらうことができた。

草創期のドイツ陸軍航空隊（ルフト・シュトライト・クレフテ）

ここで少しドイツ航空戦力の状況について述べておきたい。一九〇九年は、ドイツ軍部にとっても航空兵力としての航空機がようやく視野に入った年となった。当時ドイツ参謀本部第二部長を務めていたエーリヒ・ルーデンドルフ大佐と部下のヘルマン・フォン・リートトムンゼン大尉が中心となり、航空兵力の充実に乗り出した。

ドイツ軍部の航空戦力についての考えは、空気より重い飛行機に関しては否定的であった。機体構造が複雑で、操縦には特殊な身体的能力を必要とする上に、信頼性に欠け危険であり、飛行速度が速すぎて空中からの偵察には不適というのが理由だった。しかもドイツにおいては飛行船の設計、製作は世界最高の水準に達していたから、飛行船だけで十分空を制することができるという考えが支配的だった。一八八四年には最初の飛行船研究部隊が編成されている。以後、軍の予算は飛行船につぎ込まれ、航空機の開発については民間の自発的努力にゆだねられていた。

ルーデンドルフとトムンゼンにとって喫緊の課題は、フランス航空界の後背に迫り、多少なりともその差をつめていくことにあった。ドイツ皇族の中にも航空機の軍事的未来に目を開いていた者たちがいた。ヴィルヘルム二世皇帝の弟アルベルト・ヴィルヘルム・ハインリヒ王子とフリードリヒ・ヴィルヘルム皇太子である。ハインリヒ王子は一九一〇年自ら民間飛行免状を取得しているほどの飛行機通だった。

こうした人々の圧力もあって、ドイツ戦争省は重い腰をあげ、軍の採用仕様を示した。つまり、複座、航続距離二〇〇キロ、最低速度時速六〇キロ、巡航高度五〇〇メートル。あらゆる方向に飛行可能で、乗員に危険なく着陸できるものというものだった。当時のドイツの技術力では無理な話だ。どうしてもフランス等先進国の機体のライセンスを取って、優秀なドイツ人技師に製作を支援させる以外道はなかったのだが、どういうわけか試作機の設計、製作をシュツットガルト出身のW・ジークフリート・ホフマンという、政府関係の無名の建築家に委託してしまった。とにかくホフマンは五万マルクかけて、ライト兄弟の「ライト・フライヤー」そっくりのプッシャー式複葉機を、シエーネベルクの試験場で作り上げた。

一九一〇年夏、軍の歴々が見守る中、テンペルホフの野原でこの機体は初飛行を行なった。操縦者はドイツ軍操縦士としては第一期の一人であり、飛行船大隊から、新規に航空部隊を編成するためにやってきたヴォルフラム・ド・ル・ロワ大尉である。結果は惨憺たるもので、機体は離陸用のレールから飛び上がり、数メートル浮揚したかと思うとすぐに墜落大破してしまった。幸いロワ大尉にけがはなかったが、当時のドイツ陸軍航空隊の有様を如実に表している。ことほどさように航空機という分野において、ドイツはフランスと比べはるかに後進国だったのである。

ゲオルク・パウル・ノイマンの「大戦時のドイツ空軍」にフランス、ドイツの航空兵力に関し、一九〇九年から一九一二年までの予算、乗員数等に関する数字があるので紹介しておく。

航空兵力予算比較	フランス（単位：フラン）	ドイツ（単位：マルク）
一九〇九年	二四〇、〇〇〇	三六、〇〇〇
一九一〇年	二、六〇〇、〇〇〇	三〇〇、〇〇〇
一九一一年	九、七七〇、〇〇〇	一、三〇〇、〇〇〇
一九一二年	二四、〇〇〇、〇〇〇	四、八四三、〇〇〇

（内一二、〇〇〇、〇〇〇は追加補正予算額）

操縦士及び偵察員数	フランス（単位：人）	ドイツ（単位：人）
一九〇九年	一〇	〇（〇）
一九一〇年	四〇	八（〇）
一九一一年	七三	二五（一八）
一九一二年	二三四	五〇（約七〇）

＊カッコ内の数字は偵察員数。一九〇九年から一九一一年までのフランス軍偵察員の数については不明だが、一九一二年時点では約二一〇名となっている。

保有航空機数	フランス（単位：機）	ドイツ（単位：機）
一九〇九年	不明	〇
一九一〇年	不明	五
一九一一年	約七〇	約二五
一九一二年	三四四	一〇〇

両国の歴然たる差にちょっと何と言っていいか言葉につまるほどである。

　さて、草創期のドイツ陸軍航空隊がどんなものであったか具体的なイメージを得るために、アルフレート・マーンケの回想録から当時の状況を紹介したい。ちなみにこのマーンケは大戦を生き抜き、ヒトラーの第三帝国時代には、空軍において要職にあった人物だが、本書『わが飛行家人生』を好ましからざる図書として、空軍図書館から追放した人物でもある。

　マーンケは友人の勧めで、航空隊に転属し、飛行機の操縦を習うことになった。飛行場も小さく、十分な訓練が行なえるようなものではなかった。飛行訓練も実に冴えなかった。訓練用の機体はほとんど常時一機だけで、しかも先輩たちが優先的に使用するから、後から入ったマーンケなどは、ただ地上で先輩が飛ぶのを眺めているだけだった。

　このころの訓練と称するものは、離陸して、飛行場周辺の木立のまわりを一、二回周回して着陸という単純なものだった。後、ウーデットが最初に配属された作戦部隊第二〇六野戦飛行部隊の指揮官マッケントゥンやチューナといった、いわゆる練達のパイロットだけが、冒険的に隣村あたりまで飛ぶことが許されたが、この間もエンジンがいつ止まってしまうかわからないので、常に飛行場を視野に入れながらの飛行だった。飛行機乗りはやぶにらみがいいという冗談があった。片方の目で飛行前方をにらみ、もう片一方の目で常に不時着場所を探していなければいけなかったからだ。また、不時着に備えて交換部品や工具を積んだ車が飛行機と並行して地上を走った。

ドイツ陸軍航空隊、当時はルフト・シュトライト・クレフテといった。もちろん海軍航空隊も存在していたが、その真の形を獲得するにはなお幾多の紆余曲折を経なければならなかった。ルーデンドルフ、トムンゼンの線から火をつけられてのことだろうが、フランスの航空優位に危惧を覚えた参謀総長ヘルムート・フォン・モルトケは一九一二年九月二十六日、航空兵力の拡張計画書を提出、同年十月、不十分ながらも航空部隊の一応の成立を見る。このようやく成立した航空部隊の姿にもドイツという国家の特殊性が垣間見られる。

国家としてのドイツ、ドイツ人という国民意識が生まれてきたのは一九世紀初頭以後、ナポレオンがヨーロッパから追放されて後のことである。一八六六年のプロイセン・オーストリア戦争（普墺戦争）、一八七〇年から一八七一年のプロイセン・フランス戦争（普仏戦争）における勝利の結果、プロイセン王ヴィルヘルム一世は、ヴェルサイユ宮殿で統一ドイツの皇帝となる。それ以前は、ドイツという地域は多数の領邦国家、自由都市が、それぞれ独立して存在するドイツ語を話す人々の住む領域に過ぎなかった。一八七一年一月十八日、ドイツ皇帝の即位をもって、ドイツ帝国が成立した。それゆえ、バイエルンのようにドイツ帝国の中にありながら、陸軍部隊、航空部隊を独自に保持する王国があった。

話を戻して、同年十二月二十一日にモルトケはベートマン首相に対し航空兵力指揮系統の独立を提唱したが実現に至らなかった。一九一三年になって組織上に変化が現われはじめる。十月一日に「飛行兵団監理局」が創設されヴァルター・フォン・エーベルハルト大佐が局長に就任。指揮系統図上では軍事省―軍事輸送総監部―航空及び車輛監理部の下に置かれることになった。飛行兵団監理局の下に野戦航空部隊、要塞航空部隊、中間航空兵站部隊、操縦士養成部隊の四部隊がそれぞれ置かれた。

軍事輸送総監部はそもそも兵站をつかさどる後方部署であって、前線での作戦部隊ではない。また、各飛行部隊は「野戦飛行部隊（フェルト・フリーガー・アップタイルング）」として軍事偵察を主任務として各軍団に割り当てられ、さらに軍の地上部隊に一部隊宛六機を分置されたが、基本機数がそろわないところも多く、そのうえ機種がばらばらであったため、補充機材の統一に欠け、運用が複雑にならざるを得なかった。しかも、細分化された部隊編成では航空部隊指揮官は地上部隊指揮官の下風に立たざるを得ず、常に地上部隊の気まぐれかつ無定見な要請に従属せざるを得なかった。

戦地上空

ウーデットに話を戻そう。一九一五年九月、第九飛行士補充部隊から、ハインリヒクロイツの砲兵第二〇六飛行部隊に転属となる。本書にあるように、ユスティヌス少尉に引き抜かれたのである。少尉の名はブルーノ・ユスティヌスといい、同飛行部隊の指揮官だった。二〇六飛行部隊はほんの一月ほど前、八月六日に編成されたばかりの部隊で、その名が示すように砲兵隊の着弾観測、砲撃支援、偵察を主任務とする。このころ、新飛行隊の編成にあたっては、軍から回される人員もあったが、不足分は指揮官自ら飛行士補充部隊に出向いて、これはと思う飛行士のスカウトを行なわねばならなかった。

偵察員徽章（左）とパイロット徽章。正規訓練の修了者に与えられるもので、パイロット徽章については再建ドイツ空軍（ルフト・ヴァッフェ）の将官たちもそのまま制服の左下に佩用している。レリーフされた機体はタウベ

複座の航空機の場合、飛行士、偵察員にとって重要だったのは、誰と組むかだった。一機の航空機に乗って運命を共にするのだから、お互いの技量、肝の太さに信頼がなければならないし、なによりも馬が合わなければやっていけない。この飛行士と偵察員の関係を「結婚」と彼らが呼んだのもうなずける。

パイロットをエミール、偵察員をフランツ

と呼んだ。初期のころの偵察機は前席に偵察員、後席にパイロットが乗っていた。二〇六部隊で二人が乗っていたのはアヴィアティクBI偵察機だが、これも偵察員と操縦士は同じ並びだ。

　フランツという言葉は、搭乗員仲間の用語「フェアフランツェン」という動詞から来ている。この単語の意味は「道に迷う」ということだが、マーンケによれば、往々にして自分たちが今どこを飛んでいるのか、どこに向かって飛んでいこうとしているのか、偵察員にさっぱり分からなくなってしまうことがあった。つまりフェアフランツェンしたのである。そこから偵察員はフランツと呼ばれるようになったのである。偵察員が居眠りをするということもよくあった。

　こうなるとどこをどっちに飛んでいるのかわかるわけがない。そのころの地図もいつも役に立つような代物ではないから、操縦士は常に地上の目標物を確認しながら低空で飛ぶか、あるいはどこか適当な空き地に着陸して、村人にどっちに飛んでいけばいいのかを聞かなければならないことになってしまう。いかにものんびりとしたものだが、もちろんこれは戦前の話だ。フランツという綽名にはそういう伝統があったわけである。飛行士仲間だけで通用する言葉はほかにもあった。ウーデットがハプスハイムの単座戦闘機分遣隊に転属になったとき、伝令兵が彼に向かって「ご無事で（グリュックアップ）」というが、これもその一つだ。飛行士同士の挨拶である。無事に降りてくるようにという意味だ。

　ウーデットが回想しているように、一九一五年夏、第二〇六野戦飛行部隊に配属されたころの彼らの戦区の空は、まだ穏やかだった。駐屯地はシュリーフェンの下顎に当たる部分、つまり防御を専らとする西部戦線左翼に位置し、戦線右翼、つまりベルギー・フランス国境の戦線に比べれば、戦況は穏やかであったからだ。

戦争が始まったころは、航空機の本務たる偵察も副次的なものと考えられ、あくまでも騎兵による偵察に力点が置かれていた。しかし、戦線が膠着し、塹壕戦が始まると、鉄条網と機関銃に阻まれて騎兵はまったく役に立たないものとなってしまった。俄然、航空機に対する期待が高まってくることになる。この間、写真及び解析の技術も大きく進歩した。

航空機に機銃を搭載するという考え自体は一九〇九年あたりからすでに議論の対象となっていたが、どこに搭載するか、また馬力不足の航空機に積み込むために、機関銃をいかに軽量化するかということが問題だった。戦前においては、これはあくまでもアイデアであったに過ぎない。航空機の運用目的として偵察についで軍が関心を示したのは爆弾だ。ただ大戦初期の航空機は馬力に欠け、積載可能荷重が貧弱だったため多量の爆弾を積むことはできなかった。こうした問題の解決のため、一九一五年春を転機として航空機の開発競争も本格化していく。

本書第一章「敵地上空」の中で、ヴォージュ山脈にある要塞爆撃に際し、ペグーという名が不気味に搭乗員の間で囁かれる。アドルフ・セレスタン・ペグー、フランスのエースの名である。しかし、ペグーは一九一五年八月三十一日に戦死しているから、ウーデット達が参加した爆撃行のときにはすでにこの世の人ではなかった。

航空戦の推移の中で必然的なことではあったが、積極的に敵機を攻撃、撃墜するという新しい血を持ったパイロットたちが生まれてくる。最初に現われたのはフランスにおいてだった。先のペグーとロラン・ギャロである。

民間飛行家としてヨーロッパ中にその勇名を轟かせていたペグーは、大戦が始まったとき、米国の飛行大会に向けて旅立つ直前だったが、すぐに軍に志願し、一九一四年一〇月西部戦線に従軍した。機体に武装がないことに不満を持った彼は、自分の乗機に機関銃を搭載させ、偵察員に操作させることにした。第二十五飛行中隊(エスカドリル)所属の操縦士として六機のドイツ機を撃墜、八月二十八日、レジョン・ド・ヌール勲章を受勲したが、三日後の三十一日、プティ・クロワ上空での空戦で戦死した。

ロラン・ギャロも民間飛行家から軍に志願した一人だった。彼を有名にしたのは、機首に固定し、プロペラ回転面の向こうから機銃を発射する仕掛けを、未完成ながら実際自分の乗機に積み込み、航空戦の様相を一変させてしまう、一つのきっかけとなったことである。

同調式機銃の登場

回転するプロペラの間から、前方に弾丸の飛び出す、同調式機銃のメカニズムは、一九一三年七月十五日、スイス人技師フランツ・シュナイダーが特許を取ったものが最初である。彼はプロイセン軍事省にこの特許を売り込もうとしたが、関心を示されなかった。他方フランスにおいても、一九一四年春頃からモラーヌ・ソルニエ社のレイモン・ソルニエが、回転するプロペラが銃口の前に来たときに弾丸が出るのを止めるインタラプト・ギアについての研究を行なっていた。しかし、戦争勃発の時点で、ソルニエはこの研究を中止していたのである。後に、ロラン・ギャロが彼のもとを訪ね、ソルニエとプロペラ回転面から射撃が可能なメカニズムについて、再度の開発に取りかかることになる。

戦争勃発直後の九月、シュナイダーの特許はドイツの航空マガジン「航空スポーツ」誌に掲載されているから、航空関係者にとってこのアイデアはある程度知られていたものと思われる。事実、シュナイダーの考案に刺激されて、フォッカー社では同調式機銃についての研究が進められていた。

ソルニエは、安全を期するため、同調機構に追加して、逆V字型の金属板カフスをプロペラのブレードに取り付け、万一プロペラに当たった場合、弾丸を弾き飛ばすような仕組みを考え、ギャロは実際にこの逆V字型の鎧をプロペラに被せて実戦に出た。一九一五年四月一日のことである。彼はこの機体で三機の撃墜を記録している。

四月十九日、地上砲火でギャロはドイツ軍防御線内に不時着し、機体を焼却する間もなく捕虜となってしまった。鹵獲されたギャロの機体の調査はフォッカーにゆだねられた。アントニー・フォッカーにプロペラの回転面を通して発射可能な武装の調査及び開発が任せられたのは、フォッカー社ですでにある程度このアイデアについての研究が進んでいるという認識が軍にあったのだろう。アントニー・フォッカーは後年彼の自伝の中で、軍の依頼を受け、四十八時間、寝食を忘れて取り組み、機銃の同調式機構を完成させたと書いているが、どうもこれは真実ではないようだ。実際の開発に当たったのは同社のハインリヒ・リュッベという技術者だった。

最初の空戦

一九一六年九月二十四日、ウーデットの人生にとって大きな転機となる事件が起こる。二回目の墜落である。ウーデットは十四日ほど野戦病院で過ごした後、事故の責任を取らされて、ノイブライザッハの北二キロのところにあるディースハイムの軍刑務所で七日間の禁錮に処せられてしまった。禁固を解かれて、ハプスハイムの単座戦闘機分遣隊への転属を命ぜられる。

十一月二十八日、彼は軍曹に昇進した。翌二十九日、第六十八野戦飛行部隊に正式に着任した。ハプスハイムの飛行場はミュールハウゼンの北五キロ、ハルヴァルトにあったが、ここには第六十八野戦飛行部隊とともにAEG GⅡ型双発爆撃機配備の第四十八野戦飛行部隊が駐屯していた。ハプスハイムの単座戦闘機部隊は第六十八、四十八野戦飛行部隊所属の隊員で構成され、公式にはすべて、第六十八部隊の傘下にあった。この部隊の司令は前に少し触れたが、草創期のパイロットの一人であるヴァルター・マッケントゥン大尉である。ウーデットの戦闘部隊は彼を含め四名のパイロットから成っていた。指揮官プフェルツァー少尉。ヴァインゲルトナー准曹長、グリンカーマン軍曹、ウーデット軍曹である。後、第三十七戦闘飛行中隊（ヤークト・シュタッフェル37）に転属したいと彼が手紙を書いたクルト・グラスホフ少尉とは同地で親交を結んだ。この部隊ではウーデットに新しい綽名が奉られた。「クネッゲス」あるいは「クニルプス」、いずれも「ちびすけ」という意味である。

フォッカー・アインデッカー（写真はマックス・インメルマン）。プロペラ回転面を通して機銃弾を撃てる同調式機銃を搭載、連合軍を震撼させた

フォッカーの懲罰（フォッカース・スカージ）の立役者2人。中央オズヴァルト・ベルケ、右はマックス・インメルマン

一九一五年の夏、すでに西部戦線右翼ではフォッカー・アインデッカーが、空対空の戦術確立者であるオズヴァルト・ベルケや、リールの荒鷲と呼ばれたマックス・インメルマンといった名手を得て猛威を振るってい

た。いわゆる「フォッカーの懲罰(フォッカーズ・スカージ)」と呼ばれた期間で、翌年の春過ぎまで続く。

しかしウーデット達がいる戦線左翼の空は依然として穏やかで、単機戦線に沿って飛び、ドイツ側に偵察や爆撃を目的に侵入する敵機の阻止に精をだしていた。

一九一六年一月十三日、ベルケとインメルマンが操縦士として初めてプール・ル・メリット勲章を受勲した。共に撃墜八機である。通常、五機以上の敵機を撃墜したパイロットをエースというが、この呼称はフランス語のアスに由来する。アドルフ・ペグーをフランスの新聞がこの名称を使って称賛したのである。ナンバーワンパイロットの意味だ。イギリスはスター・ターンと呼んだ。このスター・ターンというのは本来ショービジネス用語で呼び物、見世物の意味だが、個人の突出を嫌うイギリス的嫌みが効いている。ドイツでは四機以上撃墜したパイロットのことを大砲(カノーネ)と呼び、エースは一〇機以上の戦果を挙げた者をそう呼んだ。アメリカの参戦は一九一七年四月六日で、実際の交戦期間はさらに短かったため、独自に五機撃墜をもってエースと呼んだが、それがそのまま世界標準となったのである。

一九一六年三月、ウーデットの部隊は公式にハプスハイム単座戦闘機分遣隊(KEK)となった。三月十一日には、ヴェルダンの戦区において、航空部隊の改編があった。単座戦闘機分遣隊を統合して最初の戦闘グループ(ヤークト・グルッペ)が編成された。グルッペとは後の飛行戦闘中隊(ヤークト・シュタッフェル。略してヤシュタ)や飛行戦闘戦隊(ヤークト・ゲシュヴァーダー)のように固定した部隊ではなく、その時々の必要に応じて集散離合する戦闘単位である。しかし、ウーデット達の眠れる戦線に変化はなかった。

三月十三日、准曹長に昇進。五日後の十八日、最初の撃墜戦果をあげた。撃墜戦果の公認については、ドイツが最も厳正に行っていた。相手機種、時間、場所、撃墜に至る状況、相手機に対する損傷の具合等を記録した本人の撃墜公認申請にそえて、同僚あるいは味方地上部隊の複数の証言が必要であった。フランス軍もドイツの方法と類似の方法を取ったようだが、ウーデットに言わせるとドイツ側ほど厳正ではなかった。イギリス軍は少し違っていた。そもそも軍における個人的英雄の突出を嫌っていたのだが、前線の報道記者がアルバート・ボールのような、いかにも新聞向きのハンサムな撃墜王を見つけ出して紙面に書き立てたので、不承不承個人戦果の発表をやりはじめたが、撃墜公認については本人よりも僚機の証言が重要視された。

三月二十日、第一級鉄十字章を、四月十七日には栄誉の盃「空戦の勝利者」を受けた。このカップは誰であっても一つしかもらえないものなので、パイロットたちに特に大切にされた。この後、十月まで戦果のあがらない日々が続く。この原因をウーデットは対峙するフランス軍航空部隊の不活発さのせいだとしている。フランス航空部隊はほとんど前線に姿を現さなかったからだ。ウーデットはなかなかのアイデアマンで、いろいろ工夫をしている。ニユーポールの張りぼてをこしらえて、射撃訓練をやったのもその一つだが、もう一つ、乗機の座席の後ろに、ブリキでこしらえた人間の頭部を後ろ向きに取り付けたのだ。目的はもちろん複座機に見せかけて後方から迫ってくる敵をひるませるためのものだ。しかしこれは効果がなかった。

八月になると再度航空部隊の編成に大きな変更があった。二十三日、ベルタンクール駐屯の北部単座戦闘機分遣隊がヤシュタ1に改編され、同月二十八日には、同じくベルタンクール駐屯の分遣隊がヤシュタ2に改編された。指揮官はオズヴァルト・ベルケである。ウーデットのほうはと言えば、ヴォージュの戦区は相変わらず穏やかで、差し当たって編成替えの波もここには及ばず、戦果のあがらない飛行任務を続けていた。

ヤークト・シュタッフェル（略してヤシュタ）を飛行戦闘中隊と訳したが、ヤークトというのはそもそも狩猟、狩りを意味するドイツ語で、大空で敵の航空機を狩るというわけだ。戦闘機のこともヤークト・フルークツォイクという。戦うという意味のカンプフに飛行機という単語フルークツォイクをくっつけて、カンプフ・フルークツォイクというのは、攻撃機、爆撃機を意味する。一ヤシュタは基本パイロット一二名、機数は予備機含めて一四機という構成だ。単座戦闘機分遣隊はパイロット四名編成だから、分遣隊三個を統合した規模になる。単座戦闘機分遣隊は、一九一六年夏から順次ヤシュタに再編されていくことになる。

秋になって、ようやくウーデットの分遣隊もヤシュタ15として再編された。十月八日、公式な配属命令が出た。この十月八日はドイツ陸軍航空隊にとっても特別な日となった。全航空部隊及び全対空砲火部隊が航空隊総司令部に統合されたのである。この日をもってようやく、第一次大戦におけるドイツ陸軍航空隊が真に成立したと言える。総司令官はエルンスト・フォン・ヘップナー少将、参謀長はトムンゼン大佐が任命された。

十月十七日、ウーデットは予備少尉候補者に補せられ、十一月十四日には十字剣付ヴュルテンブルク勲功章を受けている。翌十五日には准尉に昇進した。十一月二十日、ドイツ陸軍航空部隊はさらに関係部隊の統合を進め、二十九日には、各地上部隊に配されていた隊付航空参謀将校を、改めて飛行部隊指揮官に補して、各部隊の指揮を取らせた。この時点でヤシュタの数は三三を越えたが、全ヤシュタに定数の一四機配備が実現されたわけではなかった。すでにフォッカー・アインデッカーは前線から姿を消し、代わって複葉のフォッカーDⅢ、ハルバーシュタットDⅡ、アルバトロスDⅡが前線に配備されていた。

一九一七年十月二十二日、予備少尉に任官。給与は操縦士手当一五〇マルクを含め月給四六〇マルクとなった。戦争の激化とともに使用機の交代も頻繁となる。ウーデットの乗機もアルバトロスDⅢに代わっていた。彼が乗機に恋人の名「ローー」と書き始めるのはこのころからである。

写真はリヒトホーフェンが最初に指揮を執ったヤシュタ11所属のアルバトロスDⅢ。手前から2機目はレッド・バロンことリヒトホーフェンの乗機。時期は1917年初頭

激戦の地へ

一九一七年二月末、ついにヴォージュの眠れる戦線を去るときがやってきた。三日三

晩列車での移動の後、彼らが着いたのはランスの東約三〇キロにあるシャンパーニュ地域だった。移動の目的は、この春にランスとリールの間で予想されるフランス軍の軍事攻勢に備えての兵力増強、すなわちいわゆるジーグフリート線での攻防である。彼らが駐屯したのはル・セルヴという村だった。その南西三七キロにあるラ・ボンヌ・メゾン近郊の飛行場にはフランス軍が航空兵力を集結しつつあった。

三月三日、ウーデット達ヤシュタ15の出撃準備が整った。三月二十五日、ラ・ボンヌ・メゾン近郊の飛行場にフランス空軍第十二、十三、十四戦闘中隊が到着。ここからさらに南にフランス空軍第十一戦闘中隊が配置された。かくしてヤシュタ15はフランス空軍の精鋭部隊と対峙することとなった。このフランス軍には、二十二歳のジョルジュ・ギヌメール大尉率いる伝説の第三SP戦闘中隊、いわゆる「こうのとり中隊（エスカドリル・シゴーニュ）」も配置されていた。前線はウーデットの部隊から南二五キロにあった。

フランス軍の主力機はスパッドⅦ、一五〇馬力イスパノスイザ8Aaを搭載した高速かつ堅牢な新鋭機だった。アルバトロスDⅢよりも二〇キロ速く、ヤシュタ15が使っていたハルバーシュタットDⅡよりは三〇キロ速かった。

フランス軍の攻勢は四月七日に始まった。歩兵部隊突撃前の一〇日間に及ぶ集中連続砲撃で、一帯が砲弾孔と化した。さしあたり活発な航空戦はなかった。しかし、砲撃が止もうとするころから、ヤシュタ15ドイツ戦闘機隊は恐ろしい消耗戦を強いられることになる。

四月十六日、ハンス・オラーフ・エッサー少尉戦死、二十三歳。二十六日、指揮官ラインホルト中尉戦死。四月三十日、ラインホルト中尉に代わって、ハインリヒ・ゴンターマン少尉が指揮官として着任した。ウーデットとは同い年である。部隊はこの後すぐル・セルヴから ボンクールに移動。五月十七日にはゴンターマン少尉はプール・ル・メリット受勲に伴う四週間の休暇に出発してしまい、その間、ウーデットが代理でヤシュタの指揮を取った。五月二十五日、エーベルト・ヘーニッシュ少尉（プッツ）戦死、二十二歳。ミュラー軍曹戦死。五月二十九日、ヴィリー・グリンカーマン准曹長戦死、二十歳。

フランスを代表する撃墜王ギヌメール

六月四日、アイヒナウエル准曹長が戦死した夜、ウーデットはハプスハイム時代の友人グラスホフに転属希望の手紙を書く。すでに中隊には彼を含め四名が残るのみとなっていた。ウーデットが、グラスコフ指揮下のヤシュタ37に転属したのは、約一か月半後の八月六日だった。この夏、後年それぞれの人生が交錯する因縁を持った四人が、同じ戦区で戦っていた。本書の主人公エルンスト・ウーデット、ヤシュタ27の指揮官ヘルマン・ゲーリング、第五野戦飛行大隊指揮官代理エアハルト・ミルヒ、そしてアドルフ・ヒトラーである。

六月二十四日、ドイツ陸軍航空隊総司令部はさらに部隊の改編を行なった。西部戦線ほぼ全域で展開されている、航空戦の激化に対応するためである。戦争勝敗の要となる重要戦線に投入し、制空権の確保、維持を目的として、従来のヤシュタを統合した戦隊（ヤークト・ゲシュヴァーダー）が編成された。このためヤシュタ4、6、10及び11が統合されて第一飛行戦隊（ヤークト・ゲシュヴァーダーI）となった。赤男爵（レッド・バロン）ことマンフレッド・フォン・リヒトホーフェンが率いる最強飛行戦隊の誕生である。

ヤークト・ゲシュヴァーダーの構成についてはあまり知られていないので、ここで述べておこう。四個のヤシュタ（基本パイロット数一二名）をもって一ゲシュヴァーダーとするわけだから総パイロット数は単純計算すれば四八名となるのだが、整備兵、地上勤務の兵員等を合わせるとかなりの数になる。以下に示しておく。

◇戦隊構成総人員

年月日	一九一八・四・三十	七・三十一	八・三十一
士官（含医官・事務官）	五三	四六	五一
下士官及び兵員	五一一	四九五	五九一
計	五六四	五四一	五七〇

〈各ヤシュタ構成人員：一九一八年四月三十日現在〉

	士官数	下士官及び兵	計
ヤシュタ4	一三	一一七	一三〇
ヤシュタ6	一三	一二四	一三七

リヒトホーフェン戦隊初代戦隊長、赤い男爵（レッド・バロン）リットマイスター・マンフレート・フライヘル・フォン・リヒトホーフェン。ゴージャスな毛皮に身を包み、一種独特な人間磁場を発散させている

ヤシュタ10　一一　一一五　一二六
ヤシュタ11　一六　一五五　一七一

ヤシュタ11はもともとリヒトホーフェンの中隊であり、ここに司令部を置いたので、士官数には戦隊長（リヒトホーフェン）、副官（ボーデンシャッツ）、技術士官、主計長一名が上記数に含まれ、下士官及び兵員数も司令部付きの兵員六二名を含んだ数となっている。従来のヤシュタもパイロットの数こそ少ないが、部隊に付随する人員は一〇〇名を越えていて、整備兵はもちろんのこと、家具、兵器等を製作する、修補科や工作科に所属する兵、兵員の糧食、被服、生活業務、経理事務などをつかさどる主計科に所属する兵、その他あらゆる業種の兵がいて、隊内で生活のすべてが完結される独立した集団であった。

七月三十一日、イギリス軍による第三次軍事攻勢がイーペルで始まった。春のフランス軍主導の軍事攻勢はドイツ側が戦線を縮小し、ジーグフリート線（要塞化されたドイツ軍防御線）で防御に徹した。この結果フランスの軍の攻勢は所期の目的を達成できず、かえって甚大な兵員の消耗を来したことから、フランスのペタン将軍はこの責めを負って更迭された。代わってイギリス軍のヘイグがこの攻勢の指揮を取った。

八月六日、ウーデットはフランスの工業地帯ドゥエの北一〇キロに駐屯するヤシュタ37に転属した。イギリス軍の第三次攻勢に対応するため、部隊はドゥエの北一〇キロに駐屯していた。イーペルは駐屯地の北わずかなところにあった。ウーデットたちの宿営地は、飛行場そばの古城にあったが、この城は「飛行家の城」と呼ばれていた。ウーデットはここで、友人グラスコフに温かく迎えられ、新部隊の隊員たちとも親しくなった。ヴァルトハウゼンという中尉とは特に懇意になった。ヴァルトハウゼンはバイエルン第九ｂ（バイエルン）野戦大隊からヴァレンシエンヌの戦闘機操縦士学校を経て、ヤシュタ37に配属されていた。ヤシュタ37の飛行場から西約二〇キロのところに、イギリス軍の飛行場があった。これまではフランス軍が相手だったが、ここで初めてイギリス軍と対峙することになった。飛行士仲間の間では、フランス軍パイロットよりもイギリス軍パイロットたちが敵手として好まれた。フランス人たちの飛行は戦術的により繊細、洗練され、つまりギヌメールのように太陽を背にした奇襲攻撃を多用し、しかもなかなか戦線を越えてドイツ軍防御線内に入ってはこない。遭遇しても形勢不利と見るや、戦わず自戦線に引っ込んでしまうので、空戦に持ち込んで撃墜するのは、ほとんど僥倖に近いものだと考えられていたが、ゲルマンの血筋で言えば、従弟くらいに当たるイギリス人たちは勇猛果敢で、形勢不利と見ても空戦を受けて立つ猛者が多いというのが、イギリス軍パイロットに対するドイツ軍パイロットたち一般の評だった。

差し当たり部隊の活動は間隙が多く、ウーデットはヴァルトハウゼン中尉との空戦訓練に励んだ。このヴァルトハウゼンは、乗機のアルバトロスＤＶに星と月を描かせ、六機撃墜の戦果をあげたが、九月二十七日係留気球攻撃の折に撃墜され、英軍捕虜となり、戦後帰国した。

八月十三日、ヤシュタ37着任後、最初の撃墜を記録する。パイロットはイギリス人で使用機はフランスのニューポール17型だった。ウーデットの撃墜記録は九となった。

撃墜数の多寡は、もちろんパイロットとしての技量が大きくものをいうが、それはかりではない。いつどの戦線で、誰と戦っていたかということも大きく影響している。第一次大戦の航空戦においてドイツのパイロットたちにとって、いわゆる稼ぎ時というのが二回あった。同調式機銃を搭載したフォッカー・アインデッカーが猛威を振るい、連合軍のパイロットたちが「フォッカーの懲罰（フォッカース・スカージ）」と呼び、自分たちを自虐的に「フォッカーのまぐさ（フォッカース・フッター）」と呼んだ、一九一五年夏から一九一六年春にかけての時期と、一九一七年四月のいわゆる「血まみれの（ブラッディ）四月（エイプリル）」と言われた時期である。いずれも討たれ役となったのは、大胆と言うよりも向こう見ずなイギリス軍だった。

この第一期のフォッカーの時代に荒稼ぎしたのが、ベルケ、インメルマン、戦闘機パイロットには珍しい眼鏡の撃墜王クルト・ヴィントゲンスといった名手たちだった。ウーデットがハプスハイム単座戦闘機隊に転属し、フォッカー・アインデッカーを乗機としていたのは、一九一五年十一月末だから十分この期間に入るのだが、いかんせん相手は用心深いフランス軍パイロットで、かつまた彼の前線は眠れるヴォージュであったため、この好機に乗ずることはできなかった。

このころウーデットが乗っていた機種はアルバトロスＤＶであったと思われる。彼は乗機を黒く塗装し、「ロー」と識別標識を描かせていた。八月二十一日にはイギリス軍の新鋭爆撃機デ・ハヴィランドＤＨ４を撃墜している。この機体は複座だがロールスロイス・イーグルⅢ二五〇馬力を搭載し、最高速力時速一九〇キロとほぼアルバトロスと同等だった。少し間をおいて、九月十七日にデ・ハヴィランドDH5を一機、二十四日にはリールの北西約二キロの上空でさらに一機を撃墜し、総撃墜数を一二とした。

ヤシュタ37に移動命令が下る。ドイツ軍が防御戦を強いられているフランドルへの移動だ。新しい駐屯地はベルギーの古都ブリュージュの南一六キロに位置するヴィンゲネという村だった。海まで四〇キロ。ここからは一〇〇メートルも上昇すれば、西にイギリス海峡の青く波立つ海が見えた。前線はヴィンゲネの西三〇キロのあたりを、ベルギー軍陣地のあるイーゼルの脇を通って伸びている。ドイツ航空兵力が次々とこの前線に投入された。ヴィンゲネにはヤシュタ37のほか、第四支援中隊（シュッツ・シュタッフェル）、ミスフェルダー中尉指揮の第十二支援中隊、ダニール大尉指揮の第四十飛行部隊が駐留し、先行する地上軍を機銃、小型爆弾で支援するほか、朝夕の偵察に当たっていた。

本書の中に、戦後アルゼンチンのホテルのバーでウーデットがアメリカの学生に喧嘩を売られる場面がある。この青年はウーデットがドイツ人だということを知ると、「フン」という言葉で、正にフン慨するが、これはドイツ軍がベルギー侵入に際し行なったとされるベルギー国民に対する虐殺行為を指している。確かに抵抗する市民にドイツ兵は発砲したし、血腥い事件もあったが、これはドイツ軍の暴虐に対し国際的な非難を煽るための連合国側のプロパガンダ的要素の強いものだった。フンとはもちろんかつてヨーロッパを蹂躙したアッチラ大王のフン族のことだが、ドイツ兵、ドイツ人を蔑称してフンともいう。

九月二十八日、この日初めて一日二機の撃墜を記録する。帰投後、ヤシュタの中隊長で友人のグラスホフから、自分がここを離れた後は、この中隊の指揮を取るようにとの話があった。グラスコフはすでにマケドニア戦線への転属願いを出していた。

十一月七日、ウーデットはヤシュタ37の指揮官任命の辞令を正式に受けた。二十二歳、開戦から三年が経っていた。狭い領域の中に、集中的に配備された航空部隊間で、当然のことながら部隊間の行き来が生じた。ヴィンゲネの客人の中で一番の有名人はリヒトホーフェンだった。彼は長時間、ヴァルトハウゼンを交えてウーデットと話し込んだ。先に書いたようにヴァルトハウゼンは九月二十七日に撃墜されているから、それ以前のある日、ウーデットがヤシュタ37の中隊長に任命される前の話だ。

十二月十五日、ロシアで起こった革命の結果、ドイツとロシアの間にブレスト・リトウスク条約が結ばれ、東部戦線のドイツ軍は撤収され、西部戦線に投ぜられた。

一九一八年の年明け早々の一月六日、ウーデットは一七機目の撃墜戦果をあげた。ここから半月ほど撃墜戦果に間隙が生まれる。一月二十一日から始まっていた新鋭試作機の飛行審査選定会に参加するため、戦線を離れベルリンにいたのである。この選定会はもちろん各航空機製造会社の新作試作機を乗り比べて、前線に送るための最優良機を選定しようという新たな試みで、今回が第一回目だった。実際に試作機を飛ばして評価を行なうパイロットたちは、前線から一時的に呼び戻されたドイツ空軍のエリートたちだ。プール・ル・メリット勲章を胸にきらめかせた、空軍の綺羅星たちがベルリンのアドラースホフに集まった。プールのである。

・ル・メリットこそ、まだ受けていなかったが、ウーデットもその綺羅星の一人に選ばれた

今回の選定会では、総数二八機に及ぶ試作機が比較された。まず機体が士官立会いの下で組み立てられ、前後左右にゆすぶられ、その堅牢性を試された後、製造会社のテストパイロットにより試験飛行が行なわれる。次に経験を積んだ前線パイロットたちによる試乗が行なわれ、速力、上昇力、その他飛行特性を比較して、各機の評価を行なうのである。

この選定会で選ばれたのは、フォッカーＶ11、正式採用となってフォッカーＤⅦと改称された名機だ。全試作機中突出した性能を持ち、構造がシンプルで組み立ても容易というほかに、視界の良好さということも高い評価を得た。

選定会を終え、ウーデットは前線に戻った。帰隊後すぐの一月二十八日、イーペルの北六キロのあたりでソッピース・キャメル一機（一八機目）、二十九日にはブリストル一機（一九機目）を撃墜した。二月十八日、イーペルの北五キロの上空でソッピース・キャメル一機を撃墜。ついにプール・ル・メリット受勲の資格、撃墜二〇機に達した。これはヤシュタ37での最後の戦果となった。

三月十八日、ヤシュタ37はル・カトーへの転進命令を受けた。ヴィンゲネから南へ一〇〇キロの移動である。前年に参戦したアメリカ軍がその軍容を整える前に、西部戦線における勝利を確保するため、ドイツ軍は春季の大攻勢を計画していた。ミカエル作戦である。この攻勢に備えて、ヤシュタ37のほか、リヒトホーフェンの第一飛行戦隊及び八〇個のヤシュタ

が同地域に集結されるとともに、二月二日に第二飛行戦隊（ヤシュタ12、13、15及び19を統合。陸軍第七軍を支援）、第三飛行戦隊（ヤシュタ2、26、27及び36を統合。陸軍第四軍を支援）が編成されて、同地に投入された。

第二飛行戦隊の戦隊長は、三月十五日に戦死したアドルフ・リッター・フォン・ツチェクトホールトから、ルドルフ・ベルトホールト（四四機撃墜）に代わっていた。このベルトホールトも八月十日に負傷して前線を去る。この戦隊は、オスカル・フライヘル・フォン・ベーニクト（二六機撃墜）が最後の戦隊長を務めた。第三飛行戦隊の戦隊長はブルーノ・レルツァー（四一機撃墜）で、この戦隊だけは最後まで戦隊長が変わらなかった。第三飛行戦隊に統合されたヤシュタ2は、いわゆるベルケ中隊で、空軍きってのエース中隊だった。また、ヤシュタ27の指揮はヘルマン・ゲーリングが執っていた。

ヤークト・ゲシュヴァーダーは終戦までに、上記三戦隊を含め全部で五個戦隊が編成された。追加された二部隊のうち一つが、終戦も間近となった一九一八年九月二日に編成された海軍飛行戦隊（マリーネ・ヤークト・ゲシュヴァーダー。海軍飛行中隊一～五を統合）。戦隊長はゴットハルト・ザクセンブルク（三一機撃墜）。もう一つは、バイエルン第四b飛行戦隊である。

リヒトホーフェン戦隊

ウーデットがリヒトホーフェン戦隊に着任したのは三月二十七日のことだ。午前十時頃に戦隊に到着して、正午にはもうリヒトホーフェン及びヤシュタ11所属の隊員三名と、五機編隊で出撃した。この時イギリス軍の複座偵察機ＲＥ８一機を撃墜している。この日ウーデットはフォッカーＤｒ・Ⅰで初めて飛んだとある。この出撃から基地に戻ったウーデットは、リヒトホーフェンから、ヤシュタ11の指揮を執るように申し渡された。ヤシュタ11は、リヒトホーフェン戦隊のなかでも、リヒトホーフェンが最初に指揮を執った特別な中隊だった。

フォッカーDr.1三葉機。写真はリヒトホーフェン戦隊に配備された同機プロトタイプの第１号機。リヒトホーフェンは試験飛行を行なった後、休暇で隊を離れた。その間、クルト・ヴォルフが搭乗して出撃、敵機と交戦中に戦死した機体と思われる

三月二十八日、マースドープとの死闘を制し二三機目の撃墜を記録。帰投後、ウーデットは激しい耳の痛みに襲われ、看護兵に耳をかき回されたあげくに、ヴァレンシエンヌの第七野戦病院に入院した。四月四日にはリヒトホーフェン戦隊長の従弟ヴォルフラム・フォン・リヒトホーフェンが戦隊に着任、ヤシュタ11に配属されている。

四月六日、ウーデットは病院から帰隊する。部隊は彼の入院中、アミアンの東二四キロに移

動していた。帰隊後すぐに出撃、二四機目となるソッピース・キャメルを撃墜するが、耳の痛みは耐えがたいものとなっていた。帰隊後、ウーデットの異変に気づいたリヒトホーフェンに休暇を取るよう命令され、翌四月七日、戦隊を離れた。こうしてみると、ウーデットがリヒトホーフェンと戦隊で共に過ごした期間はわずか一〇日足らずでしかなかったことが分かる。ウーデットが休暇でミュンヘンにいた四月二十一日に、リヒトホーフェンは戦死するからだ。

帰郷

ウーデットは二十二歳の誕生日を故郷ミュンヘンで迎えた。もちろん耳の故障によりリヒトホーフェンに強制的に取らされた休暇だ。食糧物資は開戦後数か月で不足し始め、配給制がとられていたが、ウーデットの文章からはあまりひっ迫した様子は窺えない。

休暇中にプール・ル・メリット受勲の知らせが届いた。映画（ブルー・マックス）の題名にもなった有名な勲章だ。第一次世界大戦を通じ、航空隊関係者では八一名がこの栄に浴している。本文中、ウーデットが恋人のローの気を引こうとこの勲章を買いに行く場面がある。当時は勲記があれば、勲章を売っている店で、一人何個でも買えた。街角で出会ったUボートの艦長に、予備のプール・ル・メリットを持っていないかと聞くこと自体は非常識だが、有り得ないことではないのである。

プール・ル・メリット勲章

ミュンヘンでの休暇中、バイエルン王国陸軍からウーデットに対しある申し出があった。つまり、バイエルン陸軍航空隊の方に鞍替えしないかというのである。バイエルン王国のマックス・ヨーゼフ勲章を授与し、騎士に叙するというのだ。ミュンヘンはバイエルン王国の一部だから、郷国の英雄をわがバイエルン航空隊にというのは、理解できる。しかし、ウーデットはこの申し出を拒絶した。理由は、一九一五年、バイエルン陸軍のシュライスハイム　飛行士補充部隊に入隊の申請をしたとき、若すぎるという理由で彼を拒絶したからだ。

戦死したミュンヘン・エアロクラブ以来の竹馬の友、オットー・ベルゲンの父をその家に訪ねたのもこの休暇中のことだ。彼は一八九六年十一月九日に生まれ、一九一七年九月二十六日、着陸時の事故で死亡していた。所属は第四十六野戦飛行部隊で、死亡時の階級は伍長だった。

再び戦場へ

ウーデットが前線に戻ったのは一九一八年五月二十二

日頃のことだ。リヒトホーフェン戦隊の戦隊戦闘日誌に、この日ウーデットがヤシュタ4の代理指揮官となったことが記されている。終戦まで彼が率いた中隊である。戦隊はリヒトホーフェンの戦死後、第七軍のシュマン突破戦支援のためサン・カンタンの北東二四キロに移動していた。戦隊長にはリヒトホーフェンが生前残した遺書に従い、ヤシュタ6の指揮官ヴィルヘルム・ラインハルト中尉が補されていた。ラインハルトは、一八九一年三月十二日に、デュッセルドルフで生まれているから、ウーデットより五歳年長で、この年二十七歳だった。これまで一二機の撃墜戦果をあげていた。

ウーデットが不在の間多くの同僚が戦死していた。一方、友人でありライバルでもあるレーヴェンハルト予備少尉は、撃墜数を二四に伸ばし、ヤシュタ10の指揮官となっていた。部隊が使用する戦闘機はフォッカーＤｒ．ⅠからフォッカーＤⅦに代わっていた。ウーデットが参加した選定会で採用された戦闘機だ。従来のドイツ機よりは速力で優るが、敏捷性においてはＤｒ．Ⅰに劣っていた。しかし、メルセデス一六〇馬力エンジンのおかげで、高々度への上昇が可能だ。とはいえ、フォッカーＤⅦでもこのメルセデスエンジン搭載の本機に対するウーデットの評価はあまり高くない。

五月二十七日、ドイツ軍春季第三次軍事攻勢が始まった。前日夕、戦隊はピュイズーに進出。この戦線で対峙することになるのは、フランス軍航空部隊だ。攻勢は午前二時、ドイツ軍の連続集中砲火から始まった。午前四時には歩兵部隊が突撃し、イギリス陸軍第五十師団及びフランス陸軍第二二師団の陣地をもみつぶした。しかし、敵航空兵力の活動は不活発で、戦隊の戦果はわずかなものにとどまった。攻勢自体は順調に推移し、三十日にはソワッソンの南東一六〇キロ、ピュイジューの西四四キロにある、フランス軍が放棄した飛行場に移動するため、同飛行場の探索を行ったが、三十一日になってもまだ砲撃は止まず、二か所の野原を使用して攻勢に加わったが、夕刻にはピュイジューに帰った。ウーデットはこの三十一日、帰隊後初、ヤシュタの指揮官として初めて、ブレゲー14型偵察機をソワッソンの西で撃墜している。

六月一日、このあたりからウーデットの快進撃が始まる。六月十四日までに六機のスパッドを撃墜、記録を三〇機とした。

リヒトホーフェン戦隊第２代戦隊長ラインハルト大尉。リヒトホーフェンの死後戦隊を継いだが、３週間を経ずして事故死

六月十八日、ウーデットは戦隊の指揮を一時預かることとなる。戦隊長のラインハルト中尉が、第二回試作機選定会に、ヤシュタ6のキルシュシュタイン少尉とともにベルリンに出張したためだ。この戦隊の指揮を翌日十九日には、レーヴェンハルトに譲っている。六月二十四日には三一機目の戦果をあげたが、この時点でライバルのレーヴェンハルトは二八機で、ウーデットが

少しリードした。翌二十五日には二機を撃墜、記録を三三、三四と伸ばした。このころのかれの乗機フォッカーDⅦの塗装は上翼に赤白赤のストライプを入れ、胴体は赤、そこに恋人の愛称ローと描いている（最近では翼の塗装は赤白赤ではなく黒白黒という説が有力となっている）。水平尾翼には「ドゥ・ドッホ・ニヒト！」と文字を記していた。このドゥ・ドッホ・ニヒトについては諸説あるようだが、この場合ドッホという単語特有の心理的屈折の末に、「（それでもやはり）俺を墜とすのはお前じゃない」とすべきだろう。それでなくてはウーデット自ら写真のキャプションに入れた「傲慢」という言葉が意味をなさない。

この「ドゥ・ドッホ・ニヒト」に祟られる日がやってくる。六月二十九日、ブレゲー複座機を攻撃し、偵察員を倒したと思って不用心に近づき、逆に撃墜されてしまう個所である。九死に一生を得たが、已の技倆にあぐらをかいていた節のある彼が高慢の鼻をへし折られて、「驕れる者は久しからず」と早々とこの文字を消し去ってしまう。

パラシュートだが、ドイツ軍がパイロットに着用させ始めたのは、一九一八年の春頃からだった。それまではパラシュートは着けていなかったのである。もっとひどいのは連合軍側である。係留気球の観測員にはパラシュートを着用させたが、パイロットたちにはとうとう戦争が終わるまで、パラシュートを着用させなかった。戦争も終わりころになって、私費でパラシュートを買って着用するのは許可したようだが、だれも自腹を切ってそんなことはしなかった。なぜパラシュートを着用させなかったのか。理由は、パラシュート自体がまだ完全なものになっていない、そんなものをパイロットに着けさせるわけにはいかんということらしいが、もう一つの理由、そんなものを着けていたら、危なくなったパイロットが、さっさと機体を捨てて飛び降りてしまうというのが本音のようだ。

当時の航空機搭乗員が最も恐れたのは機体の火災だった。グリンカーマンが中隊長の遺体を見て「僕もあんなふうに死にたいものだ」という場面がある。生きながら焼かれるというのはまさに恐怖だった。機体を横滑りさせて炎を操縦席から遠ざけるというのが、火災の際、公的に推奨された手段だが、ほとんど役に立たなかった。だから焼き殺されるよりはと、同じ死ぬにしても燃える機体から空中に身を投げる者もあった。あるいは自決用のピストルを携帯していく者もあった。

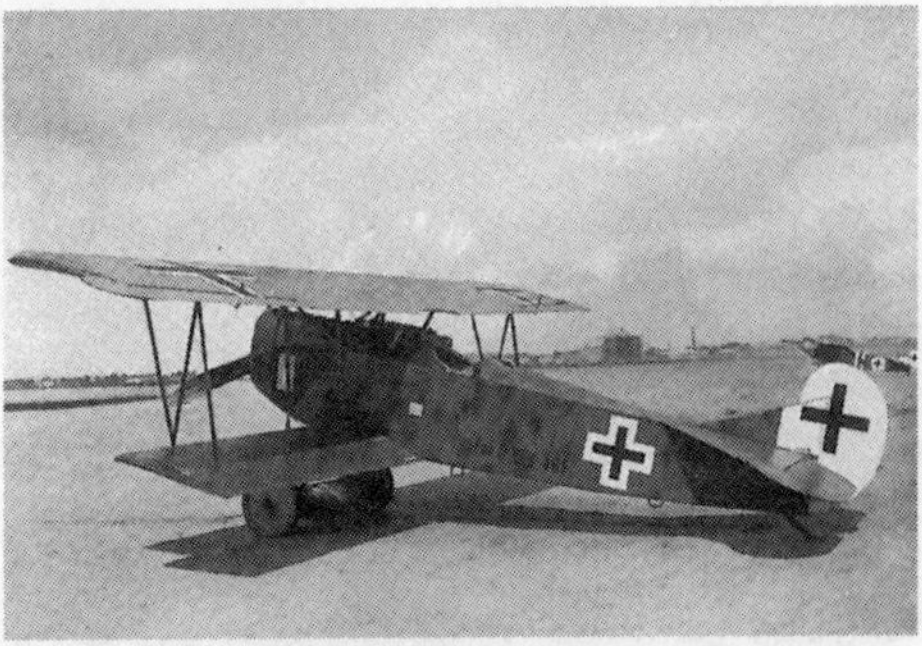

第一次大戦中の最高傑作機の誉れの高いフォッカーＤⅦ戦闘機。ウーデットのメルセデスエンジン搭載の同機に対する評価は高くはなかったが、BMW エンジンを搭載した機体については手放しで賞賛している。彼の撃墜戦果の約半数は BMW 搭載の同機で挙げたものだ

七月の初め、ＢＭＷ（エー・エム・ヴエー）Ⅲａ一八五馬力エンジンを搭載したフォッカーＤⅦが少数機戦隊に配備された。メルセデスエンジン搭載のＤⅦにはあまり感心しなかったウーデットだが、ＢＭＷ搭載機については手放しでその優秀さをほめている。

七月三日、ウーデットは四〇機目の戦果をあ

げた。この日、航空部隊総司令部から短い電信文が戦隊に届いた。「リヒトホーフェン戦隊長ライハルト大尉、一九一八年七月三日ベルリン、アドラースホフにおいて試験飛行中墜落死亡」。リヒトホーフェンの死からわずか六週間、戦隊は再びその指揮官を失った。新戦隊長の任命があるまでウーデットが、戦隊の指揮を預かった。ドイツ陸軍航空部隊の中で最も誉れある戦隊の、誰が次の戦隊長になるのか、誰もが関心を寄せた。候補にあがったのは、撃墜戦果四〇機、ヤシュタ4のウーデットか、ヤシュタ10の指揮官で、撃墜戦果三四機のレーヴェンハルト予備少尉か、それとも元戦隊長の弟ロタール・フォン・リヒトホーフェンか。いずれにせよ、戦隊内からの持ち上がり人事になるだろうというのが、大方の見方だった。なにか落ち着かない、もやもやした空気が戦隊内にたちこめ、この間、戦隊の飛行活動は不活発で、七月八日にヤシュタ10のフィリードドリヒス少尉が、ようやく一機の戦果をあげただけだった。同日、一九一八年七月八日付航空隊総司令部第一七八六五四号をもって、ヘルマン・ゲーリング中尉を戦隊指揮官とする旨の通知があった。

七月十四日、ゲーリングが戦隊に着任した。新戦隊長の短い挨拶の後、副官ボーデンシャッツが、リヒトホーフェン戦隊指揮官のシンボルであるステッキをゲーリングに渡した。ウーデットはこの時戦隊を離れていた。ベルリン、アドラースホフでの、新型機採用選定の追試飛行に出席の用務で、七月九日に隊を離れていたのだ。戦隊には七月七日ころ新鋭機フォッカーEV（後のDⅧ）が配備されたようだが、この機種についてのウーデットの感想というのは特にない。しかしこれまで複葉あるいは三葉機になじんできた前線のパイロットや整備兵たちからは、この高翼単葉のモダンなスタイルの機体については、その堅牢性に疑問が持たれ、評判はあまり芳しいものではなかった。

ウーデットが帰隊したとき、部隊はソワッソンの南東一六キロにあるクールセルに移動していた。このころすでにドイツ軍は退却しつつあり、ピュイジューの飛行場を使いながら、クールセルの城に宿営していた。彼が帰隊したのは、おそらく七月末のことであったと思われる。八月一日は、彼が初めて一日三機の戦果をあげた日だ。ニューポール、ブレゲー、スパッドを各一機撃墜し、戦果を四三とした。七月二十六日から戦隊長のゲーリングは休暇を取っていたから、二人はまだ顔を合わせていない。

第３代リヒトホーフェン戦隊指揮官となったヘルマン・ゲーリング（左奥）

戦隊の指揮はロタール・フォン・リヒトホーフェンが執っていた。

八月七日から翌八日早朝にかけて敵側の連続集中砲火が始まった。第二軍司令部より電話での呼び出しがあり、戦隊長代理のロタールとレーヴェンハルトが司令部に行くと、フランス、カナダ、オーストラリア軍が、アミアンの東から、ドイツ軍防御線を戦車隊により突破しつつあるとのことだった。燃料補給に思いのほか手間取ってしまい、実際に、戦闘に参加したのは午後になってからだった。空はうなりをあげて飛ぶ飛行機に満ち、地上では敵戦車群がドイツ軍を蹂躙していた。この日、ウーデット、レーヴェンハルト、ロタールはそれぞれ三機の撃墜戦果をあげた。しかし、この日が大戦の帰趨を決定する日となった。ドイツ軍参謀本部次長ルーデンドルフは、八月八日を、今次大戦におけるドイツ陸軍暗黒の日と、後に回想している。すでに大勢は決したのである。

八月九日から八月二十二日までのウーデットは、さながら鬼神のように敵機を撃墜した。それだけ連合軍側の物量が圧倒的となり、日々激しい戦いを強いられていたと言える。

八月十日、親友でありライバルでもあったレーヴェンハルトが、彼の五三機目の戦果となるSE5a一機を撃墜後、ヤシュタ11のヴェンツ少尉機と空中衝突、二人ともパラシュートで脱出したが、レーヴェンハルトのパラシュートは開かず墜死した。同日、戦隊はペロンヌの南一二キロにあるほとんど整備されていない戦場に移動、翌十一日には再びそこから北東一二キロのベルン近郊に移動した。敵航空兵力は、すでに、リヒトホーフェン戦隊だけでは支えきれないほど強大なものになっており、今はグライムとエミール・チュイ両少尉が率いる戦闘集団（ヤークト・グルッペ）と協同して戦っていた。戦闘集団とは戦隊のように四ヤシュタ固定編成ではなく、三六機から七五機の間で、状況に応変するグループだ。エミール・チュイ少尉はこの一月ほど前にプール・ル・メリットを受勲していた。ロベルト・リッター・フォン・グライム少尉は、戦後のウーデットと深い関りを持つことになる人物である。

八月十三日になると戦闘はますます激しくなり、ブルーノ・レルツァー中尉率いる第三飛

リヒトホーフェン戦隊所属ヤシュタ 4 指揮官のころ（1918 年）

行戦隊と共に戦ったが、休暇中のゲーリングに代わって指揮を執っていたロタール・フォン・リヒトホーフェンがこの日負傷し、ウーデットに戦隊の指揮が任された。戦隊にフォッカーDⅧ単葉が配備されたことは前にも書いたが、ウーデットはフォッカーDⅦのままだった。通常新鋭機は、戦果が期待されるベテランパイロットに、優先的に与えられるのだが、BMWエンジン搭載のフォッカーDⅦにほれ込んでいた彼は、堅牢性に疑問を持たれていたDⅧには乗り換えていなかった。実際DⅧに対するこの懸念は八月十九日に現実のものとなった。ヤシュタ6所属のロルフ少尉がDⅧで飛行中、高度三〇〇メートルで主翼がちぎれてしまったのだ。この結果少尉は墜死した。この事故原因が究明されるまで、ウーデットはDⅧでの出撃を禁止した。

ようやく八月二十二日になって、ゲーリングが休暇から帰隊した。これまで二人には面識はあったが、初めて部下と上司として会ったのである。しかし、それも四時間という短い時間だけだった。この日、ゲーリングとの話を終えると、ウーデットはケプシュ予備少尉に中隊の指揮を任せ、四週間の休暇を取るため戦隊を離れたからだ

九月十四日、休暇中、ウーデットは中尉に昇任した。戦隊はドイツ軍の撤退とともにカトー南西に移動。十九日にはさらに南へ二三〇キロ離れたメッツ近郊に移動した。同地では激しい戦闘が行なわれた。連合軍の四時間に及ぶ連続集中砲火の後、一五〇〇機の航空機に支援されたオーストラリア一三個師団、フランス植民地軍八個師団の攻撃を受け、攻撃初日だけで一万三〇〇〇名のドイツ兵が捕虜となった。

九月二十五日、休暇を終えたウーデットがメッツに着くと、友人でヤシュタ11所属のフォン・バルネコウ少尉が彼を迎えに来てくれていた。彼は戦後ウーデットの副官となる人物だ。翌二十六日、ウーデットはデ・ハヴィランド二機を撃墜、これが彼の第一次大戦における最後の戦果となった。このとき乗っていたのは紅く塗装したフォッカーDⅦだ。ヤシュタ4の指揮官となって以来これまでに中隊全体であげた戦果は七一機、内三九機はウーデットによるものだった。この最後の空戦で、ウーデットは負傷し、野戦病院に入院、十月三日に復帰している。

十月十一日、ウーデットの戦闘機パイロットとしての日々は終わった。この日彼は陸軍航空部隊総司令部命令第二七八七八六号により、航空機試験官として飛行部隊監督局に転属、ゴータの第三飛行士補充大隊付となった。十月十五日から十八日まで、リッツエンツのレーマーク・レナニア発動機製作所でジーメンス・ShⅢ回転式エンジンの最終仕上げ作業の監督を行なったが、このときローが同地を訪れ、ウーデットと共に過ごしている。

十月二十二日になるとゲーリングも戦隊を離れた。ベルリン、アドラースホフで行なわれる第三回新機採用選定会に、ウーデットとともに参加したからだ。選定会はこれが最後となった。この間ヴェーデル中尉が戦隊の指揮を、マウスハケ少尉がヤシュタ4の指揮を執った。十月三十一日、選定会が終わり、同夜ホテル・ブリストルで、参加者全員による夕食会が持たれた。場の雰囲気は沈滞しきっており、重苦しい空気が参加者の口数を少なくさせた。誰の目にもドイツの敗戦は明らかだった。

十一月、ウーデットとゲーリングは戦隊に戻り、十一月六日、メルヴィーユ上空でヤシュタ10のヘルトマン少尉がスパッド一機を撃墜した。これがリヒトホーフェン戦隊の最後の戦果となった。十一月七日、降りしきる雨の中をベルギーのヴィルトン南東テラクールに移動。十一月十一日、コンピエーヌの森で休戦調停が結ばれた。この四年に及ぶ大戦に動員された兵士の数は、連合国、同盟国を合わせ六五〇三万八八一〇名、死者八五二万八八三一名、負傷者・行方不明者二八九四万七三名、死傷率は五七・五%にも及ぶ。二人に一人が死ぬか手ひどい傷を負ったのである。兵士の損耗という点からいえば、この数字は第二次世界大戦を上回っている。

戦隊は十一月十四日に武装解除され、戦乱の翼は折れた。輝かしいリヒトホーフェン戦隊の歴史はここに幕を閉じたのである。戦隊戦闘日誌の最後を戦隊長ヘルマン・ゲーリングはこう綴り終えた。「戦隊はその創設以来六四四機の撃墜戦果をあげた。敵との交戦による死者は士官及びパイロット五六名、兵六名。五二名の士官及びパイロット、七名の兵が負傷した」

一九一八年十一月十八日、ウーデット除隊。

ウーデットの戦後

同郷のゲーリングとともに、ウーデットはミュンヘンに戻ったが、敗戦の祖国は帰還兵たちに冷たかった。街は失業者にあふれ、労兵会のような共産主義団体が、消長を繰り返しながら急速にその勢力を拡大しつつあった。ウーデットは幸いグスタフ・オットーの会社に職を得た。

日々のパンを得る手立てはついたが、ウーデットには心楽しまない日々が続いた。もう一度空を飛びたい。一九一九年、ウーデットは戦友のロベルト・リッター・フォン・グライムと、航空ショーの開催を計画する。グライムは、一八九二年六月二十二日にバイロイトに生まれ、第一次大戦中は戦闘機パイロットとして二五機の撃墜戦果をあげている。バイエルン第三十四戦闘中隊指揮官、第九戦闘集団指揮官を勤め、バイエルン王国マックス・ヨーゼフ軍功騎士十字章を受勲、これにより騎士(リッター)に列せられ、リッター・フォンの名乗りを許された。プール・ル・メリット勲章受勲者の一人でもある。

ウーデットを含め、翼を折られた鳥たちは、時々仲間内の気楽な集まりをもって旧交を温めていた。彼らの話題は、いつも同じテーマを軸に回転していた。もう一度飛びたい、ということだ。一時ゲーリングもこの会の仲間に入っていたが、以前のフォッカー社に口を得てシュヴェーリンに去り、五月八日にはフォッカーＤⅦＦで同社の代表者としてコペンハーゲンに飛び、そのまま一九一九年末までデンマークに留まった。

このころウーデットは派手なナイトライフを楽しんでいた。屈託のない溌溂とした陽気さは変わらず、その破目のはずし方はミュンヘンっ子の度肝を抜くようなものだった。奔放なナイトライフ以上に、彼が熱を入れたのはバイエルン飛行家クラブだった。会長のフォン・

ケニッツ男爵は戦前からの古参パイロットで、大戦中は大型航空機飛行士補充部隊の司令をしていた。ウーデットは週一度の集会には必ず顔を出し、多くの戦友たちとの再会を果たした。敗戦後もドイツ航空界の熱は冷めず、フーゴー・ユンカース教授は全金属製機の開発に取り組み、十一月革命の煽りを受けてオランダに去ったアントニー・フォッカーに代わり、チーフ・エンジニアであったラインホルト・プラッツがフォッカー社を率いて、航空輸送用の機体開発に取り組んでいた。戦時中軍用機を製作していた、ほとんどすべての航空機製作会社が、輸送あるいはスポーツ用途の民間航空機の制作に取り組んでいたのである。

しかし、一九一九年六月二十八日、ヴェルサイユ条約が発効すると、ドイツ航空界再建のすべての芽が摘まれてしまった。ドイツは航空兵力の保有を禁止された上に、武装解除時に連合国側に引き渡した一七〇〇機の航空機に加えて、ドイツ国内にある全軍用機の引き渡しを求められたのだ。民間航空の分野においても規制が設けられ、半年間は航空機、エンジン、部品の生産、輸入ともに禁止された。多くの会社は航空機の生産を中止するか、あるいは活動の拠点を国外に求めた。

もう一度飛びたいという一心で、ウーデットとグライムはオートバイを駆って、秘匿されている飛行機を探し回り、バムベルクの工場にフォッカーDⅦとDⅧが残されているのを発見した。もちろん連合国側に引き渡されることが決まっていた機体である。二人は工場の管理人を口説き落とし、数機の飛行機を譲り受けることができた。加えて、ウーデットはシュパイアーのファルツ社で、ファルツDⅩⅤを手に入れた。

最初の航空ショーが開催されたのは八月十日、日曜日、場所はオーバーヴィーゼンフェルトでのことだ。ウーデットにとっては、少年のころから慣れ親しんだ場所だった。六機の戦闘機が離陸に備えて並んでいた。ウーデットは自分の乗るフォッカーDⅦ、DⅧとファルツDXVをリヒトホーフェン戦隊にいたころ同様紅く塗装していた。グライムはフォッカーDⅦ、DⅧの全面を銀色に塗装し、胴体には二本の赤い帯を入れていた。入場料を払った人、払わず柵の外から見物する人、数千人の観客が集まった。敗戦に打ちひしがれ、政治あるいは日々の暮らしが混迷の極みにあったこの日々に、再び二人の英雄が当時のままに姿を現したのだ。

ロベルト・リッター・フォン・グライム。アンゲルムント同様、第一次大戦からその死に至るまでの誠実な友

午後三時十五分、ウーデットは離陸した。高度三〇〇メートルまで上昇すると、かねて予定のプログラムを演じた。宙返り、インメルマンターン、横転等々。一〇分の飛行を終えてウーデットが着陸すると、グライムが銀色に輝く機体で舞い上がった。ウーデットと同様に、予定のプログラムを演じる。二人は飛行機を替えながら交

互に飛び立った。午後六時、飛行ショーはクライマックスを迎える。二人が同時に飛び立ち、模擬空中戦が始まった。二人が再び地上に降り立った時、群衆は熱狂的な拍手と歓呼をもって迎えた。

このころウーデットはアウグスブルクのバイエルン・ルンプラー社の社員でもあった。当時、同社の支配人はオットー・マイヤーという人物だったが、事業欲の旺盛な男で、一九一九年三月十三日にはすでに、ルンプラーRuCⅣ型機でベルリンからゴータを経てアウグスブルクへの航空輸送を開始していた。また、同年六月二十四日には、バイエルン地方の湖を巡る定期遊覧飛行も始めた。同社にとって、ウーデットのような高名なパイロットを抱えているということは、宣伝にも社の信用ともなったのである。マイヤーは同社主催で航空ショーを開催することを思いつき、アウグスブルクで実施した。このショーの使用機には、赤く塗装されたルンプラーDⅠが新たに加えられた。白色の照明弾が打ち上げられ、ショーの開始が見物人たちに知らされると、アウグスブルク歩兵連隊の軍楽隊が音楽を奏し、マイヤーは自ら出発のフラッグを振った。この後も飛行ショーは続けられ、十月十二日にニュルンベルクで行なわれた飛行大会では一万五〇〇〇人もの観客を集めた。

ショーの四日後の十月十六日、ミュンヘンでドイツ労働党の集会が開催された。演説者はまったく無名の男だった。この男はヴェルサイユでの屈辱的条約について語り、聴衆を熱狂させた。男の名はアドルフ・ヒトラーといった。

冬の到来で飛行ショーの季節は終わった。ウーデットはしばし地上の人となった。

翌一九二〇年一月十日、ヴェルサイユ条約が実効され、一万五〇〇〇機の航空機、二万五〇〇〇の航空用エンジンを、連合国側に引き渡すか、あるいは破壊せよという命令が出された。ウーデットとグライムが飛行ショーに使っていた飛行機も例外ではなかった。

ウーデットとローが結婚する日の前日、二月二十四日、ビール醸造所でドイツ労働者党は大規模な集会を行なった。集会で最も注目を浴びた演説者は、アドルフ・ヒトラーだった。一週間後、ドイツ労働者党は国家社会主義ドイツ労働者党（NSDAP）と名を変えた。

二月二十五日、ミュンヘン市内のレギナ・ホテルの小さな控えの間で、友人たちに囲まれて二人は結婚した。ローのたっての願いで、この日ウーデットは大戦中の軍服を着、勲章をつけて式に臨んだ。この結婚に反対だったローの両親は、式に出席しなかった。特にローの父親はウーデットを嫌いぬき、生涯ウーデットに会わなかった。

エレアノール・ティンク（ロー）と結婚

結婚後もウーデットの生活態度は依然改まらず、足繁く酒場に通っては、興にまかせて狂態を演じた。しかもウーデットはこの義理の父親のことで、ローとの結婚を「父の呪い」とか、ローのことを「ティンク父さんの失われた娘」などと放言するのだから、うまくいくわけがなかった。結局、一九二三年二月十六日、二人は正式に離婚することになる。奇妙なのはこの元夫婦が、生涯友人としての関係が続いたことだ。ウーデットの国葬が執り行なわれたとき、ローはミュンヘンに彼の母親と妹を弔問している。ローは一九四七年四月、ウーデットの死から六年後にこの世を去った。

ウーデットとローが結婚した一九二〇年は、その後ドイツが歩んだ道程に立ち現われるあらゆるものの種が撒かれた年だった。共産主義との戦いと、屈辱的なヴェルサイユ条約を押し付け、ドイツをこの世界から消し去ってしまおうとする者たちへの憎しみが、血となり肉となり戦後のドイツを形成していった。ドイツ国内の政治的状況は混沌から暴力へと、立場を異にする者たちの間で先鋭化しつつあり、三月十二日にはいわゆるカップ一揆がベルリンで起こり、十五日にはルールで共産主義者による蜂起があった。国防軍の司令官フォン・ゼークト将軍を中心にドイツの再軍備がひそかに用意されはじめたのもこの頃である。彼の計画の中には、空軍の再建も含まれ、国防軍内にひっそりとその種は撒かれた。

ウーデット航空機製作会社

一九二一年、一人の男が彼の前に現われた。名をウイリアム・ポールという。ドイツ系アメリカ人で、本来のヴィルヘルムという名をアメリカ風にウイリアムと改めていた。アメリカで財を成した彼は、ウーデットの名を冠した航空機製作会社の設立を持ちかけた。ウーデットはこの誘いを受けて早速動き始めた。ミルベルツホフに作業所を借り、技師一名と二名の職工を雇った。この技師の名はハンス・ヘルマンといった。ウーデットよりは一歳年下で、一八九七年にコブレンツで生まれ、戦時中は爆撃機パイロットとして東部戦線、西部戦線で戦った。戦後、ベルリンの工科大学で工学士の学位を取得していた。

ヘルマンが設計したのは木製低翼単葉機で、エンジンはハーケ—HFM—2a三五馬力を搭載することになった。一九二一年十一月二十六日、ウーデットはポールにおおむね三週間以内に機体の制作に取り掛かれること、エンジンについてはヘルマン・ハーケ発動機工場で価格一万六〇〇〇マルクで入手予定と書き送っている。

一九二二年二月一日、ドイツ航空界の未来に光が射しこんだ。連合国側が同年五月末日をもって、航空機の生産と輸入の禁止期間を終了すると認めたのだ。ただし、いかなる軍事目的への転用を許さぬよう、航空機生産を厳しい監視のもとに置くという条件が付された。ウーデットは当時ミュンヘンの航空輸送講和委員会で、連絡将校として働いていたアンゲルムントを通じて必要な情報を得ていた。

一九二二年四月十四日、ついに民間航空機生産及び輸入解除の布告が公表された。この適用を受ける航空機は、単座機の場合、発動機は六〇馬力以下であること、しかし今後、時速一七〇キロ、航続距離三〇〇キロ、上昇限度四〇〇〇メートル、航続時間二時間半を上回る航空機の製造はまかりならぬというものだった。早い話が、一九一六年の水準にドイツの航空技術を退化させるというものだ。ドイツにおける飛行部隊の再建を妨げるのみならず、民間航空機の領域においても、技術開発はさせないという連合国側の意図が露骨に反映されていた。

幸いウーデットの制作した機体は、この制限内のものだった。五月十二日に初飛行をすることになり、ウーデットが車で牽引してオーバーヴィーゼンフェルトまで運んだ。暖機運転のために発動機を始動させると、下方に曲がった排気管から黒煙が噴き出し、機体は激しく振動した。ウーデットは計器の目盛りを読み取ることもできなかったが、とにかくU1は飛び上がった。戦後バイエルンで最初に作られたこの機体は、その初飛行を無事に終えたのだ。

U1に続いて、本機を改良して複座としたU2が作られた。エンジンはU1と同じものである。工場も職工二〇名を抱えるまでに拡張された。一九二三年一月一日、ドイツの空は再びドイツ人のものとなった。ドイツ航空機の自由な出発、着陸、都市間飛行が認められたのだ。

この年の二月にウーデットがローと離婚したことはすでに書いた。離婚後ウーデットはヴィーダーマイヤー通りにある家を引き払い、愛犬「ブリー」とともにホテル「四季」に居を移した。ウイリアム・ポールが、ウーデット航空機製作社の社長にふさわしい住居を会社の金でこのホテルに用意してくれたのだ。

ウーデット航空機製作所は一九二三年四月にはすでに七機のU2の制作を終えていた。同時に後継機U4も製作された。U2に搭載したハーケ・エンジンの出力不足が顕著であったため、U4には五気筒空冷星型五五馬力が搭載された。ジーメンス・ハルスケ社のSh4エンジンである。

　さて、出来上がった飛行機は売らなければビジネスにならない。ところが間の悪いことに、ここに来てドイツ国内の経済事情が悪化し、一九二二年初頭あたりから目立ち始めたインフレが、激しい勢いで亢進し始めていた。このような状況では国内市場に期待することはできない。ウイリアム・ポールはアメリカで安価なドイツ製スポーツ機の販売を計画していたが、これも難しくなった。おそらく、軍で練習機として使用されていたカーチス・ジェニー機が、大量に民間に放出されて、新参のドイツ機が参入する隙はなかったのだろう。残された道は、新たな市場を開拓することだけだ。彼らが目をつけたのは南米だった。折も折、アルゼンチンの「ドイツ飛行クラブ」から一九二三年八月五日開催予定の「ウイルバー・ライト」飛行大会への招待を受けたのである。

　この招待を受けるか否かについては、社内でも意見が分かれた。結局、ウーデットはU2、U4各一機を携えてアルゼンチンに行くことになった。飛行レースではU4に乗る。レースに参加するほかに、彼は飛行ショーも興行するつもりだった。パラシュート製作で高名なオットー・ハイネッケもこの大会に招待されていたから、ウーデットは彼のU2でのアクロバット飛行と、ハイネッケのパラシュート降下を出し物にしようと考えたのだ。一九一八年六月に彼の命を救ったのが、このハイネッケ・パラシュートだった。アルゼンチンでビジネスの人脈を作るとともに、可能であれば同地に、会社の分工場を作りたいということも、彼らの目論見の中に織り込まれていた。

　ウーデットがハンブルク港を出発したのは、一九二三年四月十一日だった。二週間後、オットー・ハイネッケはウーデットの後を追って出発した。ウーデットはリオ・デ・ジャネイロに着き、そこからモンテヴィデオに向かった。そこには彼の友人マックス・ホルツェムがいた。ホルツェムと最初に会ったのは一九一八年三月、ル・カトーの前線だった。二年後、二人はファルツ航空機会社で会った。ウーデットがグライムとの航空ショーで使用していたファルツXVを、連合軍に引き渡すに忍びなく、南米に渡るというホルツェムに託したのだった。ウーデットとホルツェムは共に最終目的地であるブエノス・アイレスに向かった。後発のハイネッケとは、五月二十一日にブエノス・アイレスで合流している。

結局のところ、本書にあるようにこの二人は、実態のない「ドイツ飛行クラブ」なる団体をでっちあげ、ウーデットを利用して金儲けをたくらんでいたのだ。本書にパピアマルクという言葉が出てくる。当時のドイツの紙幣マルクのことだが、前にも書いたように一九二三年という年はドイツが未曽有のインフレに見舞われた年だ。特に七月からはとんでもない状況となった。同年一月にはすでに一ドル、七六二〇マルクとなっていたが、七月には一六万、十一月にはなんと一ドル、四兆二〇〇〇億マルクにまでマルクの価値が下落したのだ。マルクはすでに通貨としての価値を失っており、紙(パピア)のマルク(マルク)と正に紙屑扱いをされていたのである。

ウーデットが南米から戻って以降、彼の会社は、U4をさらに一機製造したが、U4についてはこれで生産を打ち切り、並行して後継機U6を製作した。この型はU4と同じエンジンながら複座で、より洗練され姿形を持ち、最高速度も時速一四五キロに向上していた。また、排気システムの改良により、エンジン音も静かなものとなっていた。この後も同社での新型機の開発は続く。

一九二五年、年が改まってほどなくウーデットは会社を離れた。原因の一つには、ハインツ・ポールとの社の方針を巡っての意見の相違があった。ポールはこれまでのようなスポーツ用途の軽飛行機ではなく、四発の航空輸送機の開発に、社の舵を切ろうとしていたのである。ポールの見通しの中には、四発の大型機を爆撃機に転用する、軍とのビジネスも織り込まれていたのだ。

ウーデットは大型機の開発には乗り気でなかった。しかし、一番の原因は、会社が大きくなり過ぎたことだった。これまでのような個人的裁量や自由が制限され、負わなければならぬ責任も過大になりすぎていた。ショイエルマンもポールとは意見が合わず、結局二人は会社を去ることになった。会社を去るにあたっては、すべて円満に行なわれた。今後も会社はウーデットの名を冠して業務を続けることになったし、新作機の試験飛行や宣伝飛行も、ウーデットはこれまでどおり協力したのである。会社からはウーデットの取り分として四万レンテンマルクが支払われた。この金で彼は同社からU12フラミンゴを購入する。このころの同社は立派に業績を上げ、社の規模も伸長しつつあった。社員数も六〇名余となっていた。社運が傾きだしたのは、大型機の開発に失敗してからのことだが、これはもう少し後のことになる。

再び航空ショービジネスへ

ウーデットが会社を去ったころ、ちょうど友人のアンゲルムントもそれまで勤めていたユンカース社に嫌気がさしていた。二人は語らって再び飛行ショービジネスの世界に飛び込んでいく。

二人のデビューは一九二五年一月三十一日、二月一日にかけて行われたツーク・シュピッツェ飛行大会だった。この大会で彼は二位に入賞している。ツーク・シュピッツェは、スイス国境チロル地方近くにあるドイツ最高峰である。この大会にウーデットは一人の女性を同伴していた。豹柄の毛皮のコート、派手な色彩のマフラーにニット帽といういでたちのこの女性は、マルゴット・フォン・アインジーデル伯爵夫人である。ウーデットとの関係は、一九二四年あたりから始まったようだが、彼女自身ブガッティを駆ってイタリアを中心に、各地のカーレースに参加する女丈夫だった。

この大会の後、ウーデットはU10にフロートをつけて水上機に改造し、試験飛行を行なっている。試験飛行の場所はシュタルンベルク湖である。このころちょうど旧ドイツ帝国の皇太子（名はフリードリヒ・ヴィルヘルム・ヴィクトル・アウグスト・エルンスト）が同地に滞在していた。皇太子はすでに廃位された身ではあるが、一九二三年十一月に亡命先のオランダからドイツに戻っていた。ウーデットは一日、皇太子を招待し自分の飛行機に乗せて飛んだ。以後ウーデットの死まで、二人の友情は続くことになる。

ウーデットがシュタルンベルク湖でさまざまの親交を結んでいた間、アンゲルムントはホテル四季のウーデットの部屋で、飛行ショーの準備に余念がなかった。最初の航空ショーは四月十二日、祝日である復活祭明けの月曜に、レーゲンスブルクで開催の運びとなっていた。万事手抜かりなく手配されていたが、ウーデットが乗るU12フラミンゴだけがまだ出来上がっていなかった。

ショー五日前の四月七日になってようやくフラミンゴは、組み立て工場からシュライスハイムの飛行場に引き出された。まだ塗装も識別標識も描かれてはいない。ウーデットは座席に乗り込むと、七気筒八五馬力のエンジンを始動し、一五〇〇回転まで回してから飛び立った。機体はわずか二五メートルの滑走で離陸、そのまま急角度で上昇していった。フラミンゴは彼の好みにぴったりの機体だった。方向舵の効きにすこし問題があったが、すぐにヘルマンが修正した。

身から出た錆とはいえ、この日ウーデットはとんでもない目に遭う。夕刻、彼はミュンヘンを去ってガルミッシュ―パルテンキルフェンのホテルに部屋を取った。アンゲルムントにもアインジーデル伯爵夫人にも内密の行動だった。つまり、このホテルで一人の女性との逢引きを計画していたのだ。ところが、ウーデットの紙入れのなかに、別な女性の写真を見つけたこの女性は嫉妬に怒り狂って、なんと釘やすりをウーデットの胸に突きたてたのだ。傷はあやうく心臓に届くところだった。ウーデットはハンカチで傷口を押さえ、近くの医者に駆け込み、そこで気を失ってしまった。

医者は毎日ホテルにやってきて傷口の包帯を取り換えてくれたが、飛行ショーの当日の朝、ウーデットの診察を終えた医者の見立ては、傷は順調に治ってきているので、数日したら起きてもよろしい、ただし二週間は安静にしているようにとのことだった。医者が部屋を出るなり、ウーデットは荷物をまとめホテルを飛び出した。自分の車でシュライスハイムの飛行場に駆けつけ、そこからフラミンゴに乗って、レーゲンスブルクに飛んだ。

航空ショー開始二時間前に、彼はレーゲンスブルクに到着した。傷の痛みにぐったりとし、蒼ざめた顔のウーデットを見てアンゲルムントも驚いた。しかし、ポケットから銀製の携帯瓶を取り出し、コニャックを煽ると、ウーデットは飛んだ。集まった観衆はウーデットの飛行に魅了され、熱狂した。四年に及ぶ凄惨な戦争と、敗戦、革命、みじめな敗戦国民としての生活の中で傷つき、あえいでいたドイツ国民にとっては、五〇余度の空戦を勝ち抜いてきた、栄光の撃墜王ウーデットが飛ぶというだけで、心が震えるような感動を覚えたのだ。レーゲンスブルクでの飛行ショーを皮切りに、ウーデットは町から町へ、国から国へと飛び回った。飛行ショー、飛行競技会が行なわれる場所には必ずウーデットの姿があった。

明けて一九二六年、スイス、サンモリッツでの山岳飛行からこの年は始まった。製造番号二六九、識別標識D－1822、胴体を真紅に、翼は銀に塗装したフラミンゴを手に入れた。ウーデットは飛行ショーを復活祭から始める予定だった。復活祭の日曜日にはハレで、月曜日にはベルリンで開催する手配を終えていた。女性たちの航空ショービジネスへの進出も、ちらほらと現われはじめた年だった。ミュンヘンでの飛行ショーでは、模擬空中戦がショーの目玉だったが、ネリー・ツスマンのパラシュート降下も八万の観衆をうならせた。もっともこの八万の観衆の内お金を払ったのは三万人だけだった。ホルテンでの飛行ショーには、ボイマーが以前飛行を訓練したテア・ラッシェが参加した。彼女は戦後初めて単独飛行をした女性としても有名だが、それ以上にドイツ最初の女性曲芸飛行家として「空飛ぶ乙女」という愛称で名を馳せた。

フラミンゴの売れ行きは悪くなかったとはいえ、ウーデット航空機製作所は大変なことになっていた。この年同社は、ハンス・ヘルマンの設計で複座複葉機U13を開発したが、六〇〇馬力BMW－Ⅵエンジンを搭載した同機は、プロペラに問題があり、試作一機のみが作られたに過ぎなかった。しかし、本機の制作に多額の資金をつぎ込んでいたため、U13の失敗は会社にとって大きな打撃となった。その前のU11コンドルの失敗の傷も深く、U12フラミンゴで多少退勢を立て直してはいたものの、U13の失敗は会社にとって致命的だった。ウーデットがアルゼンチンに築いた現地会社も、もう有名無実なものとなっていた。借財はメルク・フィンク銀行だけで八〇万マルクにのぼっていた。

ウーデット航空機製作所に補助金を出していたバイエルン政府とドイツ運輸省は、本年八月二十四日をもって同社を解体すべきという銀行側の助言を蹴って、すでに七月三十日に立ち上げていた、バイエルン航空機製作株式会社（BFW）に事業を引き継がせようとした。このBFWは一九一六年にアルバトロス社がミュンヘンに立ち上げたBFWとは何の関係もない会社である。結局この新しいBFWもそのあとすぐにまた解体されることになってしまうのだが、ともかくウーデット航空機製作会社は、新会社にU12フラミンゴを持参金代わりに嫁いでいってしまったのだ。

彼の名を冠した会社の解体は、ウーデットにとって、今後航空機販売による収入を見込めないということを意味していた。いまや飛行競技大会の賞金と飛行ショーだけが彼の収入源となった。ウーデットは飛びに飛んだ。この年の飛行ショーの回数は二五回に及び、ほかに飛行大会での賞金等を合わせると収入は二五万マルクを越えた。にもかかわらず、時に飛行ショーの経費支払いが滞ることがあり、彼は釈明の手紙をしばしば債権者に書かなければならなかった。

飛行ショーや飛行競技大会のシーズンは四月から始まり、冬が近づく十月末頃に終わる。ウーデットはしかし自身の楽しみのために一年中飛んだ。この一九二六年、いずれも成就しなかったが、二つの計画がウーデットとその周辺に浮上していた。

一つはフランクフルトに、航空機を製作する新会社を設立するというものだった。そういう記事もいくつか報道され、ウーデット周辺からも、この新しい企業についてにおわせるような話もでたようだが、結局は実現しなかった。

もう一つは大西洋横断飛行である。ホテル経営者で慈善家のレイモンド・オルティーグが、ニューヨーク・パリ間の無着陸飛行成功者に、二万五〇〇〇ドルの賞金を出すと発表した。最初にこれに挑戦したのは、第一次大戦におけるフランスのエース、ルネ・フォンクと組んだイゴール・シコルスキーだった。九月十五日にニューヨークのルーズベルト飛行場から飛び立つ予定だったが、この日は離陸に失敗し、九月二十一日まで挑戦は持ち越された。二十一日、三発のシコルスキーS35複葉機は、計画通りに出発しようとしたが、今度は燃料過積載が原因で飛び上がることができず、滑走路の端で機体は破損炎上してしまった。この事故でフォンクと副操縦士のアメリカ海軍少尉ローレンス・カーティンは無事だったが、無線通信士のチャールズ・クレヴィアーと整備士のジェイコブ・イスラモフが死亡した。ドイツ側でこの冒険飛行に目をつけたのは、工学博士のアドルフ・ロールバッハだ。この人物は以前ツェッペリン社で仕事をしていたが、一九二二年に独立し自分の航空機会社を設立していた。ロールバッハはこの冒険飛行には飛行艇が適していると考えた。操縦士として選んだのがウーデットだった。ウーデット自身もこの企画に大いに乗り気だったが、この事業に実際に取り組むのはもう少し後のことになる。

一九二六年を彼はフランスへの旅で締めくくった。十二月初め、ウーデットはフランス民間飛行家連盟の招きでパリを訪問した。ドイツ民間航空について講演を行うのが目的だった。ところが、パリではドイツ野郎(ボッシュ)が公の場で講演をすることに対する非難が人々の間に起こり、デモも辞さぬと連盟を脅迫した。当時、連盟の会長はマルセル・エジュランで、彼自身大戦中は二三機撃墜の撃墜戦果をあげたパイロットだった。気骨のある男で、断固としてウーデットの講演を実行した。講演のあとで、ウーデットのアルプスでの飛行のフィルムも上演された。結果的にウーデットの講演はフランス航空界に深い感銘を与えた。

一九二七年、まず二つの別れがあった。アインジーデル伯爵夫人が突然、彼女の崇拝者であるカーレーサーと共にウーデットのもとを去ったのである。彼女が残したのは四桁の数字の借用証書一枚だった。その夜、ウーデットは友人たちを集めて、シャンパンを飲みながらその借用証書を的に射撃を楽しんだ。二月のことだ。二か月後、飛行ショーのシーズンが始まろうとする頃に、今度はアンゲルムントがウーデットを離れた。旅回りの飛行ショー暮らしは、家庭を持つ彼には負担となっていた。アンゲルムントはルフトハンザの広報部に口がかかったのを機に、家庭人としての落ち着いた生活を選んだ。

この年はこれまでとは違い、グライダーによるツーク・シュピッツェからの冒険飛行で始まった。この後、ウーデットはミュンヘンを去ってベルリンに居を移す。二度の転居を経て、最後にポンメルン通り四番に居を構えた。部屋の扉にはウーデット航空機製作社の社章であった二つの翼の上に「エルンスト・ウーデット、曲芸及びプライヴェート飛行家」と表札をかけた。

この年の本格的な飛行ショーは、五月一日にデュッセルドルフで始まった。ショーに新味を加えるために、模擬空戦のほかに、発動機付き航空機でのグライダー曳航が初めて披露され、SE5aを駆ってイギリス人パイロットがペルジールという文字を青空に白煙で描くようなプログラムが新たに組み込まれた。このペルジールというのは洗剤の商標登録だそうだ。

今や飛ぶということが彼の唯一の収入源となっていたが、実入りを可能な限り増やそうとして彼が考えたのが、吹き流し広告（エアリアル・バナー）を飛行機で曳航することだった。

このための特殊な仕掛けがハンス・ヘルマンの設計で機体に取り付けられた。ウーデットはこの仕掛けが、ドイツ国防軍が秘密裏に行なっている、パイロット養成の用具としても売り込めると踏んだ。また、広告の代わりに飛行機のシルエットの吹き流しを曳航し、射撃訓練に供させるのだ。広告用吹き流し（エアリアル・バナー）に改良を加え、曳航用ケーブルの端から、文字を書き入れた短い布片を次々に幾枚も連ねて結び付け、広告文案を作り上げる方法も考案した。これを使って最初に公衆に空中から披露した文字はＵＤＥＴだった。これはいけると思ったのだろう。彼は「ウーデット空中旗旒広告（くうちゅうきりゅうこうこく）有限会社」を立ち上げたが、逆に借金を背負う破目になってしまった。

愛機U12フラミンゴに特別にしつらえたエアリアル・バナーの仕掛けハンドルを回すウーデット。これで大儲けを狙い会社まで立ち上げたが、逆に借金を抱えることになってしまった

彼に救いの手を伸べたのがテア・ラッシェだった。借金の一部を彼女が肩代わりし、ウーデットと組んで飛行ショーに参加することになる。賞金は山分け、しかもウーデットの新会社の収益の一五パーセントが彼女の懐に入るという契約が結ばれた。

五月二十一日、チャールズ・リンドバーグがニューヨークからパリへ大西洋を東から西へと横断した。しかし、西から東へはまだ誰も成功していない。ウーデットはこれに挑戦しようと考えた。前出のロールバッハがこの目的のための飛行機を製作した。ロッベIを改良したロッベⅡだ。設計者はロールバッハの会社で働いていたクルト・タンクである。後の傑作戦闘機フォッケウルフFW190の設計者だ。タンクはウーデットの友人でもあった。

七〇〇馬力BMW-Ⅳエンジンを二基搭載したこの高翼単葉飛行艇はかなり癖のある飛行機だった。九月初めに初めての試験飛行が行なわれ、ウーデットと副操縦士のリヒアルト・ケルンの操縦で飛び上がった。が、水面を滑走して五〇メートルほどの高さまで飛び上がったところで、どんどん速力を失い、とうとう石のように水に落ちてしまった。飛行艇は派手な水しぶきをあげたが、幸い大した損傷はなかった。翼の上にウーデットとケルンがぼんやりと座り、飛行速度があまりにのろますぎるとぶつぶつ言っているのが聞こえたが、クルト・タンクに「ど素人どもめが」と一喝されて二人は黙ってしまった。

さて、ロッベⅡの修理が終わって、BMW月初めに大西洋横断に飛び立つ運びとなったが、ロールバッハはその前に、距離二〇〇〇キロでの積載重量記録を立てようとした。九月二十九日にこの記録飛行が行なわれた。操縦士はウーデット、そして副操縦士を今回はクルト・タンクが勤めることとなった。もう一人、整備士のシュネルも乗り込んだ。一〇〇〇キロの荷を積載し、ロッベⅡは飛び立った。機体がひどく重いため、かなり長距離を滑走し、とにかく飛び上がった。飛び上がって、タンクは自分が計算してはじき出したエンジン回転数で飛ぼうとしたが、ウーデットの方は本能的にそんなに回す必要はないと判断した。二人で言い争っているうちに、とんでもないことが起こった。プロペラの羽根の一枚がちぎれ、その破片がプロペラ全体を破損してしまったのだ。ロッベⅡは不時着を余儀なくされ、結果としてこれ以降、ウーデットが大西洋横断飛行に関わることはなかった。

ウーデットはロッベⅡでの失敗の後、ベルリンに戻ってぶらぶらしていた。飛行ショーのシーズンは終わっていた。

一九二八年も飛行ショー、飛行競技大会で明け暮れたが、ベルリンでこの年の秋に行なわれた国際航空展覧会に際して、フランスの撃墜王ルネ・フォンクと会い、親交を結んでいる。ルネ・フォンクの回想を少し紹介しておこう。「わたしがベルリンに着いた日の夕刻、ホテルの部屋で休息を取っていると電話が鳴った。『フォンク大佐と話せますか』――『どなたですか』わたしがそう尋ねると、なんだか申し訳なさそうなためらいがちな調子でその声は答えた。『ウーデット……』。その夜、ホテルで二人は会い、話に興じた。『わたしたちはあなたのことをひどく恐れていたものですよ、ウーデットさん』―『ああ、でも私たちの中で一番はリヒトホーフェンでした』―『手ごわく、正々堂々とした敵でしたね』―『彼が死んだとき、あなた彼を見ましたか』―『ええ、彼を見ました』」

映画俳優として

一九二八年はウーデットにとって映画デビューの年となった。彼が最初に出演した映画は「パリュー山頂の白地獄」(邦題：死の銀嶺)だった。ウーデットは愛機フラミンゴを駆ってアルプスの険峻な峰々の間を岩壁すれすれに、さながら鳥のように飛ぶ。この映画が公開されたとき、専門家たちはウーデットの飛行が、トリックを一切使わずに撮影されたのだということを信じようとしなかった。

この映画を皮切りに一九三〇年三月に「モンブランの嵐」に出演する。

同年十月末、「アフリカを飛ぶ見慣れぬ鳥」の撮影のためベルリンから鉄路イタリアのジェノヴァに向かい、そこから海路を取り、十一月にモンバサに到着した。映画撮影が終了し、途中遭難などというハプニングもあったが、一九三一年四月半ばにウーデットはドイツに戻った。しかし、故郷の状況は惨憺たるものだった。四月十九日に父のアドルフが亡くなった。

一九二九年十月、アメリカ、ウォール街の株の大暴落に端を発した大恐慌の波を受けて、ドイツ経済は最悪の状況で、次々と会社は倒産し、失業者の数はうなぎのぼりに上昇していた。ヴィリー・メッサーシュミットのバイエルン航空機会社もこの年の六月一日に倒産の憂き目にあっている。

アメリカ

アフリカから帰国してほどなく、ウルシュタイン出版で編集者をしていた友人のヴァルター・クレッフェルからウーデットに相談が持ち掛けられた。今年、八月末から九月にかけてアメリカのクリーヴランドで行なわれる飛行競技大会に出場しないかというのだ。ウーデットはこの申し出を受けた。これが彼の運命を大きく変えることになる。八月十七日、アメリカに向けて出発する前日、クレッフェルはウーデットと会い、米国で開発された急降下爆撃機をぜひ見てくるようにと勧めた。軍用機だが、今後の飛行ショーに活用できるのではないかというのだ。このときウーデットはこの話にそれほど気乗りしていなかった。翌八月十八日、ウーデットは出発、八月二十五日にはニューヨークに着いた。クリーヴランドに行く前に、彼らはホワイトハウスに招かれフーヴァー大統領と短い時間ではあるが会っている。

飛行競技大会が終わったあと、ウーデットは会場の飛行機群を子細に見て回ったが、彼の関心を引いたのはカーチス社のホークだった。クレッフェルに一度見てこいと勧められた機体だ。アメリカでは、ヘルダイヴァーの名で一般に知られていた。同社に購入可能かどうかウーデットが問い合わせると、最初ホークの機体売却価格を一万六〇〇〇ドルと社は提示し、すぐその後で、一万五〇〇〇ドルの特価で販売してもよいという話になった。もちろんエンジンの費用にはさらに六二五〇ドルが必要となる。この時ウーデットにはアメリカで飛行機を買って帰る財政的余裕がなかった。交渉は一時保留されたが、ホークの猛禽を思わせるダイヴは、航空ショーの新たなハイライトになると彼は考えていた。

ウーデットがアメリカから帰国したのは十月二日だった。十一月四日にベルリンのアトリウムで映画会が催され、ウーデットも参加した。彼がアフリカで撮ったフィルムも上映されることになっていたのだ。この会には貴賓としてヘルマン・ゲーリングも招待されていた。ここで二人は久しぶりに会った。ウーデットはこの場で自分のアメリカ訪問のことなどを話した。ゲーリングは一度ゆっくりと話をしようと自宅に彼を招いた。

とにかくウーデットには金が必要だった。新しい、これまでにない機軸を航空ショーにおいて打ち出し、大向こうをあっといわせる飛行機を買う金が。渡りに船と言うか、翌一九三二年二月の末に、これまで一緒に映画を撮ってきたファンク博士から、撮影予定の映画への出演依頼があった。グリーンランドを舞台とした「SOS氷山」という映画だ。ウーデットはこれを受けた。撮影にはウーデット所有の航空機三機と、ラウス（しらみ）というあだ名の新たな愛人も一緒にということだった。グリーンランドへ向けての出発は、五月末と決まった。それまでウーデットは航空ショーに精を出すことにした。

五月二十五日午前九時、一二か国から集まった男女三八名からなる映画撮影隊は、ハンブルクの港を二五〇〇トンの汽船ボロンディノ号で出発した。ウーデットがこの映画のために積み込んだ機体は、デ・ハヴィランド・モッテ（モス）、BFW M23bとクレムL26の三機だった。この映画はアメリカのユニバーサル映画社との合作作品だった。撮影は過酷なものだった。脚本が空からの救出に二回失敗し、三回目に成功するというものだから、ウーデットはその二回の失敗もトリックなしに、実際にやらなければならない。モッテで氷の海に着水後、水中に沈むシーンの撮影では、予想以上に機体の沈みが早く、モーターボートで救出に向かった撮影隊員たちが到着した時には、わずかに機体の尾部が水面に突き出ているだけの状態だった。幸い、ウーデットは無事に救い出された。次は氷山に機体を激突させるシーンである。これは氷山にぶつかってすぐにエンジンから発火し、機体が炎上。ウーデットは海中に飛び込んで難を逃れたが、再び氷の海の中から救出されることになった。この映画撮影中、ウーデットが浮氷と氷山の間に着水した回数は四〇〇回に及んだ。

十月十日、グリーンランドでの撮影を終えたウーデットたちは、ノルウェーの蒸気船「トルデンスヒョルド」号に乗り込み、帰国の途に就いた。ベルリンに戻ったウーデットは自宅に「グリーンランド・バー」と命名した一画を設け、持ち帰った記念の品々で飾った。グリーンランドでの無理が祟ったのか、十二月初めに彼は病に臥せった。肺炎を起こしていたのである。

ナチス入党

一九三三年一月三十日、アドルフ・ヒトラーがドイツの首相となった。

二月一日、ドイツ・エアロクラブ創立二五周年記念集会が、ベルリンで開催され、プール・ル・メリット受勲者の生き残りほぼ全員が出席したが、この日、ゲーリングはウーデットを脇に呼び、ドイツ航空発展に尽くす気はないかと尋ねた。これに対してウーデットは、むろんそういう気持ちは十分にあるが、政治のことは分からないし、もう一度軍服を着る気はない、ただ好きな時に、好きな場所で、好きなように飛びたいだけだと答えている。ゲーリングはウーデットの言葉にうなずき、去年の暮れに会ったときのことなど話しながら、ウーデットがアメリカで買い入れを考えているカーチス・ホーク二機の購入費用を提供してもよいと話した。

一九三三年は、不吉な影が射し次第に息苦しくなっていく世界の中で、ウーデットがほっと息のつけた最後の年となった。五月一日にウーデットは友人クレッフェルの客となった。そこにはナチスの前身NSDPの共同設立者であり、党の財政部門を預かっていたゴットフリート・フェーデル博士も同席していた。フェーデル博士はウーデットに党の運動について説明をした。それからフェーデルがウーデットに彼の才能を党で役立てる気はないかと尋ねると、「あなた方がいくら支払ってくれるか、それ次第ですね」と応えた。

同じ月にウーデットはナチスに入党した。希望者が多く、入党するためには推薦人が必要だった。彼は旧友のフランツ・ダールマンを介し、クルフェルシュテンダムの党支部で入党申請を行なった。党員番号二〇一〇九七六である。入党後も彼の生活に変化はなかった。

六月十五日、再びウーデットはニューヨークの港に降り立った。アメリカ各地で、ドイツの現況に関しインタヴューを受けたが、ウーデットの答えは常に同じだった。「ドイツにおけるヒトラーの姿勢は国外において誤解もしくは正しい評価を得ていない。ドイツでの出来事は誇張されて報道されている。確かなことは皇帝が再び帝位につくということはないということだ。ユダヤ人に対する迫害は何件かあったが、いずれも誇張されている。共産党に加入していない者は、これまで通りの生活をしているし平穏に過ごしている。ヒトラーはドイツを戦争へとは導かないだろう」とは言いながらも、何か不吉なものをウーデットはドイツの将来に感じていた。あるパーティでナショナル・エアレースの世話役だったクリフォード・ヘンダーソンに対し、「ねえ君、ここで何かおもしろい仕事がないだろうか。場合によっては結婚できるようなアメリカの女の子はいないものかな。くそったれのナチスめ。国にいるときは僕も勇敢なナチの一人だが、しかしね……」と、胸に鬱屈しているものの一部が思わずでてしまった。

アメリカでのナショナル・エアレースはロスアンゼルスを舞台に七月一日から始まり、一〇万の観客を動員した。髭とペットのライオンで有名なエア・レースの伊達男ロスコー・ターナーを通じて、かつてウーデットに撃墜されたカナダ人学生から、ドイツ兵に投降を呼びかける最後のビラの一枚を受け取ったのはこの時のことである。戦時中ターナーはその学生と戦地で知り合ったのかもしれない。ターナー自身は戦地で飛行訓練を受けたが、実際の戦闘には出ていない。このアメリカ滞在をウーデットは楽しんだ。メキシコやシカゴへも気晴らしに出かけた。シカゴではちょうど万国博覧会が行なわれており、ウーデットは曲技飛行で博覧会に華を添えた。

九月二十九日になって、ウーデットはカーチス社を訪ねた。銀色に塗装された二機のホークが引き渡しを待っていた。製造番号八〇及び八一である。輸出用の機種はホークFⅡCを基にしたホークⅡで、アメリカ海軍はこの機体にフロートをつけ水上機として運用していた。ボリビア他各国からの発注もすでに受けていた。幸い、ドイツに輸出することに異議は出ていなかった。

引き渡しに際し、カーチス社のテストパイロット、ロイド・チャイルドが試験飛行をして見せた。ウーデットが自身で試験飛行をしようとしたところ、代金の支払いを済ませてからでなければ駄目だと、カーチス社から苦情が出た。結局、ジミー・ドゥーリトルがもう一度試験飛行をしたうえで支払いを済ませ、それからウーデットが乗るということで落着した。このドゥーリトルはもちろん一九四二年四月十八日、空母ホーネットを飛び立って日本を初空襲したB－25ドゥーリトル隊の隊長を勤めた男である。このとき、ウーデットは三十七歳、ドゥーリトルは五歳若い三十二歳だった。二人とも短躯で、非常によく似ていた。ドゥーリトルが飛んだあと、支払いを済ませたウーデットが試乗したが、彼の飛行は見事なものだった。初めて乗る機体を大胆に操り、見る者の度肝を抜いた。

その後もアメリカ各地で飛行ショーを続け、十月十一日の真夜中、ウーデットは汽船ヨーロッパ号で帰国の途についた。船中でウーデットは、アンゲルムントが去って以来、彼の秘書を兼務していた整備士のバイエルに、ゲーリングから航空省で空軍再建のために仕事をしないかと誘われていて、多分そういうことになるだろうと話した。

帰国して十月二十五日にはすでにホーク一機の組み立てが終えられた。ホークの初飛行が行なわれたのは冬の寒い朝だった。試験飛行の会場となったのはレヒリンの飛行場である。参集者は皆平服に身を包んでいたが、いずれも来るべき空軍において重要なポストを占める者たちだった。かつての僚友であり、レッド・バロンの従弟に当たるヴォルフラム・フォン・リヒトホーフェンもその中にいた。

第８空軍司令官当時のジェイムズ・ドゥーリトル中将

急降下爆撃機という戦術思想自体は新しいものではなかった。一九三〇年、ハインケル社は日本海軍の依頼を受け、ハインケルＨｅ50急降下爆撃機を開発、日本では九四式艦上爆撃機という名称で運用された。ゲーリングはウーデットと同様か、あるいはそれ以上に急降下爆撃戦術に熱心であった。ウーデットがアメリカから帰国する前の十月十二日に、すでに最初の急降下爆撃部隊の編制を命じていた。計画としては二段階に分けて部隊を創設するというものだった。第一段階は促成プログラムで、単座複葉、迅速に開発、製造可能なものを作り上げることだった。機種としてはフィーゼラーＦｉ98、ヘンシェルHs123がこれに当たる。第二段階でより高性能な機体を開発、配備する。レヒリンで、ウーデットがホークを駆って行なった試験飛行は、ドイツ航空省幹部たちの目にどう映ったのか。高度四〇〇〇メートルからウーデットは石のように垂直降下し、地上付近で機体を立て直した。しかし残念ながら何の感銘も彼らに与えなかった。機体がアメリカ製であるということもあったろうが、それ以上にウーデットに対する反発の気持ちが強かった。十二月十六日、再度ホークの試験飛行が行なわれた。このときにはエアハルト・ミルヒも参加している。試験飛行後、ウーデットはミルヒから、今後航空省で行なわれる急降下爆撃機に関する全会議に出席するよう要請を受けた。航空省でウーデットが実務に着く以前、彼は飛行大会の合間を縫ってミルヒに飛行機の操縦を教えている。本書「マイン・フリーガーレーベン」が執筆されたのもこの頃である。

この年の終わりに、一人の女性がウーデットの人生に現われる。インゲ・ブライレ。ウーデットがローとの離婚後、唯一結婚をしたいと考えた女性であり、彼の最後の愛人となった女性である。

一九三四年以降ウーデットは次第により深く、より強くドイツ空軍の再建を通じてナチスの影響下に取り込まれていくことになる。翌一九三五年二月二十六日、実質的にドイツ空軍は再建された。ゲーリングからの空軍に来いという要請もさらに執拗なものとなった。この年の四月末に、これまで話に聞くだけであったBf109をアウグスブルクの工場で実見している。ウーデットは風防で覆われたコックピットと、低翼単葉という姿形に違和感を持った。他の多くの大戦を生き抜いたパイロット同様、彼にとって戦闘機とは複葉で、解放されたコックピットに座り、吹きつける風を感じながら飛ぶものだったからだ。

ウーデットに空軍入りを決心させた事件があった。航空省技術局内の技師たちの中に一団のグループがあり、彼らは軍用機全機種での爆弾投下という可能性に取り組んでいた。この発想の基にあったものは、保有爆撃機の不足というほかに、まともな爆撃照準器がないことにあった。爆撃照準器に関しドイツの水準は旧連合国に一〇年遅れていた。レヒリンで行なわれていた爆撃試験の結果は惨憺たるもので、目標命中率は一から二パーセントにすぎなかった。しかし、目標間近まで迫っての急降下爆撃という方法であれば、複雑な照準器など必要ない。高性能爆撃照準器をめぐるジレンマ解決のために、急降下爆撃機の開発をという声は、技術局内の各所から上がっていた。

しかし局内開発部門の長であるヴォルフラム・フォン・リヒトホーフェンは、急降下爆撃を評価していなかった。ウーデットがカーチス・ホークで急降下爆撃を実演してみせたとき、彼もその場にいたが、「高度二〇〇〇メートル以下で爆撃をやるなど、高射砲の餌食になるだけだ、まっぴらごめんだね」と、ウーデットに聞こえよがしに放言したほどだ。リヒトホーフェンは厳として局内の急降下爆撃機待望論を抑え込んでいた。

こうした状況を打開しようと、技術者たちが目をつけたのがウーデットだった。彼はまだ軍人ではなかったが、ゲーリングとの繋がりがあった。たまたま彼らが自由にできる二機の航空機があった。ハインケルHe50とユンカースK47だが、一九三二年に日本とスイスからの発注を受けて開発した急降下爆撃用の機体で、老朽化しすでに軍籍から外されていた。ウーデットにこれを試乗させ、彼の見解を聞こうというのである。実際にウーデットはこの二機を飛ばしたが、ホークに乗りなれた彼には両機ともに話にならなかった。幸い、フォッケウルフ社の主任設計技師クルト・タンクから自分が設計した「ハイタカ（シュテーサー）」で試してみろという申し出があった。技師たちを連れてウーデットは同社のあるブレーメンに赴いた。ウーデットはシュテーサーの翼下に六個のセメント製の爆弾を吊り下げ、地上の目標に対し急降下爆撃を試した。結果、爆弾の半分は目標に命中、後の半分も目標のそばに着弾するという成果を得た。五〇パーセントの命中率である。

しかし、喜びも束の間、翌日ブレーメンに行った士官、技師たちは厳しい譴責処分を受けた。彼らの行動は職責を逸脱するものだったからだ。この処分に激怒したウーデットはゲーリングと会い、事の子細を話したのだが、逆にゲーリングに、ウーデットの空軍入りを納得させる絶好の理由を与えてしまった。局内に入って事を進めよというのだ。ウーデットはこの申し出をなおも拒否した。しかし、すでに空軍入りをしていた友人グライムから、ちょうど彼が戦闘機監理官から航空安全及び機器監理官に異動し、旧職が空席になったこと、急降下爆撃をやりたいなら戦闘機及び急降下爆撃機監理官と名前を変えてその職に就けと説得され、ついに空軍入りを承諾した。

ドイツ空軍の急降下爆撃機という発想は、優秀な爆撃照準器がないということから導き出された苦肉の策だったが、この照準器をめぐる問題は、これ以後のドイツ空軍形成に少なからず影響を与えた。一九三七年に始まったスペイン内戦におけるパイロットたちの経験、急降下爆撃の命中率の高さが相乗して、爆撃機すべてに急降下爆撃機能を持たせるという着想を生み、この延長線上にユンカースＪｕ87、Ｊｕ88、さらには四発のハインケルＨｅ１７７をも形としてはエンジン二基をタンデムに取り付け双発の形式にするという流れが生まれることになったのである。

信頼できる照準器がないという問題は、未解決のまま残され、ようやく一九三七年になって動きが出た。ドイツ独自の技術では早期に開発することは困難だった。優れた他国の照準器を模倣するしかない。ウーデットは個人的にカナリス海軍提督と協議を行なった。アメリカでカール・Ｔ・ノルデンが開発した照準器を入手できないだろうかということだ。ドイツ諜報網は驚くべき速さで成果を上げた。十月三十一日、ドイツのスパイはニューヨークに設計書を運び、それを雨傘に隠して、同日ドイツに向けて出港する「ブレーメン号」で本国に送り出したのである。しかし、四発重爆撃による戦略的水平爆撃という大局的変化はドイツ空軍内に生まれなかった。

悪魔との契約

一九三五年六月一日、ウーデットは再び軍服を着ることになった。大佐として空軍に入ったのである。しかし、実際に職務を開始するのは、九月まで持ち越された。多様な航空ショーへの参加を予定していたため、ウーデット個人としての義務が果たされるまで猶予を与えられたのだ。八月二十五日、ハノーバーでの航空ショーを最後に、ウーデットは曲技飛行家としてのキャリアに終止符を打った。

九月一日、彼は予定通り空軍に入ったが、彼を待っていたものは官僚的な対応だった。大戦中のパイロットが空軍に入った場合、まず作戦部隊に配属という規定があり、これが杓子定規にウーデットに適応された。彼はキッチンゲンに新たに編成された戦闘飛行団司令の辞令を受けた。ゲーリングはこの配属命令に激怒し、ただちに命令を撤回させ、ウーデットを航空省技術局に配属させた。そしてこの人事を行なった人物を捜し出そうとしたが、ついに分からなかった。後年、ウーデットは彼を作戦部隊に放り出そうとしたこの人事の背後で、航空省次官エアハルト・ミルヒが糸を引いていたと漏らしているが、真偽は分からない。

親しい友人たちは軍服姿のウーデットに驚いた。友人のハインケルに彼はこう言っている。「飛ぶためには悪魔とでも妥協しなければならん。ただ奴に食われちゃだめだ」一九三三年、アメリカにおいてすでに彼は、公にはナチを擁護する発言をしていたが、親しい友人たちにはナチに対する嫌悪を顕わにしていた。裂かれた一つの魂が天秤の上で揺れる、破滅への時期が来ようとしていた。本書マイン・フリーガーレーベンがウルシュタイン出版から世に出たのはこの年の暮であった。

ウーデットが入省したころ、すでにゲーリングとミルヒの対立は深刻なものになっていた。ミルヒがゲーリングの次官となったのは、一九三三年一月末のことである。当時ルフトハンザの支配人をしていたミルヒの自宅を、ゲーリングと彼の秘書パウル・ケルナーが訪れ、航空省を創設するにあたり、ミルヒにゲーリングの次官、彼の代理人となってほしいという要請を行なった。「ルフトハンザの王様」と呼ばれていたミルヒは、今さら人の風下に立つ気はなく、この申し出を断った。ゲーリングは引き下がらず、二日間よく考えるようにと言ってひきあげた。三十日の朝、ゲーリング自らミルヒに電話をかけ、この件についてミルヒの回答を求めた。ルフトハンザに名誉取締役として籍を置いておくというミルヒの希望は了承されたが、もう一つミルヒには、ゲーリングのもとで仕事をすることを躊躇させるものがあった。ゲーリングが麻薬中毒者であるという噂である。ミルヒはこの点について、用心深くゲーリングに持ち出した。ゲーリングの答えは率直だった。プッツ一揆後、確かに麻薬中毒になった、がしかし今はもうこの中毒を克服したと、ゲーリングは話した。翌日、ゲーリングとともにヒトラーのもとに赴き、ヒトラーから型通りの要請があり、ミルヒはこの職を受けた。

ミルヒが最初に手掛けたのは航空省の設立であるが、もちろんその本来の責務は航空兵力の増強ということにあった。一九三四年七月初め、彼は航空機製造計画を作成したが、それは一九三五年九月末までに四〇二一機の航空機を生産するというものだった。内訳は八二二機の爆撃機のほか、大部分は種々の練習機及び戦闘機だった。旧連合国側から航空兵力保持に対する干渉を恐れたヒトラーは、七月末、バイロイトにゲーリング、ミルヒ、ヴェーフェルの三人を呼び、干渉を受けぬうちに空軍を立ち上げてしまおうと、航空機製造の増強を要請した。ミルヒは現状を説明しつつ、ヒトラーの要求に対し異議を唱えた。するとゲーリングはヒトラーの面前でミルヒを痛罵し、空軍参謀総長ヴェーフェルに自身の見解を述べよと要求した。すくみ上がったヴェーフェルは、ヒトラーの要求が実現可能であろうと折れた。この会議の後、ゲーリングはさらに「君は、君自身ばかりか空軍の体面をも汚したのだ」とミルヒを面罵した。

バイロイトでの事件は、ミルヒとゲーリングの関係に深い溝をつくる結果となった。八月二十二日、ゲーリングはヒトラーと空軍再建予算の協議を行なったが、その際、ゲーリングはあからさまにミルヒの同席を拒んだ。ミルヒは協議内容から、自分が同席すべきであると抗議した。結局、ヒトラーがミルヒの言を入れ、彼を同席させた。ミルヒの説明を受けて、ヒトラーは今後四年間の航空装備に必要な予算一〇五億マルクの予算を認めた。ヒトラーはミルヒを気に入ったようだった。一九三四年から一九三五年にかけてヒトラーとミルヒは、よく二人だけで話をするようになり、ゲーリングにとっては、実に不愉快な存在となった。

このような組織内部の葛藤の中にウーデットは飛び込んだのである。このころの実際のドイツ航空兵力はどの程度のものだったのか。イギリス政府は、一九三四年末現在で六〇〇から一〇〇〇機であると推論していた。現実には同年末時点で、ミルヒが計画した四〇〇〇機のうち半数について発注を終え、ロシアで密かに養っていた航空兵力に比すれば約一〇倍の稼働が可能となっていたが、保有機数は五六五機に過ぎなかった。しかもその多くがいまだエンジンを搭載されず、重要部品を欠いた状態だった。しかし、ウーデットが航空省入りした一九三五年秋時点では、実戦稼働機数は約一八〇〇機に達し、空軍再建の第一局面は終了しようとしていた。

イギリス空軍参謀部とチャーチルはこの時点では、ドイツの考えを読み誤っていた。彼らはドイツが、イギリス侵攻をもくろんでいると考えていたが、実際は逆だった。ミルヒの個人的日記には、ドイツの軍備をどの程度にする必要があるかについて、ヒトラーとの協議内容が書かれている。ヒトラーの考えは、海軍についてはイギリス海軍の三六パーセント、陸軍についてはフランス軍と同等、空軍についてはイギリス、あるいはフランスと同等の戦力を保有するというものだった。イギリスとの敵対行動に関しては一切言及がなく、逆にソビエトと軍事的摩擦が生じた場合には、イギリスの助力を当てにするとある。ヒトラーはイギリスに対し畏怖、あるいは奇妙な敬意を抱いていた。彼がミルヒに繰り返し語ったのは、イギリスとドイツが同じゲルマン民族として提携するというものだった。海軍はイギリスが、陸軍はドイツが、空軍は両国合同で持つという、およそ現実とはかけ離れた幻想を、ヒトラーは抱いていたのである。

戦闘機・急降下爆撃機監理官

一九三六年二月十日、ウーデットは戦闘機・急降下爆撃機監理官に任命された。すでにミルヒ、ヴェーフェル、ヴィンメルのラインで、空軍再建の道筋は固まっていた。第一局面は数の確保だった。とくかく実戦稼働可能な機数を確保しなければならない。性能は二の次である。この応急措置的な基礎の上に、高性能機をもって空軍の装備を図るというのが、先に書いたように、ミルヒの計画だった。十分な航空兵力の涵養には八年必要だとミルヒは考えていた。ウーデットが戦闘機・急降下爆撃機監理官になったころは、ちょうど第一局面から第二局面への切り替えが、一部始まりつつあった時期に当たる。しかし、第一局面において他国と交戦できるほどの数を確保できていたかというとそうではなかった。

一九三六年三月七日、ドイツ軍はラインラント非武装地帯に進駐した。この軍事行動について、ミルヒは知らされていなかった。彼は恒例のスキー休暇でチロルにいたが、三月六日夜、ヴェーフェルからの電話で、ベルリンにすぐ戻れとの連絡を受けた。ミュンヘンまで戻ったとき、飛行場で彼は拡声器から響いてくるヒトラーの声を聞いた。「ドイツ軍はこの瞬間、ラインラントに進駐した」と。ドイツ空軍が質量ともに、いまだ張り子の虎であることを誰よりも知っていたのはミルヒだ。戦闘機部隊はわずかに三個戦闘集団があるだけだ。そのうちラインラントに割けるのは一個戦闘集団のみで、各機一〇〇〇発の弾薬を積んではいるが、機銃の照準調整はされていない状態だった。

ともかくこの一個戦闘集団をケルンとデュッセルドルフに分駐させ、一個急降下爆撃機集団をラインラントとフランクフルト、マンハイムの飛行場に配備した。後は筆とペンキの仕事である。ドイツ中の飛行学校の看板を戦闘機、あるいは爆撃機部隊にかけ替え、老朽戦闘機をラインラントの飛行場に飛ばし、飛びかえらせては塗装を塗りなおして、別の部隊に見せかけてラインラントへまた飛ばすということを繰り返し行なった。薄氷を踏むようなこの大芝居は成功した。

同年三月にはメッサーシュミットＢｆ１０９戦闘機、双発駆逐機メッサーシュミットＢｆ１１０、急降下爆撃機ユンカースＪｕ87、ヘンシェルＨｓ１２３、中型爆撃機ドルニエＤｏ17、ユンカースＪｕ86、ハインケルＨｅ１１１の試作機がレヒリンで試験飛行を繰り返していたし、ユンカースＪｕ88の開発も初期段階とはいえすでに始まっていたのである。また、ドルニエ社とユンカース社ではそれぞれ四発重爆撃機Ｄｏ19、Ｊｕ89の開発に取り組んでいた。Ｄｏ19については三機、Ｊｕ89は二機の試作機がすでに組み立てられていた。この段階で、爆撃機についてはＨｅ１１１が第一世代の主力爆撃機として決定していた。

こういう状況であったから、ウーデットの仕事は、戦闘機と急降下爆撃機に関し、その成果を正しく摘むことにあった。彼の初仕事は、ハインケルＨｅ51戦闘機の後継機の選定だった。アラードＡｒ68が次期主力戦闘機候補となっていたが、参謀本部ではＨｅ51に対しＡｒ68は性能的により優秀になったとは言い難いと不評だった。ウーデットは実際に両者を飛行させ比較することにした。Ｈｅ51には経験豊富な空軍パイロットが乗り、Ａｒ68にはウーデット自身が乗って比較した結果、軍配はＡｒ68にあがった。運動性が高く評価されたのである。さらに戦闘機乗員養成練習機も従来のアラードＡｒ65からフォッケウルフＦｗ56に変更した。

次はＡｒ68の後継機となる次世代主力戦闘機の選定である。四社四機種が候補に挙げられた。アラードAr80、フォッケウルフFw159、ハインケルHe112、そしてメッサーシュミットBf109である。このうちまずAr80とFW159は検討からはずされた。他の二機種と比較して性能的に劣ることが明らかだったからだ。He112とBf109の比較に当たり、ウーデットとグライムは二人で模擬空戦をしている。二月二十六日から三月二日にかけて最終選考のため両機による試験飛行が行なわれ、Bf109にはヘルマン・ヴルスターが、He112にはゲルハルト・ニチケが搭乗した。ウーデット初め四〇名以上の航空省高官がこれに立ち会った。ヴルスターに比べてニチケの飛行は思い切りに欠けていた。軍配はBf109にあがった。このときハインケルは非常に落胆した。軍用機の制作については経験も実績もあったハインケルに対し、メッサーシュミットはこのBf109が初めて手掛ける軍用機だった。ハインケル自身は十分勝算があると考えていたのである。

六月に急降下爆撃機についての選考会が始まった。候補機種はやはり四機で、アラード80、ハインケルHe118、ユンカースJu87、そしてブローム&フォスHa137だった。航空省技術局開発部門の長はヴォルフラム・フォン・リヒトホーフェンだったが、彼が推したのはHa137だった。しかし、そもそもHa137は攻撃機であって、急降下爆撃機ではなかった。その上、六月九日にJu87の開発中止の命令をリヒトホーフェンは内々に出していた。

リヒトホーフェンのこの内命が出される六日前の六月三日、ウーデットはヴィンメルが局長を務める技術局での会議に参加していた。会議中に空軍参謀長ヴェーフェル将軍事故死の報が入った。五十歳になってからパイロットとなったこの陸軍出身の将軍は、この日ハインケルHe70の操縦桿を自ら握ってドレスデンからベルリンに向かうことになったが、離陸滑走前に舵面固定装置の解除を忘れて飛び立ち、離陸直後に墜落、随行者とともに死亡したのだ。

空軍参謀長ヴェーフェル、技術局長ヴィンメルはミルヒに近い人脈で、二人の能力をミルヒは高く評価していた。特に、ヴェーフェルはイタリアのドゥエ将軍の影響を受け、戦略的な視野を持った人物だった。ヴィンメルも優秀だったが、彼はゲーリングににらまれていた。一九三三年にパラシュートを購入するにあたり、ゲーリングの関わる会社からの買い入れを彼が拒否したことで恨みを買っていたのだ。

空軍の新たな参謀総長となったアルベルト・ケッセルリングもヴェーフェル同様陸軍出身だった。大胆で個人的魅力に富む人物で、三年前に陸軍から財政問題の専門家として引き抜かれ、空軍財政局長として、航空軍需産業の育成と飛行場建設に重要な役割を果たしたが、参謀総長の器としてはヴェーフェルに及ばず、戦略的視野は広くなかった。

ゲーリングは技術局長だったヴィンメルを更迭してウーデットを据えようとした。ウーデットはこの申し出を断った。生産部門のことは分からない、大型機についても何も知らない、わが事にあらず、第一性に合わないという理由だった。しかし、「総統がそれを望んでおられる」という一言でウーデットを承服させた。

航空相省技術局長就任

六月十日、ウーデットは航空省の巨大な建物の四階南翼にある二〇一号室に入った。航空機の技術部門、研究部門、開発及び供給部門を統括する極めて重要な役職である。前日、技術部門の長としてＪｕ87の開発中止命令を出したヴォルフラム・フォン・リヒトホーフェンは、自ら技術部を去って第一線部隊へと身を転じた。この夏、彼はドイツ義勇軍コンドル部隊の参謀長となってスペイン内戦に従軍することになる。

ウーデットのもとには、いろいろなアイデア、探検遠征への協力依頼が外部から持ち込まれた。前大戦の友人たちの面倒もよく見た。彼自身、アメリカから持ってきたカーチス・ホークに細工して、急降下中に鋭いサイレン音を発する「ジェリコのラッパ」を考案している。ともかく、技術局長として彼が着手したのは急降下爆撃機の選定と大量の兵員、物資を搬送できる巨大グライダーの制作だった。急降下爆撃機については、ダルムシュタットにある滑空飛行研究所が急降下ブレーキを開発し、ハンナ・ライチが試験飛行に成功していた。ウーデットはこの実演を視察し、深い感銘を受け、発動機付き航空機に転用することを思いついた。巨大グライダーの製作についても九月にはひな形が完成している。

七月十八日、スペイン内戦が勃発。二十七日には最初のユンカースＪｕ52がベルリンのテンペルホフからモロッコへと移動した。この日、ウーデットはハインケル社の工場のあるマリーエンエーエでハインケルＨｅ１１８試乗中墜落したが、無事だった。しかし、この結果ユンカースＪｕ87が急降下爆撃機として正式採用となった。ウーデットの操縦でＨｅ１１８が墜落、それが結局Ｊｕ87正式採用への流れを作ってしまったことで割りを食ったのはハインケルだった。彼はウーデットにその埋め合わせとしてハインケルＨｅ１１２戦闘機の採用を求めたが、ウーデットはこれを拒んだ。確かにＨｅ１１２は上昇能力、脚の堅牢さにおいて優秀だが、性能の多少の良し悪し以上に、量産に向いているかどうかが重要だと説明している。さらに、航空省では航空機製作会社はそれぞれ特定機種の開発に専念するよう決定し、メッサーシュミットは戦闘機を、ハインケルは爆撃機を開発するようにとも話した。

八月には第十一回オリンピックがベルリンで始まった。ベルリン大会である。この大会でもウーデットは飛んだ。十一月にウーデットはカリンホールでゲーリングにＢｆ１０９を主力戦闘機に、Ｊｕ87を急降下爆撃機として正式採用し、爆撃機についてはハインケルが開発する予定になっていることを報告したが、ゲーリングはほとんどウーデットの言葉に関心を示さなかった。十月十八日に四か年計画の全権委員に任命されたことのほうに夢中になっていたのだ。

この年の終わり、友人のカール・ツックマイヤーがウーデットと会った。このときウーデットはツックマイヤーにこう話している。「この国の埃を靴から払って、世界へと出て行くんだ。もう君は二度と戻って来てはいかん。ここにはもう人間の尊厳なんてものはない」と。そして、ウーデット自身の状況を尋ねられると、「僕は飛ぶことに溺れてしまった。もうここから抜け出すことはできない。いつか僕ら全員を悪魔が連れて行ってしまうだろう」」と応えた。ツックマーヤーは第一次大戦中、砲兵隊観測員として従軍中、空中からの観測訓練のために一時リヒトホーフェン戦隊に配属されたが、その折にウーデットと出会い、親交を結んだ人物で、後に作家となり、ウーデットをモデルに戯曲「悪魔の将軍」を書いている。

一九三七年一月四日、ゲーリングは航空兵力戦時体制令を出した。十一日にウーデットはミルヒ、ケッセルリングとともにゲーリングのもとでの協議に参加した。基本計画では、一九三八年十月一日までに三〇個爆撃集団、一五個戦闘機集団の編成が予定されていたが、一九三八年三月末までに製造予定だったBf109の数七五八機を倍の一四〇〇機に拡大すると、どういうつもりかウーデットはゲーリングに約束した。慢性的な原材料不足、労働者の不足に苦しんでいたにもかかわらずである。

ゲーリングとミルヒの関係はもはや修復の余地がないほど悪化していた。空軍装備の拡大を命じるたびに面と向かって反論し、現実的で行き届いたミルヒの説明に、常に譲歩を強いられる状況はゲーリングをうんざりさせていた。しかし、空軍の体制はすでに最終段階に達し、ゲーリングの下僚たちの間ではミルヒ不要論がささやかれ始めていた。技術局にはウーデットが、参謀本部にはケッセルリングがいて、その職掌をしっかりと把握しているというのだ。これ以後、空軍参謀本部とミルヒの間に確執が生まれ、これは終戦まで続くことになる。

一月十一日の会議後、ゲーリングはケッセルリング、イエショネクと協議を持った。この中でミルヒ不在のままユンカースJu89とドルニエDo19の開発計画の中止が決定された。両機とも四発の長距離重爆撃機で、イギリスとの戦争を想定し、四年前にヴェーフェルとミルヒが開発を命じたものだった。すでに両機とも試作機が作られ試験飛行を行っている段階にあった。ミルヒがこの決定を知ったのは、数日後、彼に代わってルフトハンザの支配人代理を務めていた友人のフォン・ガブレンツとの電話でのやりとりになかで、偶然聞かされてのことだ。ケッセルリングとイエショネクからゲーリングに対し四発機一機を製造する材料で、双発中間爆撃機が二機半できるという提案が為され、ゲーリングがこれを了承したのだ。

この決定の背後には原材料、特にアルミニウムの不足があった。進行中の航空機の生産及び装備計画を実施するためには月四五〇〇トンのアルミニウムを要したが、二五〇〇トンの割り当てしか空軍にはなかった。ドイツには、軍の再建は空軍ばかりではなく、陸軍も海軍も新たに、同時に立ち上げなければならないという事情があった。

四月二十六日、ウーデットは少将に昇進した。彼の友人の家で祝賀会が行なわれ、二〇名の友人たちが集まったが、席上ウーデットはテーブルの上に飛び上がり、テーブルクロスを腰に巻いてカンカン踊りをやったことはただちに省内に知れ渡ることとなった。

ウーデットの昇進から数日後の五月初めに、さらにミルヒに追い打ちをかける決定がなされた。航空省を内務部と司令部の二つに分割するとゲーリングがミルヒに告げたのだ。内務部はミルヒの管轄下に置かれ、司令部は独立した統合体として空軍参謀総長の元に置かれた。この二つをゲーリングが直接指揮することになった。つまり技術局等を含むほぼすべての局が参謀総長の管轄となり、これまでゲーリングの代理としてミルヒが果たしてきた統括的な役割を廃するものであった。ミルヒに与えられた権限は部隊を視察することだけだった。

この機構改革及びそれに伴う人事異動は六月二日に発令された。ケッセルリングに替わって、人事局長シュトゥンプフ将軍が参謀総長となり、グライムが人事局長となった。ウーデットはそのまま技術局長にとどまり、直接ゲーリングに上申する権利を与えられた。さらに人事局と技術局は独立して、ミルヒから完全に切り離され、参謀本部同様にミルヒと同格とされた。一九三七年の夏には空軍兵力は充実し、すでにはったりだけの時期は過ぎていた。外国の干渉を抑止するに足る兵備に達していたのである。こういう自信もミルヒ不要論を助長した。

この機構改革とミルヒの失権の意味するものは何か。それはウーデットが、ヒトラーやゲーリングが突き付ける空軍拡大の過酷な要求に対するミルヒという盾を失ったことを意味する。これ以降、ウーデットがすべての難題の矢面に立たなければならないことになる。戦後のミルヒの裁判において、ドイツ空軍はなぜ敗れたかという問いに対し、一九三七年のこの機構改革が原因だとミルヒは答えている。戦争の影が現実味を帯びてくるまでは、しかし小康状態が続く。

六月十六日、ゲーリング臨席のもと、ウーデットは航空工業家たちを集めて空軍の指針について説明した。開発と生産における集中、機体組み立ての簡素化、開発費の低減、材料の節約、設計変更の制限、改良に関する情報の共有化、また外貨獲得のための輸出努力などである。また各社開発部門の四〇パーセントの削減をこの指針は含んでいた。つまり勝手に新規機種の開発をやって無駄に人と材料、時間を浪費するなということである。

工業家たちとの協議後、十月末までウーデットは事務仕事を離れ、業務に関連させて国内の飛行大会、海外視察、各国空軍視察団の受け入れに飛び回った。軍事大臣のブロムベルクはヨーロッパでドイツが絡む有事に際し、他国の対応を可能な限りドイツに有利なものとするため、国際的な友好関係を築き、同時にドイツ空軍の精強さを海外に示威する必要があったのだ。特にイギリスとの友好を取り結んでおくことは、その中立を欠くべからざる前提とする今後のドイツの動きにとって重要だった。この役割を担ったのがウーデットとミルヒだった。

はったり外交官

六月二十六日、ウーデットはイギリス空軍（ＲＡＦ）からヘンドン飛行場での航空ショーに招かれ、彼らの新鋭機を視察した。七月十一日は国内の飛行大会、七月二十三日から八月一日まではスイス、デューデンドルフの国際飛行大会に参加した。この時はミルヒが団長を務めた。

このスイスでの大会はドイツ空軍の優越性を示すよい機会となった。ＢＦ１０８、Ｂｆ１０９、フィーゼラー・シュトルヒ、滑空機のＤＦＳハービヒトといった新鋭機がドイツから参加したが、特に世界に衝撃を与えたのは他国のどの現役戦闘機よりも高速の「空飛ぶ鉛筆」と呼ばれたドルニエＤｏ17爆撃機だった。帰国したウーデットは八月十三日にゲーリングにスイスの飛行大会での成果を報告したが、団長であったミルヒは同席をゲーリングに拒否された。

九月六日から十三日までニュルンベルクで行なわれた党大会において、軍の日とされた一日、ツェッペリンヴィーゼ上空に三〇〇機の空軍機のエンジン音を轟かせた。同月二十日から二十六日の間、戦後最大規模の軍事大演習が開催され、招待客の中にはベニート・ムッソリーニもいた。ウーデットは正に水を得た魚である。ミルヒを同乗させ、フィーゼラー・シュトルヒで溌溂と飛び回った。演習終了後、ヒトラーとムッソリーニはメクレンブルクのヴストロウ空軍基地を訪ねたが、このときウーデットはシュトルヒでデモンストレーションを行なっている。

世界中が再建ドイツ空軍に注目していた。チリ、ブラジル、スエーデン、ポーランド各空軍の代表者が視察に訪れた。日本からも秩父宮が視察を行なっている。イギリスからは、一月にコートニー准将を団長とする視察団がやってきていた。八月にベルギー空軍総司令官ドゥヴィビエ将軍がやってきた。

十月にはフランス陸軍航空隊から公式に招待され、ミルヒとともにルフトハンザ所有のハインケルＨｅ111でパリに飛んだ。フランス側は正式な歓迎委員会を立ち上げて二人を迎えた。ル・ブルージュ空港にはフランス陸軍航空隊首脳陣が出迎え、六機の老朽爆撃機アミオ143の前には儀仗隊が整列していた。ドイツをめぐっての当時のヨーロッパの外交的環境の中で、フランスはヒトラーに影響力を持つ人物との関係を作っておきたかったのだ。それがミルヒだった。

フランスでの滞在はほぼ一週間に及んだ。この間、フランス側は二人を下にもおかぬもてなしで歓迎し、ドイツとの友好関係保持に積極的なフランス側の姿勢を示し続けた。フランス陸軍航空隊のケレル将軍はテーブルスピーチで、千年にわたる争闘の後、ついに両国がその戦斧(せんふ)をおさめた本日この日は、わが人生最良の日であると宣言した。十月九日、二人はドイツに戻り、ヒトラーにフランス側の友好的対応とドイツに対する害意のなさを報告した。しかし、ヒトラーの反応は冷ややかだった。彼はイギリス人には敬意を抱いていたが、フランス人を評価していなかった。

十月十七日にはイギリス空軍の招待を受けたが、このときはウーデット、ミルヒのほか、空軍参謀総長も加わった大規模の代表団が渡英した。フランス同様イギリス側も暖かい歓迎ぶりを示し、ほとんど無条件にすべてをドイツ代表団の前に公開した。特にドイツ側の関心を引いたのは、オースティン、ローヴァー、ハンバーといった自動車工場の訪問だった。イギリス側の説明では、昨年四月に「影の工場(シャツテン・ファブリーケン)」に指定され、有事に際してはただちに軍需工場に転換可能だということだった。イギリス側は爆撃機に関しては全機種を公開したが、戦闘機は複葉のグロスター・グラディエーターのみを見せ、就役したばかりのスピットファイア、ハリケーンは見せなかった。

十月二十五日、イギリスから帰国した二人はただちにヒトラーを訪ね、イギリス空軍の視察状況、その精強さについて報告を行った。ヒトラーは二人にこう話した。「心配するな。イギリスを攻撃することなど決してないだろう」と。こうした各国空軍の外交的交流の目的は、相互の友好関係を促進するということのほかに、当然ながらその精強ぶりを見せつけて、戦えば互いに手痛い目に遭うことになるぞと、無言の脅しをかけることにあった。

数か月ぶりに戻った航空省で彼を待っていたのは、六月十六日に航空工業家を集めて要請した事項が、実施に移されていないことから生じた様々な問題だった。空軍参謀本部は単一の主力戦闘機配備というコンセプトを順守していたにもかかわらず、ウーデットの技術局は、Ｂｆ１０９がいまだまったく作戦部隊に配備されていない夏の段階で、より高速の後継機の検討に入ってしまっていた。

このニュースを誰よりも喜んだのはハインケルだった。彼はメッサーシュミットが戦闘機分野を独占することに我慢がならなかった。ウーデットがイギリスから帰るや否や、ハインケルは航空省を訪れ、彼に自分のプロジェクト一〇三五の試作機がすでに完成していることを報告した。時速七〇〇キロを達成できる戦闘機だというのだ。本来ならば、六月に自身が出した指示に基づき、新型戦闘機の開発について中止させるべきところをウーデットは譲歩してしまい、このプロジェクトに一〇〇の番号を与えてＨｅ１００と名称し、三機の試作機製作を認め、さらに暫定的に一〇機の生産を発注した。

このハインケルの動きにメッサーシュミットは黙ってはいなかった。Ｂｆ１０９の独占体制を強化するために、Ｂｆ１０９Ｖ13を開発し、時速六一〇・二一キロの速度世界記録を打ち建てた。製作機種の限定、開発部局の縮減などは、新型機の開発で世界を瞠目させてやろうと功名心にはやる航空機工業家たちの意に介するところではなかった。

技術局内部の争乱

一方、技術局内部では技術者たちの不満は沸点に近づきつつあった。一九三五年当時より、重要度を増す技術的課題の解決のために、航空技師兵団が創設されていたが、その枢要の地位は軍人将校に独占され、技師たちは軍人の下風にたって補助的な役割に甘んじざるを得ない状況にあった。そこにウーデットがこれまたどうしようもなくだらしない組織運営を持ち込んできたのである。彼は一〇〇万マルクの発注も電話一本で片づけた。ある下僚が見かねて、文書によるやりとりの必要性を提言したが、彼は驚いたように「俺の言葉にはもう値打ちがないというのかね」と言うだけだった。

局内の問題について確認するやり方も似たようなものだった。このころ、研究部門の長はボイムケル博士、開発及び実証部門はユンク、調達と供給部門はプロッホがそれぞれ束ねていたが、何か問題があると電話で「ちょっと上がって来てくれ」と呼び出す。「それはすでに完了しております」、「はい、すでに最初の機体はこれ、これの数が供給段階にあり、これ、これの機数が月々生産される予定となっております」と呼び出された者たちの答えは判で押したように決まっていた。実際はどうなのか分からない。無秩序極まりない処理だが、ウーデットにはこのやり方が性に合っていた。しかしこれでは技術局のような大組織が正しく動くはずがない。

技師兵団の若手たちは綱紀粛正やむべからずと、包括的な技術局改革案を作成し、ウーデットに提出した。十二月二十四日、ユンクはこの改革案に対し、受け入れ拒否の報告書をウーデットに提出、ボイムケル、プロッホも同意見であることを告げ、同時に自分を直ちに罷免するようウーデットに求めた。優柔不断にも、ウーデットは決定を保留した。

一九三八年一月十九日、ゲーリングは再び航空省の機構を変更した。航空省大臣に直属する七部署に分割したのだ。いずれの部署の長も同格だった。庶務局、参謀本部、人事局、技術局、防空局、陸軍最高司令部付きの空軍将官部、そして省次官及び空軍総監である。省次官及び空軍総監としてのミルヒの位置は、参謀本部のみならず他の部署の長とも同格とされることでさらに弱められたのである。ドイツ空軍に関連する多くの書物は、この機構改造をもって、ウーデットとミルヒの対立が深まったとしているが、ウーデットが向かい合うことになったのはミルヒではなく、ゲーリングであり、ヒトラーであった。

第二次大戦前夜

この年、軍全体にとっても大きな変革があった。二月四日、ヒトラーは軍事省大臣フォン

・ブロムベルク大元帥と陸軍総司令官フォン・フリッチ大将を更迭、軍事省を解体し、自らドイツ全軍に対する直接命令権を手にした。ヒトラーが直接軍事権を把握したということは、ドイツにとって新たな局面が現れたことを意味していた。権力把握から五年、国家としての基礎が固まったドイツは、その目を国境の向こうに据える。三月十一日、ドイツ軍はオーストリアに進出した。そのとき、ウーデットはベルリンの冬の恒例行事、飛行家のダンスパーティに参加していた。

ドイツによるオーストリア併合の迅速さに旧連合国側は対応できなかった。ラインラントへの進駐、そして今また旧連合国の干渉を受けることなくオーストリアを併合したヒトラーは、今後もイギリスと事を構えることなく自身の外交を展開できると確信した。この確信は、以前駐英大使を務め、ブロムベルク粛清の流れの中で外相となったヨアヒム・フォン・リッベントロップの「イギリスは軍事的対立を避けるだろう」という主張に裏打ちされていた。

空軍参謀総長シュトゥムプフはしかしリッベントロップの言に信を置かず、二月十八日、彼は第二航空艦隊司令官フェルミー将軍に、対イギリス航空戦を想定した調査書の作成を命じた。この判断が正しかったことは五月二十八日に明らかになった。ヒトラーは空軍総司令官はじめ各軍総司令官を招集し、チェコ問題を武力により解決すると宣言したのだ。第一次大戦で奪われた、旧オーストリア・ハンガリー帝国領土ズデーテン地方の回復である。ゲーリングは翌日、ミルヒ及び空軍司令官たちに十月一日と定められたチェコへの侵攻計画の準備を命じた。大規模な軍事衝突の可能性が再び高まった。

しかし、ヒトラーは繰り返し、イギリスとの戦争を金輪際あり得ないことと断言し続けながらも、同時に現実にイギリスとの軍事衝突を招きかねないチェコ侵攻を計画していることから、当然のことながら空軍参謀本部は独自にイギリスに対する作戦行動の準備を始めた。この作戦面におけるヒトラーと空軍との亀裂は、同時に技術面における葛藤を生んだ。四発爆撃機を開発するのか、中距離爆撃機、あるいは急降下爆撃機だけでいくのかという葛藤である。

ウーデットは相変わらずだった。前年六月に生産機種の絞り込み、生産集中と新機種の独自開発を自ら禁止したにもかかわらず、目の前に魅力的なプロジェクトを持ち出されると、おもちゃをもらった子供のように夢中になった。メッサーシュミット社が持ち出したプロジェクト一〇六四に彼は強い関心を示した。後にメッサーシュミットMe２６１と呼称された試作偵察機で、東京までノンストップで飛べるという航続距離が見込まれていた。ウーデットには姿形の珍奇なもの、個性的なものに特に惹かれる傾向があった。このMe２６１も当初視界の良好性を確保するため、双胴の形を持っていたが、最終的に通常の単胴に戻されたことを非常に残念がった。

このMe２６１は東京オリンピックにドイツから聖火を運ぶ予定で、ヒトラーも気に入り「アドルフィーネ」と呼ばれたが、東京オリンピックは戦争のため中止されたため、結局試作機が数機製作されただけで終わった。ミルヒは「ウーデットにかかるとなんでもゴミになってしまう」と嘆いたが、彼には入り口はあっても、粘り強く出口まで物事を導いていくことができなかった。

ヒトラーのチェコ侵攻計画を受けて、対イギリス戦を視野に入れなければならなくなった空軍において、これまでの方針通り地上部隊の支援を中心とした戦術的装備でいくか、あるいは敵地深くまで侵攻できる戦略的装備を実現すべきかという問題は、単に爆撃機の問題ばかりではなく、戦闘機に関する問題ともなっていた。作戦行動範囲が狭ければ、現行の主力戦闘機であるＢｆ１０９で十分に対応できる、しかし、海を渡っての作戦行動となると、航続距離の長い戦闘機による爆撃部隊の援護が必要となる。複座のＢｆ１１０はそういう目的で作られた重戦闘機であったが、より優れた多目的の後継機が必要となっていた。今や空軍の抜きがたい固定観念となった急降下爆撃の機能を有する重戦闘機という仕様で、後継機は航空各社の競争試作にかけられた。後のことになるが、アラード２４０とＭｅ２１０が候補機としてあげられ、選考の結果Ｍｅ２１０が採用された。後に「ウーデットの棺(ひつぎ)の釘」と言われたほど問題の多い機体だった。

残照あるいは破滅への道

一九三八年は、ウーデットにとり、破滅への一歩を踏み出す年となったと同時に、彼らしい輝きを放つ最後の年となった。任せられた課題の大きさが明らかになるに従い、彼はその重圧から逃れるために、いよいよ本来の責務からはずれた些事、あるいは一時の気晴らしに逃避するようになった。不幸なことに彼を補佐する下僚にも恵まれていなかった。

ドイツ空軍が先に書いたような葛藤の渦中にあったにもかかわらず、ウーデットの行動は現実の深刻さと妙に乖離している。二月、ウーデットはベルリンのドイツ会館で「キジュアヘリ」という催事を催した。ハインリヒ・フォッケ博士とゲルト・アハゲリス技師が開発した世界初の実用ヘリコプター、フォッケウルフ・アハゲリスFa61を外国の航空専門誌が誤報扱いにし、せいぜいオートジャイロ程度のものだと酷評したことに腹を立てた彼が、ドイツの航空技術の高さとその成果を世界に見せつけるために打った、いわば興行だった。ハンナ・ライチがパイロットを務めた。

聖霊降臨祭の日曜、六月五日、カジュアルな平服を着たウーデットが愛人のインゲ・ブライレを連れて、ヴァルネミュンデのハインケルの工場にふらりとやってきた。そこにあるものを彼は知っていた。ハインケルが時速七百キロを出す戦闘機を作ると以前宣言した、ハインケルHe100の二機目の試作機が組みあがり、マリーエンエーエの飛行場に飛行準備を整えられた状態で速度記録に挑むために用意されていた。ウーデットはすでに試作第一号機をレヒリンで試験飛行していた。同社のテストパイロット、ゲルハルト・ニチケはハインケルHe119での記録飛行時の事故からまだ回復していなかったため、彼の代わりにヘルティング機長(フルーク・カピテン)が速度記録に挑戦することになっていた。

「この鳥を飛ばしてもいいかな」とウーデットが言ったとき、ハインケルには彼がただ飛ばすだけではなしに、世界記録を作る気だということが分かった。世界的に高名なウーデットがこの機体で速度記録を出せば、会社にとってこれ以上のことはない。ヘルティングには悪いがウーデットに飛んでもらおう。一同は昼食を取りに飛行場を離れた。ウーデットは冗談を連発し、幾分興奮して次から次へと葉巻を吸った。午後遅く、一行は飛行場に戻り、He100の座席に納まったウーデットにヘルティングとハインケルの協力者であるケーラーから機体の説明を受けた。ウーデットは二人の説明を何気ない風を装い聞いていた。エンジンの冷却装置は特に脆弱で、計器盤の左に小さな赤色の警告灯が取り付けられていた。ケーラーがウーデットに、冷却装置についてはまだ多くの問題があり、この赤色灯が灯ったら、すぐに着陸しなければならないことを伝えた。ウーデットは「ともかくまず試験飛行だ。坊主ども、風車を回してくれ」とぶっきらぼうに言ったきりだった。

速度記録を達成したHe100の前での記念写真。左からケーラー、シュヴェルツラー、ジークフリート・ギュンター、ウーデット、ハインケル、ヘルテル、ハインケル社テストパイロットのヘルティング

午後七時二十七分、ウーデットは飛び立った。コースはミューリッツ、ヴストロウ間の周回である。折り返し点は高射砲の煙で標されていた。一〇〇キロメートルのこの区間を、ウーデットは九分二七・四秒で飛びぬけた。時速六三四・三二キ

ロ。着陸した彼を歓声で迎えた人々に彼は言った。「ところで、左前のこのたわけたランプはなんだい。こん畜生め、ずっと灯ってやがった」ケーラーが驚いて、「そりゃあなたすぐに着陸しなければなりませんでしたよ、それでどうしました」と聞くと、「右側を見たんだが、そっちは何も灯っていなかったよ」と平然と答えた。

このころ技師たちの突き上げから始まった、技術局の再編成がようやく終了した。これまでC－1からC－4まで四部署に分かれ、研究、開発、調達・供給、財政を担当し、各部とも同格に扱われていたが、この再編により組織は縦割化した。しかも各部は一四に細分化された。うち三部署は異なった研究課題に取り組み、残りは機胴、エンジン、武装、爆弾等それぞれ異なった技術的分野の課題に取り組むこととなった。このために局内の人員が増加し、組織が巨大化した。同時に優秀な技師たちの不足が問題となった。組織は巨大化したが、優秀な技師たちは待遇も給与もいい民間に流れていく。技術局は巨大化した分、その内実は水っぽい組織となった。しかも統括の業務はますます錯綜し、ウーデットは毎日、机の前に縛り付けられることになった。

チェコ侵攻の期日は迫りつつあった。ゲーリングは航空工業家たちに、その成果目標をさらに高めるように命令し、六月に工場現場に一〇時間労働を導入した。メッサーシュミット社の工場ではこれまで六時間労働体制だった。しかし、労働時間を延長しても材料がなければどうにもならない。ウーデットはミルヒに相談をかけた。七月一日、ミルヒはゲーリングに談判して、月当たり三万三〇〇〇トンの鉄鋼の割り当てを認めさせた。しかし、約束は守られなかった。

七月八日、ゲーリングはカリンハルに主だった航空工業家たちを集め、チェコスロヴァキアとの軍事衝突が風雲急を告げていることを告げ、工業家たちを督励したが、その際、イギリス、フランスは軍事干渉をしないだろうという見込みを話している。

ウーデットは航空機会社がドイツ空軍のために制作したすべての航空機で試験飛行を行なったが、戦闘機用練習機ゴータＧｏ１４９と六人乗り双発旅客機ジーベルＦｈ１０４がことのほか気にいった。七月三十日、三十一日にフランクフルト・アム・マインで国際飛行競技会が開催されると、彼はこの二機で参加し、旅客機クラスで平均時速三一九キロを出し優勝した。航空省はジーベルを二機購入し、一機は航空省が使用し、もう一機はウーデットの専用機となった。彼は専用機を赤く塗装し、木製のバーを機内にしつらえ、上等のフランス産コニャックをはじめありとあらゆるアルコールを積み込んだ。ほどなくこの赤い飛行機はドイツ中の飛行場で見かけられるようになる。

チェコスロヴァキア侵攻を目前に控え、これがイギリス、フランスとの軍事衝突のきっかけとなるかもしれないという緊張の中で、ドイツ空軍内でも動きは活発化していた。七月十一日には第一空軍集団司令官はチェコ侵攻に必要な航空兵力に関する極秘調査書類を作成した。ベルリン近郊のユーテルボークでは陸軍が、チェコスロヴァキアの要塞施設攻略に関する実践的な試験を行なっていた。さらに空軍ではイギリス、フランス、ソビエトの干渉の可能性と、彼らの行動予測を行なっていた。様々の会議も空軍上層部で行なわれただろうが、ウーデットの姿はチェコを巡る一連の動きの中には浮かび上がってこない。

八月二十三日、ゲーリングは空軍上層部をカリンハルに招集した。フェルミー将軍が作成した対イギリス航空戦調査について協議を行うためだ。この調査に基づいた協議の結果は参加者全員を意気消沈させた。ドイツ空軍には、ベルギーあるいはオランダに航空拠点を持たぬ限り、ヨーロッパ大陸から三〇〇キロ離れた海上に浮かぶイギリスを攻撃できる航空機がないことが明らかとなったのだ。最新鋭のドルニエDo17爆撃機の航続距離は爆弾を搭載した場合六八〇キロメートル、ハインケルHe111はそれに劣り、ユンカースJu87に至っては話にならない。双発のJu88は数機の試作機が出来たばかり、ハインケルHe177は、まだ木型審査(モック・アップ)の段階だ。

わずかな慰めは、フランス軍、イギリス軍ともに航空兵力は大したものではないということだった。実際、この時点でのイギリス空軍保有の爆撃機は六四〇機で、そのうち一二〇機は老朽機だった。フランス空軍は八五九機ほどで、新鋭機と言えるのはせいぜい三五〇機だった。フランスの航空機生産能力は単発機月産四〇機、双発機は三〇機だった。イギリスの場合はもう少し生産性が高く月産数は約二〇〇機だった。差し当たり、イギリス空軍の戦闘能力を明確に把握する作業を行う委員会を立ち上げるほかなかった。ミルヒに並んでウーデットもこの委員会に入った。他に指導部参謀のイエショネク、指導部参謀部「外国航空兵力」部のベッポー・シュミット大佐が加わった。

八月二十三日の会議は、ゲーリング自身頭を抱える結果となった。イギリスとは戦争しない。このことは彼自身ヒトラーから確言を得ていた。しかし、チェコを含む今後のドイツの動き次第では、こちらが望まなくとも、向こうから軍事行動に訴えてくることもあり得るのだ。九月九日、ゲーリングはウーデットに文書を送り、イギリス全土を航続距離範囲に収める重戦闘機の実用化を急ぐようせっついた。ゲーリングにはＭｅ２１０のことが頭にあった。しかしそうした状況をよそに、このころすでに航空省では、まだプロジェクトナンバーも与えられてはいなかったが、ジェット戦闘機の各社試作公募が用意され、ＢＭＷではジェットエンジンの開発が極秘裏に進められつつあったのである。

チェコスロヴァキアを巡る危機は、一転回避されることとなった。九月二十四日にドイツはチェコにズデーテン地方の割譲を迫ると、同月二十九日、独伊英仏の首脳はミュンヘンに集まり、三十日、ヒトラー、ムッソリーニ、チェンバレン、フランスのダラディエの間でミュンヘン協定が結ばれ、ズデーテン地方はドイツに割譲された。イギリス、フランスの譲歩については、フランス側にドイツの軍備に対抗するだけの備えがないという自覚が消極的態度を取らせたと言われるが、この協定が結ばれる前月八月、フランス空軍の視察団がドイツを訪れていた。代表団の長は半年前にフランス陸軍航空隊総司令官に就任したジョゼフ・ヴィユマン将軍だった。彼自身第一次世界大戦では爆撃機隊の指揮官をしていた。あけすけに言えば、フランス側はドイツ空軍の現況把握を兼ねて、はったりをかけに来たのだ。最新鋭の爆撃機アミオ３４０でヴィラクブレー、ベルリン間を平均時速四三六キロで飛んできた。八月十六日のことだ。フランスの主力爆撃機を装いながら、実際のところアミオ３４０は試作第一号機だった。

ドイツ側ではウーデットとミルヒが一行迎えたが、こちらの側のはったりは、一枚上手だった。一七日、ウンテル・デン・リンデンの戦没者記念碑に献花をした後、まず訪れたのはデベリッツのリヒトホーフェン戦隊だった。ここでヴィユマン一行は心のこもった歓迎を受けた。次にライプチヒに飛び、フォッケウルフFw200コンドルの四号試作機を見た後、Bf109の工場を訪れた。それからアウグスブルクに飛び、外国人として初めてBf110が飛行しながら射撃訓練をするのを見たが、このとき飛行場には四〇〇機のBf109が並んでいた。もちろん、ヴィユマンを驚かせるため、ドイツ全土に配置されたすべてのBf109を集結させていたのだ。その夜はベルリンの飛行家の家で晩餐会が催された。

翌日の午前は飛行学校とマグデブルクのユンカース発動機工場を視察し、午後にはヒトラーに迎えられ、その後ゲーリングのカリンハルに招かれた。ゲーリングはフランスの代表団を前に、率直に尋ねた。ドイツがチェコスロヴァキアと交戦することになれば、フランスはどうするかと。これに対し、ヴィユマンは、フランスは約束したことを守ると答えた。つまり、チェコスロヴァキアとの協定に立って、ドイツと戦うということである。ウーデットとミルヒのはったりの頂点は二十一日に用意されていた。この日、ヴィユマン一行はオラニエンブルクに、ハインケル社の新工場を訪ねた。He111量産設備を視察した後、彼らは実際にこの爆撃機の模擬飛行を見たが、一様に深い感銘に打たれた。

昼食の後、ウーデットはシュトルヒにヴィユマンを乗せて、空からハインケル新工場を見せた。二人が着陸すると同時にHe100が二人の頭上を飛び越して着陸した。フランス人たちは好奇心に駆られてこの機体の周りに集まった。ミルヒが何気ない調子で「なあウーデット、量産体制が取れるまでどれくらいかかる」と聞いた。ウーデットも調子を合わせ、「ラインの第二工程がちょうど動き出したところだ。第三工程は一四日以内だ」と答えた。

1938年、フランス空軍の参謀本部長ヴィユマン将軍、ハインケル社視察時の写真。ヴィユマン将軍はウーデットとミルヒの仕組んだはったりにまんまと乗せられてしまった

ヴィユマンは完全に二人のはったりに化かされて帰国した。これがドイツのチェコスロヴァキア危機に際し、フランスに消極的姿勢を取らせるのにどの程度役立ったのかは分からないが、まったく影響がなかったとは思えない。

戦争の危機は脱したものの、この平和が永続的に続くとは誰も考えなかった。対イギリスを想定した爆撃機問題はいまだ解決していなかった。ここにハインリヒ・コッペンベルクという人物が登場する。ユンカース社の支配人で、人間のタイプとしてはミルヒによく似ている。精力的で、果断であり、職務を果たすためには遠慮会釈のない男だった。そして、会社に対してのみ忠誠な男だった。爆撃機に関し、ミルヒが推したのはDo17の開発継続であった。

これに対しハインリヒ・コッペンベルクは自社のユンカースJu88を支持した。Ju88について、コッペンベルクは大いに弁舌をふるった。ユモ211エンジンを搭載した新型は二トンの爆弾を搭載し、航続距離三二〇〇キロ、最高速度四八〇キロを保証すると。しかも、一九三七年ウーデットの提言により急降下爆撃も可能となっていた。八月十五日、最終的にゲーリングはJu88の量産をコッペンベルクに指示し、必要な全権を彼に与えた。これはコッペンベルクには輝かしい業績となり、ウーデットにとっては当面の課題から解放される結果となったが、同時に技術局自体が無力化される最初の一歩となった。

十月二十六日、ゲーリングは空軍首脳を呼び集めた。目的は対イギリス航空戦に関する諸前提について協議することと、空軍を五倍に強化せよというヒトラーの命令を伝えるためだった。イエショネクは、イギリスとの航空戦には可能な限り多数のハインケルHe177、少なくとも四戦隊分が必要だと述べた。機数にしておよそ五〇〇機となる。ウーデットは耳を疑った。どこにそれだけの機体を作る物資がある。燃料をどうやって調達する。この一九四二年秋を完了期限とする新集中航空機生産プログラムは、航空省内に大激論を巻き起こした。爆撃機、急降下爆撃機、戦闘機、その他機種から成る一〇〇戦隊、機数にして約一万九〇〇〇機（前線稼働一万八〇〇〇機、予備機八二〇〇機）を作戦に投入するためには、全世界の航空機燃料の八五パーセントをドイツが輸入しなければならない。

ミルヒが座長となり、ヒトラーの空軍五倍強化計画についての協議が持たれた。編成部長のG・カムフーバー大佐が実施可能な応急対策計画案を提出し、参謀総長のシュトゥンプフはカムフーバーの案を中期目標としての採用を上申しようと発言した。そのとき、ハンス・イエショネクが立ち上がって言った。「私は反対だ。皆さん、総統を裏切るようなことをしてはいかんという、これが私たちの義務だというのが私の考えだ」これには誰も一言も返せなかった。ミルヒはイエショネクを連れてゲーリングのもとに出向いたが、二人が帰ってきたとき、ミルヒは全員に伝えた。「元帥は総統の計画を完遂するよう決定されました」と。

航空装備局長

十一月一日、ウーデットは中将に昇進した。ミルヒは大将となり、シュトゥムプフは航空大将、イエショネクは中佐とそれぞれ格上げされた。十一月二十九日、ウーデットはゲーリングを訪ね、ヒトラーの計画をいくらか常識的な線に修正する案を提出した。ウーデットは現在の月産五〇〇機ペースを一九四一年までに倍増できると見込んでいた。この中には、まだ試作機段階のＪｕ88、設計段階のＨｅ１７７併せて七七〇〇機の生産も含まれていた。誰の目にも実現困難な計画と見えた。しかし、この計画の不履行の責任を取るのはウーデットだ。他の誰でもない。ゲーリングは承認した。

一九三九年は第二次世界大戦が勃発した年であるが、年初は穏やかなはじまりを見せた。一月十九日から二月二日まで、ウーデットはアフリカに遊んだ。トリポリでイタリアのバルボ将軍の客となり、それから連れ立ってアビシニアに象狩りに出かけたのだ。一月三十日、彼がドイツを留守にしている間に空軍首脳部の異動が発令され、彼は空軍航空装備局長、略称GL（ゲーエル）となった。前年、彼が中将に昇進したとき、技術局長ではこれ以上の昇任が望めないことが分かっていた。航空省局長職では中将が出世の行き止まりなのである。それで彼は人事局の友人たちに、この行き止まりを打開する手はないものかと話をもちかけた。友人たちは、ヒトラーの空軍増強計画を理由に技術局を拡張し、その長となればよい、第一次大戦における野戦装備局長に等しい、総航空機装備局長なる職名を創り出し、この重職につけば更なる昇任が見込めると助言してくれた。ウーデットはこれを受けて、自局の権限拡大に関する提案書を作成させた。この提案書をゲーリングは承認し、ウーデットを総航空装備局長に任命したのである。

ウーデットの管轄下に置かれた部署は二六に及ぶ。空軍参謀本部、人事部以外のすべての航空省業務が彼のもとに集められたかの観がある。

ウーデットの航空省入省の経緯、技術局長就任に当たってのゲーリングの苦労から見れば、ウーデットのこの行動の真意を測りかねる。後年、彼について書いた人々の意見もまちまちである。さらなる昇進による給与収入の増加を望んだという説もあれば、階級だけが物を言う軍隊で、友人のミルヒが常に彼より上位の階級にあったことへの競争心だとか、ミルヒが力を持ちすぎることを警戒して、ゲーリングがウーデットを対抗させたのだとか紛々としている。中将にまでなったのだからいっそ大将になってやれというウーデット持ち前の子供っぽさの表れだったのかもしれない。

ゲーリングがこれを認めたのは、ミルヒを抑え込む対立軸としてウーデットを起用したのだとはよく言われているが、ウーデットとミルヒでは赤子と大人を喧嘩させるようなものだ。とにかくゲーリングはミルヒを見たくなかったし、話したくもなかった。だから衝立のようにウーデットを二人の間に立てたのだ。ウーデットが総航空装備局長に任命された同じ異動で、参謀総長はシュトゥムプフに代わってイエショネクが就任した。中佐がいきなり参謀総長になったのである。イエショネクとミルヒは第一次大戦では同じ第六飛行中隊に所属し、西部戦線で共に戦った戦友だったが、一九三七年に起こった、三名の飛行学生の死亡事故に関しミルヒがイエショネクの責任を追及して以来、完全に仲がこじれてしまっていた。

ゲーリングがミルヒを再び起用したのには、ウーデットの、その職責と能力についての危うさを感じてのことだろう。ウーデットはゲーリングと会っても、昔話しかしなかったと、後年イエショネクは言っている。実際、異動の数週間後、ゲーリングはイエショネクに「ウーデットと何をやるというのだ。彼は諸事案を前進させることができない」と不満を漏らしている。イエショネクはウーデットの新しい局に、高度な専門性を持った参謀将校をつけようと提案したが、ウーデットはこれを拒否した。

一九三九年二月半ば、ミルヒは恒例のスキー休暇でオーストリア・アルプスに出かけた。ゲーリングはイタリアのサン・レモで重度の循環器障害の治療を受けていた。ゲーリングのもとにヒトラーからの手紙が届けられた。手紙にはチェコ占領についてヒトラーの考えが書かれていた。ゲーリングは折り返し、空軍の状況に基づいて早急の出兵を戒める文書を送った。ミルヒのもとには三月十二日の午前一時、至急戻れとの命令が届いた。ヒトラーはチェコへの侵攻を計画しているというのだ。ヒトラーのこの突然の決定にはミルヒも驚愕した。航空省に戻り、ゲーリング不在のままミルヒはシュトゥムプフ将軍、イエショネクと目前に迫った侵攻準備のための協議を行った。昼食のためにミルヒが航空省を出たとき、ヴィルヘルム通りが閉鎖され、戦車が長い列をなしてチェコ国境を目指し進軍して行くのが見えた。しかし、ドイツ国民に第一次大戦勃発のときに見られた熱狂はなかった。

三月十四日、イタリアから戻ったゲーリングをミルヒは中央駅で迎えた。ゲーリングが首相官邸に着いたとき、心臓発作を起こしたチェコのハーハ大統領はヒトラーの侍医モレル博士により蘇生措置が施されているところだった。蘇生後意識も朦朧とした中で、併合承諾の文書に署名させられ、かくして三月十五日、チェコスロヴァキアは消滅した。

三日後、ゲーリングがチェコ空軍の接収に関する報告にヒトラーを訪ねると、去り際ヒトラーはもの思わし気に、イギリスとの戦いになった場合、イギリスを徹底的に爆撃できるかと尋ねた。驚いたゲーリングが、昨秋本件について確認したとき、総統はイギリスとの戦いは一切考えていないとおっしゃったではないかと言うと、ヒトラーは、もちろん私も戦いは望んではいないと言った。ゲーリングは不安にとらわれ、ウーデットを呼んだ。アビシニアでの象狩りで元気を取り戻していたウーデットだが、ゲーリングから万一の場合、実用化段階にある長距離重爆撃機の量産は可能かと聞かれたとき、驚きを隠せなかった。ドルニエ社とユンカース社ではすでに重爆撃機の開発は中止してしまっている、あるとすればハインケルHe177だと、ウーデットは答えた。このため技術局の一部門が、参謀本部の委託なしに、この機体の実用化に取り組むこととなった。しかし、実戦配備までには長い道程が残されていた。

奇妙なのはヒトラーの言葉にあれほど驚かされたにもかかわらず、ゲーリングもウーデットも、ミルヒすらイギリスとの戦争をまだ現実味のない白日夢のように、あるいは起こるにしてももっと先のことだと考えていたことだ。ただ、ミルヒの場合は、空軍の実態に基づいた判断だった。まず、戦隊レベルで、経験を積んだ指揮官が不足していた。また、空軍が保有している燃料はわずか四〇万トンで、せいぜい六か月間戦える分しかなかった。鉄鋼の不足は爆弾製造にも支障をきたし、その重量も五〇キロから二五〇キロが中心で、少数の五〇〇キロ爆弾がスペイン内戦のために製造されたが、それ以上の大きさの爆弾はまだ設計段階にあった。爆弾のストックに基づけば、ドイツ空軍の実力は、弱小の敵を相手に数週間戦える程度のものだったのだ。

ロケット、ジェット戦闘機の開発

ゲーリングは再びサン・レモに戻った。ウーデットは相変わらず隙を見つけてはデスクワークから遠ざかった。ドイツのチェコ占領後、イギリス、フランスの態度は硬化し、互いに訪問し合うような時期は過ぎていた。

ドイツ空軍内部の諸問題は、看過しがたいものとなっていた。四月二十五日、ゲーリングはウーデットに対し、空軍の強化と新工場の建設を急ぐよう指示した。五月二日、ウーデットはミルヒを伴ってゲーリングを訪ね、原材料の不足を訴えたが、取り合ってもらえなかった。

この年、航空技術分野において注目すべき出来事が二つあった。一つは、技術局が正式にジェット戦闘機開発の方針を打ち出したことである。公開された技術局の要綱には最高速度時速九〇〇キロ、武装はMG17二挺及びMG151／20一挺とある。しかし、当面まだ量産化できるまでに実用化されたジェットエンジンはできていなかった。もう一つは、ロケット機の出現だった。これはハインケルが独自にHe176として開発したもので、世界最初の液体燃料ロケット機だった。ウーデットは局の主任パイロット、エリッヒ・ヴァルジッツをペーネミュンデに派遣し、六月二十日に初飛行を成功させた。

翌日、ウーデットはミルヒと航空省の将校たちを引き連れ、ペーネミュンデで実際にその飛行を見た。飛行は成功したものの、ウーデットたちの評価は芳しくなかった。「この鳥の上首尾の着陸というのは、普通の機体の墜落と同じだな」とウーデットは言った。ヴァルジッツはこのときの様子を書き残しているが、当日は低く雲が垂れこめ、突風が吹く天況で、ごく短時間しか飛ぶことができず、しかも滑走路面がデコボコしていたために、不必要に危険な印象をウーデットたちに与えたようだ。珍奇な形態を好むウーデットもHe176の形態には違和感を持った。同機の翼を「踏板」と呼んだ。結局、この機体は博物館送りとなった。

再び、原材料の不足についてだが、ウーデットとミルヒはゲーリングに対し、直接ヒトラーに空軍の窮乏を訴えるように求めた。彼はこれを拒否した。業を煮やした二人はゲーリングには知らせず、副総統のルドルフ・ヘスを訪ね、ヒトラーへの要請を依頼したが、何の成果も得られなかった。

原材料は確かに不足していた。しかし、不足ながらもあるにはあった。問題は空軍への割り当ての優先度の低さにあった。まず戦車であり、Uボートであり、弾薬であり、最後に空軍であった。空軍の優先度を上げることが物資問題解決の初めになければならないのだ。ウーデットは文書で生産装備計画が実施不可能なことをミルヒに指摘した。この文書を盾に、ミルヒはゲーリングに開発段階にある新型機と装備による演習を認めさせた。世界水準を突き抜けた空軍の技術レベルをヒトラーに示し、有望な空軍への大規模な物資の割り当てを図ろうとしたのだ。会場はレヒリンから三キロ離れたロッゲティーン飛行場に決まった。七月三日、この会場にはヒトラーを始め、錚々たる顔ぶれがそろった。もちろん、ウーデットとミルヒ、イエショネクもその場にいた。

会場で披露されたのは、世界速度記録を相競っているHe100、Bf109を始め、Bf110に搭載された新式の三センチ機関砲MK101、爆弾を満載したHe111の離陸を容易にするための補助ロケット等の実演を見、高々度飛行のための減圧コックピットもヒトラーは実験室で視察した。事故もなく、演習は終わった。どれもヒトラーに深い感銘を与えたことは間違いない。ミルヒが危惧したのは、これら新兵器がすでに実用化の段階にあると、ヒトラーが誤解しはしないかということだった。この不安を払うため、ゲーリングが得意満面に胸を張っている横で、ミルヒはヒトラーに言った。今日お見せしたものが早期に実用化されると期待してもらっては困る。お見せしたのはまだ試験段階のモデルに過ぎない、実戦配備に五年はかかりましょう、と。ゲーリングは思わずミルヒの袖を引っ張り、「黙れ」と叱った。結局この企ては期待した成果をもたらさなかった。それどころか、ヒトラーにまったく誤った空軍象を抱かせる結果となった。彼はこれ以上空軍を増強する必要なしとして、物資の割り当てを増やすこともやめてしまったのである。

こういう状況の中、Ｂｆ１０９とともに、空軍を担っていくことになる新鋭戦闘機の第一号試作機がひっそりと初飛行した。フォッケウルフＦｗ１９０である。ウーデットはレヒリンでこの機体を見た。

七月三十日には第二次大戦前最後の飛行大会がフランクフルト－レップシュトック飛行場で開催され、ちょうどヨーロッパを旅行中のジミー・ドゥーリトルをウーデットはこの大会に連れて行っている。

技術局が抱える問題は物資不足だけではなかった。Ｊｕ88の量産計画が遅れていたのである。ズデーテン危機のころ、ハインリヒ・コッペンベルクが計画を統括し、矢継ぎ早に六工場に割り振られて生産が始まったはずのＪｕ88はいまだに配備されていなかった。この年の四月に、ムッソリーニに対して、イギリスどころか、大西洋上でイギリスに向かう船舶を爆撃できる航続距離を持つとゲーリングが大いに吹聴したＪｕ88は、まだどこにもないのだ。ミルヒは事態を憂慮の目をもって見つめていた。そもそもＪｕ88は、戦闘機よりも早い爆撃機を目指し、そのゆえに軽武装で重量は六から七トンに納まるよう計画されていた。ところが参謀本部が次から次へと注文をつけ、ウーデットの急降下爆撃機としても使えることという要求が、事態を出口なしの状況に陥たらせていたのである。求められる要求を満たそうとすればどうしても機体は重くなる。重くなると持ち前の高速力が失われる。低速力の機体では重武装の防御が必要となるゆえ、さらに重くなる。この悪循環のすべてが一緒になって航続距離の著しい減少を生む結果となったのだ。

1939年、レヒリンでのHe176試験飛行時の写真。左端にハインケル、１人おいてエドヴァルト・ミルヒ、ヴォルフラム・フォン・リヒトホーフェン、イエショネク、ウーデット。ドイツ空軍の看板役者たちが勢ぞろいしている

一九三九年の半ばまでにＪｕ88に加えられた変更は二五万箇所に及び、重量は一二トンになっていた。Ｊｕ88の基本試作機は、デッサウの工場にある飛行場からツークスピッツェに二回飛行し、時速五〇〇キロを出し、その高速性能

で参謀本部を驚かせたのに対し、様々な要求を抱え込まされた大量生産型の最高速度は時速三〇〇キロ以下と評価された。今やウーデットの名声は地に堕ちようとしていた。ウーデットはこの評価をむきになって否定し、ゲーリングに対し、一八八〇キロ敵地内に侵入したと仮定して、往路の巡航速度は時速三五〇キロ、復路は時速四一〇キロを保証した。親しい友人たちにはしかしウーデットは内心の不安を打ち明けている。「大事なのは、機体がそこにあるということだ」と。

ウーデットからJu88製造計画遅延の報告を受けたゲーリングはこれを深刻に受け止め、自らユンカース社の査察に乗り出した。その後すぐの八月五日、ゲーリングはミルヒ、ウーデット、イエショネクを彼のヨット「カリンⅡ」に協議のために呼び寄せた。ゲーリングは先の査察の結果、他機種の生産を制限することと、チェコスロヴァキアの工業力を利用することで、月産三〇〇機のJu88生産が可能だと判断した。

会議では、一九四二年四月一日までに、Ju88二四六〇機を含む総数四三三〇機の爆撃機戦隊の編成を命じた。新たに三二個爆撃戦隊を作るということである。この計画を実施に移すとなれば，爆撃機の生産コストは、ほかの全機種の生産コストに匹敵することになる。そしてゲーリングはこれを実施に移した。この結果、一例をあげればJu52輸送機の生産は月産一五機にまで減少させられた。三年後のスターリングラード、北アフリカ戦線での物資輸送に関する絶望的状況の萌芽はこのとき生まれたのである。

同時にゲーリングのこの計画変更は、ミルヒとウーデットにより編成されたすべての計画を反故にしてしまうものだった。八月二十一日、ミルヒとウーデットは再びゲーリングを今度はオーバーザルツベルクに訪ねた。このときは四航空艦隊の司令官たちも同席していたが、ウーデットはポーランド、フランス、イギリス各空軍兵力に関し入手可能な全資料を提出するよう命令を受けていた。そのうえで、ゲーリングは参集者たちにヒトラーが八月二十六日を期日とするポーランドに対する攻撃を命令したと伝えた。この八月二十六日早暁のポーランド奇襲攻撃計画は、前日の午後、ドイツ側のイタリアへの共同軍事行動要請に対し、イタリアはドイツ軍との共同作戦に参加しないという拒否回答を得て延期されることになる。

第二次大戦勃発

八月二十七日午前四時三十分、ウーデットは電話の音で眠りから覚まされた。ポーランドへの侵攻ではなかった。電話はハインケルからだった。世界初のジェット戦闘機ハインケルＨｅ１７８がヴァルジッツの操縦で初飛行に成功したというのだ。「そりゃよかった、おめでとう。ヴァルジッツもな。だが、もうひと眠りさせてくれ」というのがウーデットの答えだった。

ウーデットは九月一日にＨｅ１７８について協議をしたいとハインケルをベルリンに呼び出した。ハインケルは夫人同伴で、前日の八月三十一日にベルリンに到着し、ウーデットはインゲとともにレストラン・ホルヒャーでハインケル夫妻と夕食を共にした。いつものように長い夜となり、朝方になって一行は朝食のためにウーデットの自宅に戻った。ウーデットはいつになく陽気だった。アメリカから持って帰ったインディアンの羽根飾りを頭にかぶり、手に二挺のピストルを持って射朶板を撃ち始めた。

誰かがラジオのスイッチを入れた。浮かれていた一行の耳に飛び込んできたのは、ドイツ軍が本早朝ポーランド国境を越えたというニュースだった。ウーデットは蒼白になり、頭の羽根飾りを降ろすと言った。「ふん、やっぱりな」と。第二次大戦の勃発を空軍総航空装備局長であり、航空装備すべてに責任を負うウーデットはこうして知ったのだった。九月三日、フランスとイギリスがドイツに対し宣戦した。九月四日には早くもイギリス空軍第一〇七、一一〇航空隊所属のブリストル・ブレニム爆撃機の編隊がヴィルヘルムスハーヴェンとブルンスビュッテルに浮かぶドイツ海軍艦艇を攻撃した。

ＢＦ１１０とＪｕ87の後継機であるＭｅ２１０は九月二日に初飛行したばかりだった。航空機での移動中に敵機と遭遇する可能性もあったので、ウーデットは赤く塗装したジーベルのほかにＢＦ１１０を一機用意していた。

ポーランドとの戦いは三週間で終わった。空軍の活躍は目覚ましく、特に急降下爆撃機に取り付けたウーデットの発明になる「ジェリコのラッパ」は敵側を恐怖に陥れた。

戦争勃発のために延期されていたハインケルとの協議は、Ｈｅ１７８ジェット戦闘機のほかにＨｅ２８０双発ジェット戦闘機にも及んだ。この協議を受けて、ウーデットはハインケル社を訪れ、実際にＨｅ２８０の飛行を見て熱狂した。十月十八日にハインケルに電報を打ち、ハインケルには開発を進めるよう励ますとともに、自分あるいはルフト以外には技術局の誰にもこのことを話すなと念を押した。メッサーシュミットもＢＭＷと同じ計画を進めていることが、ウーデットの電報の最後に書かれていた。

ハインケル He280。世界初の双発ジェット機（1941年）

十一月一日、ウーデットとミルヒはＨｅ１７８を見るためにマリーエンエーエを訪ねた。ゲーリングも来る予定だったが、来なかった。一回目の飛行は離陸時にエンジンが停止してしまい、二回目の飛行は二時間後になった。これは成功したが、ミルヒは大して感心もしなかった。ウーデットの反応も微妙だった。ハインケルは自伝に、ウーデットはピストンエンジンで育った世代で、ジェットエンジンにはぬぐい難い不信感を持っていたようだと書いているが、ウーデットはジェットエンジンをまだ脆弱な技術だとみており、単発のＨｅ１７８よりも双発のＨｅ２８０の方を優先すべきだと考えていた。

十二月十七日、木型（モックアップ）完成後二年半を経て、ようやくハインケルＨｅ１７７四発重爆撃機が初飛行した。しかし、この初飛行はエンジン加熱のためわずか一二分で終わってしまった。このわずか一二分の間に、この機体のほかの欠陥もすべてさらけ出された。またしてもウーデットは問題を抱えてしまうことになる。

一九四〇年一月二十五日、主要な航空機製作事業者たちは航空省三二八〇会議室に招集された。そこで、アルミニウム不足解消のため、これまで同素材を使用していた箇所を可能な限り、鉄鋼、マグネシウム、木材に代替せよという指示が出された。二月七日には、アルミニウム及び胴、錫、モリブデン等の非鉄金属の不足から、前線で必要欠くべからざる航空機生産のためには、前線に対する直接的な必要度の低い機種、例えば練習機、偵察機の製造を縮小する必要があると、ウーデットはゲーリングに文書で訴えねばならない状況にあった。空軍省の資材節約に対する指示は細部に及び、二月二十八日には燃料タンクの固定はアルミに替えて布地を使用するよう各社に通達した。また、会社独自の新型機開発の禁止を改めて出した。

このころ、ゲーリングはウーデットに木製飛行機の制作が可能かどうかを聞いている。ウーデットはこの案を、そんなものは作れない。そんなものを作ったら世界中の笑いものになると、一笑にふした。ウーデットの死後のことになるが、イギリスが全木製の高速爆撃機デ・ハヴィランドDH98モスキートを実戦に投入し、ドイツを苦しめ始めると、ゲーリングはこの折の会話を思い出し、ウーデットを罵っている。皮肉にもモスキートの開発が始まったのは、ゲーリングがウーデットにこの案をもちかけたころと重なっていた。

三月九日、ウーデットが座長を務めて、空軍の最重要航空エンジンであるダイムラー・ベンツDB601Dの生産遅延について会議を開いていた。同月十三日には、Ju88の数量が依然不足していることから、ミルヒとゲーリングはDo17の後継型であるDo217とHe111の増産を決定した。この日、メッサーシュミットは総航空装備局の計画部部長チェルジッヒ飛行参謀部技師に手紙を書き、その中で一貫性のない航空省の指導により生じている生産現場の混沌状態と、航空省の指導の在り方を厳しく批判した。特にメッサーシュミット社ではＪｕ88の集中生産の余波を受けて、戦闘機用エンジンの入手にも困難をきたしていた。また熟練工をＪｕ88生産のほうに抜かれるのも痛手となっていた。メッサーシュミットは手紙の中で、このような混乱を引き起こした航空省に、いまや生産の遅れを理由に航空機会社を叱責する資格はないとまで書いている。

この手紙に関係してのことなのか、この手紙が書かれて六日後に、航空省航空機保安部長は軍用機の事故に関するリストを提出している。そこには一九三九年以降Ｍｅ１０９が二五五回に及び着陸事故を起こしたことが記載されていた。ウーデットの死まで、原材料の慢性的不足、計画の混乱と遅延、航空省と航空機会社との対立が続き、彼を苦しめることになる。

四月九日にデンマーク、ノルウェーを占領し、五月十日、ついに西部戦線の戦端が開かれた。六月十四日、パリはドイツ軍の

前線視察中のウーデット

手に落ちた。六月十六日にウーデットは自分のシュトルヒでル・ブルージュ空港に降り立った。フランスの航空機会社を視察し、総航空装備局の連絡事務所を置いた。四日後には第二航空艦隊司令ケッセルリング大将とともにブリュッセルに入り、施設の視察、連絡事務所の設置を行った。フランスの占領は航空機生産力を高めたに留まらず、原材料不足をも改善した。フランスにはアルミニウム製造に必要なボーキサイトが大量に貯蔵されていたのである。

六月二十一日、彼はゲーリングに招かれてコンピエーヌでのフランスとの休戦協定調印式に立ち会った。フランスに対する勝利は、ウーデットの肩から重荷を降ろした。航空省内の問題も、航空機関連会社との葛藤もこれですべて終わりだ。気も口も軽やかに彼は同僚たちにこう言った。「この戦争はもう終わった。この航空機は全部もう要らない」と。残っているのはイギリスだけだ。すでに六月一日に彼はハインケルに指示を出していた。ハインケルHe177の量産については三ヵ月延期し、月三機だけ生産せよ、いかなるライセンス生産も不可と。

六月二十六日、ウーデットはゲーリングにヴァッセナールに呼び出された。空軍オランダ方面総司令官クリスティアンセン将軍も同席していた。議題はいよいようるさくなってきたドイツ諸都市に対するイギリス空軍の夜間攻撃対策だった。このため、夜間戦闘の経験を積んだフラック大尉も同席していた。彼にはすでに夜間戦闘機戦隊の編成が命じられてあった。これまでの勝利が彼らを楽天的にしていた。

七月二日、ウーデットはミルヒ、ボーデンシャッツ、その他の将官連を引き連れてパリへと飛んだ。彼の手帳には買って帰らなければならない品物の名前が書いてあった。高級化粧品、絹、黒タイツ、レコード盤、パスタ、石鹸、口紅。大した買い物ではない。ウーデットとミルヒは、首に赤いパイロットスカーフを巻き、腕を組み合ってシャンゼリゼを歩いた。オランダでは三人で大いに買い物を楽しんだ。デリカテッセン、飲み物類が主だったが、Ju52三機に満載して運ばねばならない量となった。

バトル・オブ・ブリテン

七月十六日、ヒトラーはベルリンで演説し、イギリスとは戦争をしないと宣言し、これ以上戦争を継続することは無意味だと述べた。しかしこの平和提案は即日イギリスに拒否された。これまでの戦役に対する論功行賞が行なわれ、ゲーリングは国家元帥に、ミルヒ、ケッセルリング、シュペルルレは元帥、ウーデットは大将となった。ウーデットは得意の絶頂にあった。

イギリスからの停戦拒否を受けて、しかしヒトラーは同日、総統命令第十六号をもって対イギリス戦の準備を命令した。さらに八月一日には総統命令第十七号が出、すみやかなるイギリス空軍の殲滅を命じた。ヴァッセナールに空軍の全将星を呼び集めたゲーリングは檄を飛ばした。「今や、総統はわが航空艦隊をもってイギリスを打ち砕かんことを私にゆだねられた。渾身の一撃をもって、このすでに精神的に敗れた敵の膝を、短時日のうちに屈さしめられるものと考える。されば、わが兵団はこの島を何らの憂慮なく占領することができよう」と。

ゲーリングの演説を聞いていた戦闘機部隊司令のテオ・オステルカンプは、イギリス空軍のなお精強たることを指摘した。ゲーリングは彼を叱りつけて言った。「貴君が言うように、イギリスの航空機の数がそれほど多く、かつ、優秀ならば、そして、もし私がチャーチルの立場にあったならば、わたしはその空軍の長を無為のゆえをもって銃殺させる」と。このやりとりを面白がって聞いていたウーデットはゲーリングの意見を、首を切り落とすジェスチャーで強調した。

ベルリンに戻ったウーデットを待っていたものは、多少は軽減されたとはいえ山積する問題だった。原材料の調達については、ゲーリングによって国防軍総司令部の職掌に移管されていた。ヒトラーは個人的に優先順位表を作ったが、それは優先的に資材が割り当てられるものから、戦車、Uボート、兵器、弾薬、新兵器システムの順に並び最後に空軍が置かれたものだった。ウーデットはゲーリングのもとに急ぎ駆け付け、これでは空軍のすべての計画が危機に瀕すると訴えたが、ゲーリングは反応せず、例のごとく総統に抗言することはなかった。

両空軍の小競り合いが続いた後、八月十三日、鷲の日（アードラー・ターク）。ついにドイツ、イギリス航空戦の火ぶたが本格的に切って落とされたが、八月二十日にはすでにチャーチルがイギリス議会下院で、同空軍の功績を讃える演説を行った。「人類の争闘の歴史において、かくも多くの人々がかくも多くのことをかくも少数の人々に負ったことはかつてなかった」と。ドイツ側の損耗は激しかった。Ｊｕ87とＢＦ１１０の被害がもっとも大きかった。Ｂｆ１０９戦闘機の航続距離は短く、爆撃機隊を最後まで援護することができなかった。ＢＦ１１０はスピットファイア、ハリケーンの敵手とはなり得ず、鈍足のＪｕ87は敵戦闘機の格好の餌食となった。ドイツ空軍は消耗につぐ消耗を強いられることとなる。その消耗は機体の生産補充が追い付かないほど深刻だった。

長距離爆撃機はいまだ戦線に投入されていない。戦闘機の地上誘導機器、電波探知技術は信頼性に欠けていた。これら技術的欠陥及びその不十分さはひとえに技術局を率いるウーデットの責任ではないか。空軍内部の批判はウーデットに集中した。つい数週間前には、彼は騎士十字章を受け、大将に任命されて人生の誉れの頂点にあったが、ここを境に彼の行路は下り始める。これまでポーランドからフランスに至る戦いで、表に現れことのなかったドイツ空軍の欠陥す

空軍大将となったウーデット

べてが露呈されてしまったのである。

決定的な技術的優位が、あるいは戦局を挽回できる可能性はあった。ハインケルは二機目のジェット戦闘機ハインケルHe280をすでに飛行のできる状態に移行させていた。ウーデットはHe280をまずエンジンを降ろし、滑空機として飛行させることを提案した。九月二十二日、彼はこの実験を見るためにレヒリンに飛んだ。エンジンを降ろし、燃料タンクを空にして、バラストを積んだHe280をHe111Bが曳航し、高度四〇〇〇メートルで切り離され飛行した。テストパイロットのヴァルジッツがHe280に関する協議のため、ウーデットのもとを訪ねたとき、ヴァルジッツがHe280の詳細について話し始めると、彼の話を遮ってウーデットは言った。「ヴァルジッツ、戦争は一年内に勝利をおさめ、戦闘機など必要でなくなるということを君はまだ理解しないのか」しかし、そのすぐあと面色を改めて「ヴァルジッツ、何を心配している。分からないのか。この戦争はどっちみち負けるのさ」と言った。すでにウーデットは戦意を喪失していた。

一九四〇年の冬が近づくころ、バトル・オブ・ブリテンはドイツ空軍の敗北をもって幕を閉じた。

忍び寄る闇

ウーデットを悩ませたのは航空装備の生産に関するものばかりではなく、前線から寄せられる使用機に対する猛烈な批判だった。ユンカースJu88は特に問題が寄せられた。ミルヒは海峡沿岸に配置された部隊の視察から帰るとゲーリングに、乗員は敵を怖がってはいないが、Ju88を怖がっていると報告した。このためウーデットは十月十五日、自分のBF110でまずアムステルダムに飛び、それからロッテルダムに向かい、各所のJu88部隊を視察した。

ウーデットは隊員たちの前で、Ju88で急降下をして見せ、九Gまで加速し、機体の堅牢性を保証した。乗員たちとの協議で、Ju88を乗員が好まないのは機体技術的問題ではなく、乗員間の軋轢にあるということが分かった。戦闘機部隊の指揮官はバトル・オブ・ブリテンが始まってすぐに、撃墜戦果を多くあげた若手、アドルフ・ガランドやヴェルナー・メルダースといったパイロットに交代したが、爆撃機部隊ではなおパイロットのそばに席を占める偵察将校が一機の指揮官であった。このような形は水平爆撃を行なうHe111やDo17では問題なかったが、急降下爆撃においてはパイロットが指揮官でなければ攻撃に齟齬が生じた。急降下攻撃に際し、可能な限り密集編隊を組むにあたってもパイロットが指揮官であるべきだった。このパイロットと偵察員の個人的軋轢が、Ju88をめぐっての論争の根底にあったのである。

彼が前線から戻ったとき、すでに転居の用意ができていた。ウーデットが大将になったとき、ゲーリングがその身分にふさわしい家に移るように勧めたのだった。不承不承かれは同意し、十月十九日に初めてこの家に入った。木々に囲まれた陰気な新居が、彼には気に入らなかったようだ。家の玄関には長い庇があって、雨天の際ぬれずに車から家に入れるようになっていたが、ウーデットはそれを見て「まるで棺桶の蓋だな」と言った。鋳鉄製の庭戸の上に小さな黒い十字架があるのに気づいたとき、ウーデットはびくっとして跳びのき、「ポンメルン通りの家にいればよかった」と言った。すでに精神に変調を兆していたようだ。

十月二十一日の夜から翌日にかけて、ウーデットは喀血し、かかりつけの医師ブリュール博士によりフランシスコ病院に入院させられた。彼の健康はずいぶん以前から徐々にむしばまれていた。酒量は以前に増して増え、タバコ、葉巻も増えていた。食生活にも問題があった。彼はほとんど肉以外食べなかったのだ。しかし、もっと深刻な問題は、彼がいつからか服用するようになっていたペルヴィチンという薬だった。覚醒剤の一種で、二錠で睡眠を八時間程度不要とする効果があり、ドイツ軍のみならず、同様の薬は連合国側でも使用され、特に緊張の持続を強いられる航空兵には使用が推奨されていたほどだ。ウーデットがミルヒに明かしたところでは、この薬を彼は一日に三六錠服用していた。彼の時に狂騒ともいえる気分の高揚、また鬱状態、不眠、被害妄想はこの薬の過剰摂取の影響、あるいは副作用と考えてよいのではないか。

喀血以前にも彼の健康は最悪の状態にあった。激しい頭痛、第一次大戦の古傷といえる耳鳴りが再発し、加えてアフリカで感染した腸チフスも彼を苦しめた。医者ですらこの状況には手の下しようがなかった。職務面において彼を悩ませたのはゲーリングからの頻繁な問い合わせだった。夜中でもゲーリングは、ウーデットに電話をかける。ウーデットはその都度、誰もいない航空省に行き、副官や秘書の助けを借りることもできず、ロッカーの書類をかき回して、ゲーリングに回答する資料を捜さねばならなかった。

入院後、彼はミルヒの侍医カルク博士による検査を受け、五、六週間の休養が必要であると医師はゲーリングに報告した。ゲーリングはすぐさまウーデットに電報を打った。「わたしの一番の切なる願いは君が完全に健康を回復することだ。……君の局のことについては金輪際心配するな、局の仕事は優秀な君の同僚たちが、何よりもプロッホ将軍がきっと必要なことを処理してくれる。それ以外に、私はミルヒにも君の案件を心にかけるよう頼んでいる」このころすでにウーデットは、ミルヒが自分の敵だと考えていた。彼が自分の悪口をゲーリングに吹き込んでいるのだと。これ以前、ヒトラーが空軍兵力を五倍にするという命令をだしたころから、自分は犠牲の山羊にされるだろうということを幾度か親しい友人たちに漏らしてもいた。それゆえ、ゲーリングのこの電報はウーデットを不安にさせた。

十月二十九日、彼はバーデン・バーデンに飛び、そこから車でビューラーへーエのサナトリウムに入った。喫煙と飲酒は堅く禁止されたが、彼の車の後部座席には煙草のカートンや酒の瓶が転がっていた。彼がサナトリウムで我慢できたのは一〇日間だけだった。ミルヒが自由に彼の局に出入りすれば年来積み重なってきた生産計画の進捗状況、つまり停滞の状況が彼に分かってしまうという不安が彼を苦しめ、サナトリウムで安静にしていることなどできなかったのだ。

航空省に戻った彼は、年の終わりころには精神の平衡を取り戻し、恒例となっている新年カレンダーの漫画を描いた。その中の一枚に、ウーデット自身を描いたものがある。彼はベッドに横になり、頭に氷嚢を乗せ、汗をかきながら「プログラム」と書かれた生産グラフを睨んでいる。

十二月二十日、二十一日、イギリス空軍はベルリンを夜間空襲した。

一九四一年一月七日、メッサーシュミットがウーデットを訪ね、輸送用大型グライダー曳航機の開発提案をしたが、すでにハインケル社でHe111を二機接続した機体が完成したところだった。メッサーシュミットはさらにちょうど初飛行を終えたばかりの長距離爆撃機Me261のことを持ち出した。航続距離は二万キロになると。また、アメリカが開発した長距離爆撃機のことも話した。しかし、Bf109の生産状況についてはまったく話にならない状況だった。一月に生産した機数は、彼の会社、ライセンス生産の会社含めて九七機というありさまだった。

大型グライダーに兵員を乗り込ませてイギリス本土を急襲するというおとぎ話は依然として紡がれていた。一月二十一日、ウーデットはプロッホ、メッサーシュミット、同社の監査役テオ・クロナイスとMe321についての協議を行った。後にギガントと呼ばれた輸送グライダーである。新型機の試作機も次々と現れた。爆撃機ではJu88の後継機と目されるJu288、Fw191、輸送機ではJu52の後継機となるはずのJu252、それから高速偵察機Me161などである。こうした新規計画のほかにウーデットは前線からの苦情にも対応しなければならなかった。ドーバー海峡に配備されたBf109Fに関し、ウーデットは二月十五日に電報を受け取った。航空艦隊司令ケッセルリング将軍からだった。Bf109Fは尾翼が脆弱で配備を拒否するというものだった。工場から工場へ彼は飛び回った。ブレーメンに拠点を置くフォッケウルフ社でFw190を視察したが、最北西に位置するこの工場はすでに幾度もイギリス軍の空襲を受けていた。ドイツの航空装備の弱体は目を覆うばかりのものがあった。三月二十一日に彼はドイツ航空装備を生産しているフォッカー社の視察のためアムステルダムに飛んだが、この機会を利用して友人のブルーノ・レルツァーを訪ねた。彼はレルツァーに不安を打ち明けた。「ブルーノ、このポストに僕がいるのは間違いだ。最後に奴ら僕を逮捕するだろう。奴らは犠牲の山羊を必要としている。ミルヒの奴は絶えず僕を悩ませる。そしてせせら笑いながら言うんだ、それはうまくいかないと言ったじゃないかと」レルツァーと別れるとき、ウーデットは空元気をだして言った。「心配するな、まだやめたりはせんよ。ただ時々この遊びに疲れるだけだ」と。アムステルダムから彼は葉巻をひと箱持ち帰った。オランダのフイフカル社の葉巻で、腹の赤い帯にウーデットの肖像が印刷されていた。

空軍装備の状況はほとんどカオス状態となっていた。六月に入って、ソビエト侵攻「バルバロッサ作戦」の実施は目前に迫っていた。航空省装備局が引き起こしたあまりに無秩序な状況に危機感をもったミルヒは、六月十一日に航空装備局を訪れ、ゲーリング代理の資格をもって生産機数の資料の提出を求めた。翌日、主任技師のルフトが資料をもってミルヒのもとに出向いたが、ミルヒはその資料が粉飾されたものであることをすぐに見抜いた。ウーデットの局は自己欺瞞とファンタジーが支配していると、彼はゲーリングに告げた。

失意の人

ミルヒは断固たる手段に出た。空軍建て直しのための全権をゲーリングに要求したのである。ほとんど無制限な権力を要求したのだ。このままでは戦争が終わる前に空軍は自壊してしまうという危機感が彼にはあった。ゲーリングは直ちにこれを認め、その場で全権を託する法的文書を作成させた。これは同時にウーデットの全職権を剥奪することを意味していた。六月二十一日の夕べ、ウーデットはうち萎れてインゲの家に行き「僕はもう制服を着た幽霊にすぎない」と嘆いた。

全権を掌握してからのミルヒの奮闘は目覚ましく、超人的と言える。しかも彼はこの空軍建て直し計画を「ゲーリング計画」と自ら名付けたが、これはともすれば空軍への関心が薄れがちになるゲーリングに、当事者意識を持たせるためでもある。ミルヒの奮闘のすさまじさは、そのまま航空省内部の混乱、ほとんど惨事といえる状況を浮き彫りにしていた。彼に与えられた権限は国内工場の自由裁量による操業停止と接収、建設に関するあらゆる法的制約からの自由、労働力の強制的確保、民営航空機会社首脳部の人事権にまで及んだ。

彼はまずシュペールを呼び出し、フォルクスヴァーゲン社と規模を同じくする巨大工場を国内三か所に建設することを命じた。生産に関しては機種ごとのセクターに分け、指定された機種以外の生産を禁止し、その管理を一本化した。ミルヒが「ゲーリング計画」と名付けたのは、空軍兵力を四倍にすることを骨子とするものだった。バトル・オブ・ブリテンで九〇〇機に及ぶ損失を出した中で、ロシアへの侵攻が目前に迫る一方、イギリスは着々と軍用機を生産し、また、まだ参戦はしていないものの、アメリカの大工業力をもってのイギリスへの援助を考慮すれば、空軍を四倍強化してようやく立ち向かえるというのがミルヒの考えだった。労働力については、計画達成のためには今現在の一三〇万に対し、なお三五〇万が不足となる。ミルヒは労働力確保をヒトラーに訴えた。ヒトラーは東部戦線の師団を解体してミルヒに与え、また占領地域の労働力をつぎ込ませた。原材料の不足については、これまで陸軍、海軍が優遇されている状況に対し果敢に争った。

ウーデットは空軍内部の会議には参加しなくなっていた。航空省の技師たちからミルヒはアルミニウム不足のため、工場の稼働率は八〇パーセントに落ちていることを知った。ミルヒはこの報告をなお二〇パーセント生産能力に余力があるのだと解釈した。若手技師の集団を各地の工場に派遣し、生産現場の状況を徹底的に調べさせた。この結果、航空省は各工場に必要以上の原材料を配分していたことばかりでなく、その乱費の実態も明らかとなった。例えば、ユンカースJu52一機を生産するためには二五トン、Bf109一機当たり五トンを割り当てていたが、実際には割当量五トンに対し必要量は一トンで足りることが判明した。材料の無駄遣いは、随所で見つかったが、メッサーシュミット社の場合は、空軍に割り当てられたアルミウニムを使って、海軍のいつのことになるか分からぬ南洋植民地用の兵舎や、ブドウ収穫用の梯子をアルミで作っていたのである。また、航空機会社全社でアルミニウムを秘匿していることが分かった。会社側の言い分は、緊急の事態に備えてということだったが、今がその緊急の事態ではないかとミルヒは考えた。

イギリス、アメリカの具体的な航空機生産計画については課報機関からミルヒのもとに届くが、ドイツの計画についてはは極めてあいまいな情報しかない。ミルヒにはウーデットの計画が、常に使用エンジンと主力爆撃機に関する堂々巡りに時間を費やされていることが分かっていた。改良型のドルニエＤｏ２１７は月産六〇機体制を一九四二年二月までに整えることになっていたが、一九四二年以降Ｈｅ１１１及びＪｕ88の後継機となるべき機体についてはウーデットから一切確とした回答を得ていなかった。ウーデットの幕僚たちの間では、Ｂ爆撃機なる呼称が話柄にのぼったが、ミルヒがＢ爆撃機なるものの情報を求めると、Ｊｕ２８８とＦｗ１９１両候補機のうちまだいずれを採択するか決定されていないという状況だった。しかもこのＢ爆撃機にも急降下爆撃機能の付与が求められていた。

戦闘機の生産状況はさらに悲惨だった。戦闘機の平均月産数は全体で二二〇機を越えていない。ウーデットが旧型の戦闘機の生産を中止し、新型のＢｆ１０９のエンジンをＤＢ６０５に替えさせていたが、問題はこのエンジンがすぐに加熱してしまうことにあった。しかもエンジン製造会社の技師も、航空省の技師も誰もこの問題を解決できないでいるのだ。同様な技術的問題は双発のＢｆ１１０の後継機Ｍｅ２１０でも起こった。この機体はスピンに陥りやすく、そのためすでに多くのテストパイロットが命を失っていた。

七月初めには空軍兵力を四倍にするという「ゲーリング計画」の遂行の困難さがミルヒにも明確になってきた。そのためミルヒはウーデットと協議し、一九四二年夏までにまず前線の航空兵力を二倍にするという中間目標を立てた。そしてミルヒは最終的に「ゲーリング計画」への移行を橋渡しする中間計画案の作成をウーデットに依頼した。七月八日までに案をまとめて協議をしようということになった。ミルヒはこの経過をゲーリングに報告した後、東部戦線視察のためにベルリンを離れた。

ベルリンに戻ったミルヒは、約束の七月八日、ウーデットを待っていた。しかし、ウーデットは現われなかった。ミルヒがウーデットの幕僚プロッホとチェルジッヒを呼んで、どうしてウーデットは来ないのかと問うと、プロッホがためらいながら、ウーデットはゲーリングの本営に飛んで、航空機生産に関する新計画「エルヒ」について説明するつもりだと言った。ミルヒを出し抜いて、まだ十分に検討もされていない計画をウーデットはゲーリングに示そうとしているのだ。怒りのあまりミルヒは拳で机を打つと怒鳴った。数値の検討もせずに海のものとも山のものともつかぬ計画を持って行ってどうなる、と。ミルヒはすぐさまウーデットに電報を打った。エルヒ計画をゲーリングに見せる前に、ベルリンに引っ返してこいと。ウーデットはゲーリングにミルヒのつっけんどんな態度を嘆じた。その結果ミルヒは七月九日に、ゲーリングから彼の怒声が聞こえてきそうな手紙を受け取った。「君はあまりにウーデットを圧迫しすぎている」と、まず頭ごなしに叱りつけ、「生産計画の協議を吾輩が誰としようが吾輩の勝手だ」と。ミルヒが手紙を受け取った日の夕刻、ウーデットはベルリンに戻った。ミルヒは彼がやってくるのを何日も待ったが、ウーデットは姿を現わさなかった。

とうとうミルヒはこの特別任務から自分を解任するようゲーリングに電報を打った。ゲーリングからは長いこと何も言ってこなかったが、ある日ついにゲーリングから、翌日彼の本営に来るようにとの通知が届いた。ミルヒがゲーリングの本営に到着後すぐに、ゲーリングはヒトラーに呼び出されたので、協議は翌日に持ち越された。ヒトラーのもとから帰ったゲーリングは、ボーデンシャッツの面前で、ミルヒのウーデットとの協力不足を詰った。ミルヒもそれに対して反論した。この席にはウーデットも同座していた。ウーデットが部屋を出た後で、ゲーリングはミルヒを残らせ尋ねた。ウーデットが提示してくる計画は実に混乱したものだが、彼の精神は正常なのだろうかと。これに対して、ウーデットはいつもあんな調子だ、せいぜいのところ病気です、大丈夫だとミルヒは答えた。

この数時間後、ウーデットはミルヒに今回の件に関し、まったく異なった説明をした。エルヒ計画についてゲーリングから質問攻めにされ、それに答えなければいけなかった、ただそれだけのことだと。ミルヒは彼の説明を信じなかったが、ウーデットに請け合った。これからすべてうまい具合に運ぶさ。重要なのは僕らが今一つになったことだと。

それからの数週間はウーデットとミルヒの関係は旧に復したかのように見えた。ウーデットとミルヒが友人のパウル・ケルナーとともに航空省やレストラン・ホルヒャーで一緒にいるのがよく見かけられた。

八月七日、ウーデットとミルヒはメッサーシュミット社を訪ね、Bf109の生産ラインを視察した。メッサーシュミットはライン視察後、二人を開発ホールに連れて行き、自慢の試作機Me262の胴体を見せた。それはまだ単に木型に過ぎなかった。加えてミルヒはこの機体に積むユモ004ジェットエンジンがまだ完成していないことを知っていた。ミルヒは、そんなものに今興味はない。前線で必要としているBf109はいつできるのか。Bf109Fの件がかたがつくまで、Me262に関わってはならんと宣言した。この間じゅう、ウーデットはうち萎れた様子で黙っていた。

医師から止められていたにもかかわらず、ウーデットの酒量はますます増えた。不眠、頭痛と耳鳴りは依然として彼を苦しめていた。インゲ・ブライレは彼を非難し、別れると言って脅した。ウーデットはインゲに「インゲライン、悩みを持っている者は飲むものだ。そして僕には悩みがあるんだ」と言った。

ウーデットは自分を奮い立たせて辞任の決意を固めた。八月二十四日、彼はインゲとともにゲーリングをカリンハルに訪ねた。二人が話し合っている間、インゲは待っていた。彼らの話し合いは三時間に及んだが、ついにゲーリングはウーデットの辞任を許さなかった。辞任を許すにはウーデットの名はあまりに大きすぎた。代わりにゲーリングはウーデットに健康を取り戻すために休暇を取るよう勧めた。そしてすべてをミルヒに任せろと。翌日、ウーデットはインゲとともにミューリッツ湖畔のシュペックにいた。すでに彼は病んだ失意の人間だった。最初に彼を見舞ったのはミルヒだった。生産計画への署名を求めにきたのだ。ミルヒはまた航空装備局の首脳部の人事異動についてもウーデットに話した。技師長のチェルジッヒが去り、プロッホは東部戦線に送られた。

ウーデットは十月の初めまでシュペックで過ごした。航空省に戻ったときには、しかし彼には自分の場所がもうないように思えた。ミルヒとともに各工場の視察に回っても、彼は一言も口を開かなかった。一人でテンペルホフのヴェーザー社の工場を不意に訪ねたとき、工場長からこの工場では六〇〇〇人が働いているが、ドイツ人は一六〇〇人だけで、あとはベルギー、フランス、デンマーク、ポーランド、ロシアの労働者であることを知らされた。ロシア人たちの居住区で、ウーデットはキャベツスープの鍋の前で立ち止まったが、「人間の食うものじゃない」と吐き出すように言い、来た時と同じように不意に立ち去った。これが工場を彼が視察した最後となった。

終焉

一九四一年十一月七日、ウーデットはゲーリングと会った。二人の話し合いは七時間にも及んだ。この協議の少し前、ヒトラーは、空軍はRAF（イギリス空軍）と戦うことをあきらめているとゲーリングを詰った。その余火がウーデットと向いあったとき、ゲーリングの腹の中で燃え上がった。ゲーリングと別れた後、ウーデットは取り乱した様子で、テンペルホフ飛行場に行き、そこに用意している自分のBF110に乗りこむと、一時間にわたりあてどなく大空を飛び回った。

翌日、彼は航空省に姿を現わさなかった。夕刻、ミュンヘンへと彼は飛んだ。母に会いに行ったのだ。夜十二時頃、彼は母の家の戸口に立った。しかし、ほんの数分しかそこにいなかった。母に、途中寄り道して顔を見せただけだと話した。息子の常ならぬ様子に何かを感じたのだろう。母は彼に「お前が私を心配するのは、それだけの理由があるからだろうね」と言った。これが母と会った最後となった。

十月二十一日、ミルヒは航空省の大会議場に約二〇〇名の主だった工業事業者を集め、新生産計画を発表した。計画自体はすでにウーデットが病に伏す前にできていたのだが、その発表はミルヒが行なうこととなった。新計画の最重要点は、主力戦闘機の生産切り替えに関するものだった。これまでフォッケウルフＦｗ１９０一機に対しＢｆ１０９四機の割合で生産していたが、今後Ｆｗ１９０とＢｆ１０９の製造割合を三対一とし、現在Ｂｆ１０９をライセンス生産している工場も順次Ｆｗ１９０の生産に切り替えていくというものだった。これには航空省から再三の技術改良の指導を受けながら、前線におけるＢｆ１０９運用の障害となっている脚部の脆弱性の問題が未解決のままであったことが誘因となっていた。

メッサーシュミット社の代表者はこれに対し猛然と抗議したが、ミルヒは、これは自分が決定したのではない、ウーデットが決定したのだと突っぱねた。Ｂｆ１０９よりもＦｗ１９０の方が優れていると言わんばかりのこの新計画は、翌日メッサーシュミット社首脳部に報告された。同社はＭｅ２１０でメンツを潰したところに、今回また土砂崩れ的な打撃をこうむったのである。メッサーシュミット社の財政担当であり最高幹部でもあるフリッツ・ザイラーは、この報告を聞いて、果たしてミルヒ自身この変更がもたらす結果を完全に把握しているのかどうかいぶかしく思った。この生産ラインの切り替えは、メッサーシュミット社にとっての打撃であるばかりでなく、戦闘機生産全体に一定期間の遅滞を生じさせる結果となるのだ。しかも今は、年明け早々に予定されている東部戦線での軍事攻勢のために、空軍参謀本部から二〇〇〇機の戦闘機生産を急かされているところなのだ。会社から全権を託されたザイラーはミルヒのもとに駆けつけた。生産切り替えにより失われる機数の把握とＢｆ１０９が前線あるいはレヒリンでの評価のように、まったく価値のない航空機かどうかが証明されるまで、新生産計画の実施を延期させるのが彼に与えられた使命だった。

十月二十三日、ミルヒはザイラーと会った。Ｆｗ１９０への生産切り替えを行なった場合には著しい生産損失につながるというザイラーの指摘に、ミルヒはウーデットの局で根拠資料はすでに整えられていると冷ややかに言った。しかし、ミルヒはザイラーに社側の資料を整えるために二から三週間の猶予を与えた。

十月末にミルヒはゲーリングとヒトラーに新プログラムの詳細を提出した。ザイラーは信頼のおける技師から、計画を旧に復すほどＢｆ１０９の優越性は十分でないと知らされたが、イエナの大規模な修理工場の共同所有者であるカルケルトからは、どうもウーデットの幕僚のライデンバッハ技師長がＦｗ１９０を有利にするために両機の試験結果を偽造したようだという情報を得た。これに加えて、Ｂｆ１０９からＦｗ１９０への生産切り替えを最初にやることになるライセンス生産工場の長から、生産切り替えによる生産機数の損失は、この工場だけで六〇〇機にのぼるという統計資料を得ることができた。メッサーシュミットの提案でこの資料は視覚に訴えるようグラフ化された。

十一月十二日、航空省大会議室に舞台は整えられた。ミルヒの左横にクロナイスとメッサーシュミットが席を占め。右側にウーデットとザイラーが座った。このほかに五〇名の参謀将校と技師たちが同席した。ある財政専門家の主張するところでは、とミルヒは口を切った。Ｆｗ１９０への生産切り替えは、単にＢｆ１０９の価値を不当に貶めるものであるというばかりでなく、戦闘機全体の生産数を何か月も後退させるものだということだ。

ここでミルヒはザイラーに、なぜゲーリングとミルヒに提出された両機の比較試験結果がザイラーの比較結果と異なっているのかについて説明を求めた。ザイラーはそれに答えるかわりに、ミルヒの前に比較結果偽造の証拠書類のコピーを置いて言った。「どうしてウーデット将軍が偽りの報告を受けたのかという、これが説明です」ミルヒはそれに目を通すと、ウーデットに廻した。ウーデットは書類に一瞥をくれるとザイラーに顔を向け言った。「あまりに友誼に欠けたやりかたではないか、ザイラーさん。まず私に話してくれるというのが、筋というものではないか」ザイラーも引かなかった。「誰も目前の計画変更についてメッサーシュミットに知らせてくれなかったではないですか。これはチェスの勝負ですよ、ウーデットさん、私は対手を打ったにすぎない」続けてザイラーがこの生産切り替えにより生ずる生産機数の損失は一工場だけで六〇〇機に達すると話し、赤色で強調されたグラフをミルヒに渡したとき、ウーデットの顔は、怒りと恥辱のために赤黒く変わった。ミルヒはグラフを一分あまりも見つめていたが、姿勢を正すとウーデットに聞いた。「どうして総航空装備局長のところからこのような数字が一切挙げられてこなかったのだ」と。ウーデットは何も言わなかった。

ミルヒは変更プログラムを、すでに生産切り替え準備の終わった工場を除き、旧に復すことを決めた。ウーデットとその幕僚たちにとっては、面を上げられぬほどの恥辱だった。

ウーデットはミルヒの仕組んだ罠にかけられたように思ったようだ。部屋から外に出て行くウーデットの憤激した様子に気づいたミルヒは、彼を脇に連れて行って話しかけた。「ウーデット、君の僕への友情を少し傷つけてしまったように思うのだが、そうならなんでも言いたいことを言ってくれ。僕らは友情を回復しなければいけない。——二、三日、息抜きにパリに行こうじゃないか。僕ら二人には休息が必要だ」ウーデットはこの申し出を受けた。ミルヒは、それじゃ十一月十七日、正午頃にテンペルホフ飛行場で君を迎えて、君のジーベルでパリに飛ぼう、と決めた。

この夜、ウーデットはカリンハルでゲーリング夫妻と夕食を共にした。ゲーリングの妻エミーはいつも子供のように陽気なウーデットの様子がおかしいことに気が付いた。食べ物にまったく手を付けず、ただ飲んでばかりいる彼のために、食後にエミーは台所から軽い食べ物を持って戻ると、ウーデットは外に出て、ひとり湖のそばに立っていた。「お願い、ウーデット、少しでも食べてちょうだい。神経だって養分を必要とするのよ」彼女が声をかけると、ウーデットは「何も食べられない、一口も飲み下せない。僕の中には絶望しかない。……ほんの少し君の時間を割いてもらえるかな」と頼んだ。エミーは彼を自分用の小さな居間に連れて行った。彼は初めにこれから打ち明けることを鉄人(アイゼルネ)（ゲーリング）には言わないように頼んだ。エミーが承諾するとウーデットは言った。「とにかく一四日間は」と彼は付け加えた。「もう何もすることができない。数か月来、鉄人が僕に言ったことを何もしていない」と。エミーは彼を慰めた。最後にウーデットはこう言った。「この会話のおかげで気分がよくなった。もしあなたが今の話を鉄人にするときには、どうかこう付け加えるのを忘れないでほしい、僕は彼が心から好きだったと」。

この日以来、彼は友人たちを訪ね回る。ハインケルに会ったときには「さようなら、ヴァルネミュンデはいつもきれいだったなぁ。さあ、さようならだ……」と言った。エリー・バインホルンのところに彼は夜間にやってきた。昔なじみの友人たちや後援者たちの名を挙げた後、彼は自分が孤立していると感じ、裏切り者として党に引き渡されるだろうということを話した。バインホルンの家を辞した後で、ウーデットは彼女に電話してこう言った。「今日のことは全部忘れてくれるね。僕は何も言わなかった、聞いているかい」と。ウーデットはもう一人でいることができなくなっていた。ガーランドを引きとどめて、彼に自分の絶望的な状況を語り、人々が彼に浴びせかける非難について愚痴をこぼしたかと思うと、ジェット戦闘機に賭ける彼の希望を話したりした。

十一月十五日、技術局でウーデットの下で仕事をしていたプロッホが東部戦線から戻り彼を訪ねた。ウーデットの副官ペンデーレも一緒だった。ウーデットは前線指揮官になって自分も前線に出たいというようなことを話し始めると、プロッホは強い調子でやめておけと制し、ロシアでの最初の冬のことや、親衛隊の出動部隊が前線の後ろでやっている行状について話した。

十一月十六日、日曜日、午前十一時頃、ウーデットの家の電話が鳴った。長年にわたり彼の整備士を務めたエリッヒ・バイエルからだった。彼も今は空軍の技師部隊に入隊していた。月曜日に軍人宣誓をすることになっているという。彼はハンブルクからベルリンに着いたばかりだった。「バイエル、もちろん君はここに来なければならんぞ。タクシーを探せ、それが無理なようなら、僕が迎えに行く」ウーデットに会い、バイエルが「大将閣下」と呼びかけると、ウーデットは「大将閣下はよせ、僕はウーデットだ」と言い、それから思いに沈んだような調子で「よりによって君が今日やってくるとはな」と言った。バイエルはこの言葉にいささか面食らった。今日という日がどういうことで特別なのか彼には分からなかった。

ウーデットはインゲ・ブライレにすぐにこちらにくるよう電話をかけた。ウーデットとバイエルも家を出てインゲを迎えに歩いた。途中で合流した三人は昼食を取りに家に戻った。ウーデットとバイエルはコニャックを飲み、葉巻を燻らせながら昔話にふけった。飛行大会、アフリカ、グリーンランド、そしてアメリカと二人の話は尽きなかった。愚痴も絶望の言葉もウーデットの口からは出なかった。別れに際しては、互いに何か心を揺さぶられるような気がしたようだった。バイエルが去ってからウーデットが思わず声を漏らした。「しまった、

自殺の少し前に撮られた写真

彼にやろうと思ってた葉巻の箱を渡すのを忘れたよ」ベルギーでウーデットがもらった、彼の名入りの葉巻だ。インゲ・ブライレは、彼はまたやってくると言ったが、ウーデットは「いや、彼はもう戻ってこない。僕が彼を見ることはもうないだろう」と答えた。あなた今日は少し変よとインゲが言うと、「そう、なんでもしたいことができるはずのこの世から、僕の最後の自由のかけらが消えてしまったんだ」そう言うとウーデットはわけもなく泣きはじめた。「君に言わなけりゃならない。今日が、僕ら二人が一緒にいる最後の日だ。明日君はやもめになっている」それからウーデットは役所での心配事を彼女に話しだした。とめどもなく続く彼の話は、夕食を知らせに来た女中に中断されるまで続いた。気の滅入るような食事だった。テーブルに出された鴨料理を見て、ウーデットが言った。「この鳥も昨日はまだ生きていた。誰にだって起こることだ。今日まだ彼らは生きている、明日は、死んでいるんだ」インゲは彼の気分を変えようとしたが無駄だった。ウーデットは彼女に、自分の死後彼女がすべきことを説明した。

彼の気持ちを引き立てようと、インゲはこれから友人のヴィンター家に行こうと誘った。彼女はヴィンターの家に電話を入れてから、やっとのことでウーデットに外出を納得させた。ヴィンター家では、ウーデットの気持ちも落ち着きを取り戻したように見えた。彼は子供たちと一緒に遊び、彼らに「明日は汝ら、もはやその伯父を見ることなからん」という歌を歌って聞かせた。ヴィンターの家でも夕食に鴨料理が出た。ウーデットはまったく手をつけず、「三匹目の鴨を金輪際僕はもう食べない」と言うと、コップに注いだコニャックを次から次へと飲み始めた。インゲがもうやめるように言うと、ウーデットは「難しい飛行の前には、僕はいつも飲むんだ」とはねつけた。

ヴィンター家を出て、ウーデットはインゲを彼女の家まで送っていった。彼女は憔悴しきり、心身ともに限界にきていた。今夜はもうウーデットの家にいけないと言った。彼女の家の中に座り、長いことウーデットは黙って自分の前を見つめていたが、やがてそこを去り、テンペルホフ飛行場に向かった。そこではウーデットの搭乗整備士シュニットケが自室でジーベルの模型をこしらえていた。二人で巨大な飛行機格納庫に入ると、ウーデットは自分のジーベルFh104双発軽旅客機の前に立った。「明日、ブリュール博士がガイエル中尉と僕らのジーベルで飛ぶぞ」そう言うとウーデットは機体に登り、バーからコニャックを一瓶取り、シュニットケに差し出すと、「飲めよ」と言った。それから不意に「すぐに僕の母が来るだろう。母の力になってやってくれ」そう言うとジーベルの翼を撫でて、シュニットケに手を差し出した。その際、シュニットケの胸のポケットにあった赤い油性チョークを取って、自分のポケットに入れた。

1941 年 11 月 21 日、ベルリンで行なわれたウーデットの国葬

テンペルホフから彼は街へと車を走らせた。通りから通りへ、午前三時まで車を走らせ続け、レストラン「ホルヒャー」の前に車を止めて、長いことレストランを見つめていた。自宅のあるシュタールウッペネル並木通りに車を乗り入れ、家に入ると家政を執りしきっているペーテルスが、バルネコウが一晩中彼を待っていたことを彼に知らせた。それから朝食の時間と、明日は航空省に行くのかどうかを尋ねた。

「いや、航空省にはいかない。朝食のことなんぞで私の邪魔をせんでくれ」と怒鳴りつけた。それから彼はインゲ・ブライレに電話をかけ、来てくれるように頼んだが、彼女は断った。そして明日、朝食のときに行くからと約束した。

　バーでコニャックを一本取ると、銃を入れてある戸棚からメキシコ製コルトを取り出した。ウーデットは寝室に上がり、服を脱いで赤いバスローブを着た。ナイトテーブルの上には最近読み始めたとおぼしき「色とりどりの前線（ディ・ファルビゲ・フロント）」という本が置いてあった。機関士シュニットケの赤い油性チョークで、ウーデットはベッドの枕もとの壁に殴り書きを始めた。二本目のコニャックの瓶もほとんど空になっていた。

彼はもう一度インゲ・ブライレに電話をかけた。電話に出た彼女は改めて、朝食のときに行くと話した。「駄目だ、来るな。もう遅すぎる」彼は言った。「誰よりも君のことを愛していた」「エルニー、お願い待って、すぐに行くわ」彼女が電話に向かって叫んだ時、受話器越しに大きな音がした。インゲは後にそれが銃声だったのか、受話器が床に落ちた音だったのか分からなかったと言っている。

十一月十七日、早朝、一発の銃弾が彼の命を奪った。彼が嫌いだった灰色の雲の垂れこめる、霧の十一月の朝だった。銃声に驚いたペーテルス夫妻が寝室のドアを押し破って中に入ったとき、ウーデットはベッドの上ですでにこと切れていた。

この月曜日の朝、厚い霧がミルヒのブレスラウからの飛行を妨げ、彼は車でベルリンに戻った。航空省に着き、ウーデットとのパリ行の約束を果たすため、落ち合う場所として決めたテンペルホフに出発しようとした。このとき、今朝九時十五分頃、エルンスト・ウーデットが自殺したと副官から電話での報告があった。

ウーデットの自殺は試験飛行中の事故と偽装され、十一月二十一日、国葬をもってリヒトホーフェンの眠るインヴァリデン墓地に葬られた。

ウーデットの母が息子の葬儀のためベルリンに彼の妹とともにやってきたとき、最初にウーデットの母を見舞ったのはミルヒだった。彼はウーデットの母にウーデットの死の状況について話した。もちろん偽りの話である。新型機の実験中に死んだのだと。息子の死の真相を母が知らされたのはそれから数年後、インゲ・ブライレによってだった。

母は息子と最後の別れがしたいと頼んだが許されなかった。

葬儀の前日、さらに不幸があった。葬儀に参列するため前線からベルリンに向かったヴェルナー・メルダースが悪天候のために事故死したのである。メルダースの死は葬儀が終わるまでゲーリングに告げられなかった。

ウーデットの死後、彼の持ち物はすべて散逸した。

第一次大戦により過去を失い、戦後は様変わりした現代に疎外され、ナチスの台頭とともに未来に裏切られた男は、時代の荒波の彼方に静かに消えた。彼が生まれた一八九六年から一九四一年のその死までのドイツ激動の時代はそのままウーデットの生き様のなかに具現化されている。時代とはこういう個人の生き様によって初めて生き生きとその姿を現わすものなのだろう。

訳者あとがき

本書「マイン・フリーガーレーベン（わが飛行家人生）」は、一九一四年の第一次大戦勃発から、一九三三年、ドイツにおいてヒトラーが権力を掌握し、同年のナチス入党までの半生をエルンスト・ウーデットが回想したもので、ウーデットと関係の深かったウルシュタイン社から出版された。世に出るや同書は熱狂的にドイツ国民に受け入れられて三〇万部を売り上げ、一九三七年には早くも英訳版が出された。日本でも英訳と同じく昭和十二年（一九三七年）に坂部護郎氏訳で「戦乱の翼」というタイトルで出版されている。ただこの坂部氏の訳本は現在入手困難で、訳者も入手できなかった。

本書の訳はヴェルサイユ条約が締結された一九一九年からちょうど百年に当たる二〇一九年の元旦から取り掛かり、二月初頭に終えたが、こういう節目の年にたまたま本書に出遭ったというのもなにかの因縁かもしれない。

訳に際しては、一九三五年版のオリジナル本を底本とし、それ以降の二本（一九四七年、二〇一八年）及び一九三七年の英訳版を参考にした。

日本人にとって第一次世界大戦は百年前の遠い海の向こうでの戦争でしかないが、その生きざまによって時代を際立たせた若者たちの青い絹で織られたような哀しみに満ちた叫びは今なお胸を打つ。この一書が、失われ、忘れ去られた若者たちの思い出を再び現代によみがえらせる端緒となればこれに勝る幸いはない。

最後に、本書を訳する契機を与えてくれ、技術的部分に関しての貴重な助言、資料の提供をいただいた大阪航空専門学校で教鞭をとっている友人のNと、本書の出版についてご尽力を賜り、また多忙に加えコロナ禍のなか訳者の数々の無理を受け入れていただいた坂梨編集部長にこの場を借りて深甚の感謝を申し述べたい。

二〇二一年二月

濵口自生

ウーデット年譜

1896年
4月26日　エルンスト・ウーデット、フランクフルト・アム・マインで生まれる。出生後
ほどなく一家はミュンヘンに転居
1902年　小学校入学
1903年　ライト兄弟人類初の動力飛行に成功
1906年　テレジエーン・ギムナジム入学
1909年　友人たちと語らいミュンヘン・エアロクラブ設立
1913年　ギムナジウム中等課程修了
1914年
8月1日　第一次世界大戦勃発。ドイツはロシアに対し宣戦布告
8月3日　ドイツ、フランスに対し宣戦布告
8月4日　イギリス、ドイツと交戦状態に入る
8月18日　ウーデット、志願オートバイ兵として前線へ出発
同年暮　ミュンヘンに戻り、軍の飛行士補充部隊に入隊するため、グスタフ・オットー
航空機制作会社で飛行訓練を受ける

1915年

6月　ダルムシュタットの第九飛行士補充部隊に入隊

8月　ハインリヒクロイツの砲兵第二〇六飛行部隊に配属

11月28日　ハプスハイム単座戦闘機分遣隊に転属（第六十八野戦飛行部隊所属）

12月　最初の空戦

1916年

3月18日　ファルマン40型複座爆撃機を撃墜。初戦果

3月20日　第一級鉄十字勲章受勲。4月17日に栄誉の盃「空戦の勝利者へ（デム・ジーガー・イム・ルフトカンプフ）」を受ける。

10月8日　ハプスハイム単座戦闘機隊はヤシュタ15に改称（第十五戦闘飛行中隊）

1917年

1月22日　予備少尉に昇任。この頃から機体に恋人の名「ロー」を書き始める

2月末　ヴォージュの戦線からシャンパニューに転進。フランスのエース、ギヌメールとの空戦が行なわれたのはこの戦線でのこと

8月6日　ヤシュタ37に転属

11月7日　ウーデット、ヤシュタ37指揮官に任じられる

1918年

3月27日　ウーデット、リヒトホーフェン戦隊（ヤークトゲシュヴァーダー1）に転属同戦隊所属ヤシュタ11の指揮を任せられる

3月28日　激しい耳の痛みに襲われる。4月3日に治療のためヴァレンシエンヌの第七野

4月9日　戦病院に入院。4月6日には帰隊するが、リヒトホーフェンの命令で内地に返されることとなり、翌日帰郷

4月21日　リヒトホーフェン戦死

5月22日　ウーデット、戦線に復帰。リヒトホーフェン戦隊所属ヤシュタ4指揮官。終戦までこの中隊を指揮することになる

7月3日　リヒトホーフェン戦隊第二代戦隊長ラインハルト大尉事故死。新戦隊長を巡ってさまざまな憶測が飛び交うが、結局ヘルマン・ゲーリング大尉が就任（7月14日）

9月25日　ウーデット、デ・ハヴィランド二機を撃墜。大戦中における彼の最後の戦果。公認撃墜数六二機

11月11日　フランス、コンピエーヌの森で休戦協定が結ばれる。ドイツ敗北

11月18日　ウーデット除隊。故郷ミュンヘンに戻る

1919年

8月10日　ロベルト・リッター・フォン・グライムとともに航空ショーの世界に身を投ずる。この日、オーヴァーヴィーゼンフェルトで初めての飛行ショー開催。これを皮切りにドイツ各地で航空ショーを開催、一躍ドイツ民間航空界のアイドル的存在となる

1920年

2月25日　ローー（エレアノーレ・ツィンク）と結婚。この結婚は長続きせず1923年2月16日に離婚

1921年

秋〜冬　ドイツ系アメリカ人ウイリアム・ポール、ウーデットに航空機会社設立に関する計画を持ち掛ける。これを受けてウーデットは秘密裏に航空機の制作を開始

1922年

10月23日　ウーデット航空機制作会社、ミュンヘン商工会議所に公式に登録される

1923年

4月11日　自称「ドイツ・エアロクラブ」会長の招待を受け、ウーデットは自社が制作したU2、U4機を携えてアルゼンチンに出発

1925年

年初　ウーデット、航空機制作会社を去る。この年からウーデットは旧友のアンゲルムントと組んで、航空ショーに専念するようになる。マルゴット・フォン・アインジーデル伯爵夫人がウーデットの愛人として現われる

4月7日　痴情のもつれからウーデット刺される

4月12日　アンゲルムントと組んでの最初の航空ショー（レーゲンスブルク）

1928年　映画「死の銀嶺（邦名）」に出演

1930年　映画「モンブランの嵐」に出演

10月末　映画「アフリカを飛ぶ見慣れぬ鳥」の撮影のためアフリカへ

1931年
3月23日　ケニアからウガンダに向かう途中ウーデット遭難。三日後に救出される
4月19日　父アドルフ死去
8月17日　アメリカ合衆国クリーヴランド飛行競技大会参加のため出発。同地滞在中に、カーチス・ホーク急降下爆撃機と出会う。ウーデットは購入を考えるが資金の調達ができず保留して帰国
11月4日　ベルリンのアトリウムでの映画会に際しゲーリングに会う
＊この年、ウーデットの身辺に「しらみ（ラウス）」という愛称を持つ愛人現われる
1932年
2月末　映画「SOS氷山」撮影協力の依頼を受ける。5月25日、ウーデットを含む映画撮影隊、グリーンランドに出発。撮影は同年10月半ばまで続いた
1933年
1月30日　ヒトラー、ドイツの首相となる
2月1日　ドイツエアロクラブ創立二十五周年記念集会で、ゲーリングにナチス入党を勧められ、カーチス・ホーク購入費用を提供する旨の申し出を受ける
5月　ウーデット、ナチス党に入党。党員番号二〇一〇九七六
6月15日　ナショナル・エアレースに参加するため米国ロスアンゼルスに出発
9月29日　カーチス社を訪ね、カーチス・ホーク二機を購入
10月11日　米国からの帰国の途につく

12月16日　第二回目のカーチス・ホーク試験飛行。エドヴァルト・ミルヒも参加。ウーデットに対し、急降下爆撃機に関する航空省での会議への参加要請を行なう
＊この年の暮れ、ローとの破局の後ウーデットが結婚を望んだ唯一の女性、インゲ・ブライレが現われる

1935年
2月26日　ドイツ空軍再建される
6月1日　ウーデット、航空省に大佐として入省。再び軍服を着る
8月25日　ハノーバーで最後の航空ショー。民間飛行家としてのキャリアに終止符を打つ
9月1日　航空省での実際の職務を開始
年末　「マイン・フリーガー・レーベン」出版される

1936年
2月10日　戦闘機・急降下爆撃機監理官に任命される
6月10日　航空省航空技術局長に任命される
7月18日　スペイン内戦勃発。
8月　オリンピック・ベルリン大会開催

1937年
4月26日　ウーデット、少将に昇進

1938年
3月11日　ドイツ、オーストリア併合

6月5日　ウーデット、ハインケルHe100で世界速度記録達成
11月1日　ウーデット、中将に昇進
1939年
1月30日　ウーデット、航空装備局長（略称GL（ゲー・エル））に任命される
3月15日　ドイツ、チェコスロバキア占領
7月3日　空軍に対する物資割り当てを優先させることを目的にウーデットはミルヒと諮って空軍展示演習を実施するが、ヒトラーに空軍に対する誤ったイメージを抱かせてしまう結果となり、二人の目論見は失敗
9月1日　ドイツ軍ポーランド侵攻
3日　イギリス、フランス、ドイツに宣戦布告
1940年
6月14日　フランス降伏
7月16日　ウーデット、大将に昇進
8月12日　「鷲の日（アードラー・ターク）」、バトル・オブ・ブリテン始まる。同年冬が近づくころ、この戦いはドイツ空軍の敗北をもって幕を閉じた
10月21日　ウーデット、最初の喀血
1941年
6月21日　ウーデット、航空省における実権を失う。ミルヒが全権を掌握。
8月24日　ウーデット、ゲーリングと面会。辞任を申し出るが許可されず。翌日、ミュー

11月7日　リッツ湖畔シュペックで療養。10月まで同地で過ごす
11月8日　ウーデット、ゲーリングと面会。激しい叱責を受け、一時間にわたりベルリン上空をあてどなく飛び回る
11月12日　母パウラを訪ねる。母との最期の面会
11月17日　航空省大会議室でミルヒ主催の会議に参加。戦闘機生産計画を巡ってメッサーシュミット社と対立、航空省のでたらめさを暴露される
11月21日　ウーデット自殺。新型機試験飛行中の事故として発表される
12月8日　ウーデット国葬をもってリヒトホーフェンの眠るインヴァリデン墓地に埋葬される
日本海軍機動部隊真珠湾攻撃

ウーデット撃墜記録（作成・濱口自生）

番号	日付	時刻	機種	場所	所属部隊
1	1916／3／18	午後5時10分	ファルマンMF11	ミュールハウゼン	ハプスハイム単座戦闘機分遣隊
2	1916／10／16	午後3時30分	ブレゲー・ミシュラン	リュステンハルト	ヤシュタ15
3	1916／12／12	午前11時	コードロンG4	オーベルアスパッハ	ヤシュタ15
4	1917／2／20	正午	ニューポール	アスパッハ	ヤシュタ15
5	1917／4／24	午後7時30分	ニューポール	シャビニョン	ヤシュタ15
6	1917／5／5	午後7時30分	スパッドⅦ	ヴィレー・ヴァルト	ヤシュタ15
7	1917／8／14	午後8時30分	デハビランド4	ラン	ヤシュタ37
8	1917／8／15	午前10時25分	ソッピース・ストラック	ポント・ア・ボンデイン	ヤシュタ37
9	1917／8／21	午前8時45分	デ・ハビランド4	アスク、リールの南	ヤシュタ37
10	1917／9／17	午前7時30分	デ・ハビランド5単座	イーツェル	ヤシュタ37
11	1917／9／24	午後12時20分	格子胴機（イギリス軍）	ルース	ヤシュタ37
12	1917／9／28	午後6時	ソッピース・キャメル	ヴィングル西	ヤシュタ37
13			ソッピース・キャメル	ヴィングル西	ヤシュタ37
14	1917／10／18	午前10時35分	SE.5a	デュレモン	ヤシュタ37
15	1917／11／28	午後1時40分	デ・ハビランド5	パションダル＝プルカペル	ヤシュタ37

16	1917／12／5	午後2時30分	ソッピース・キャメル	パションダル＝プルカペル	ヤシュタ37
17	1918／1／6	午後4時15分	ニューポール27	ビルスコート	ヤシュタ37
18	1918／1／28	午後4時55分	SE.5a	ビルスコート	ヤシュタ37
19	1918／1／29	正午	ブリストルF.2b	ジルベック	ヤシュタ37
20	1918／2／18	午前10時50分	ソッピース・キャメル	ザンドヴォールデ	ヤシュタ37
21	1918／3／27	午前11時50分	R.E.8	アルベール	リヒトホーフェン戦隊
22	1918／3／28	午前9時10分	ソッピース・キャメル	アルベール＝バポーム	リヒトホーフェン戦隊
23	1918／4／6	午後2時15分	ソッピース・キャメル	ハーメル	リヒトホーフェン戦隊
24	1918／5／31	午後1時	ブレゲー14	ソワッソン南西	リヒトホーフェン戦隊
25	1918／6／2	午前11時50分	ブレゲー14	ルイー北西	リヒトホーフェン戦隊
26	1918／6／5	正午	スパッドⅦ	ブクザニ南	リヒトホーフェン戦隊
27	1918／6／6	午前11時40分	スパッドⅦ	ファベロル南	リヒトホーフェン戦隊
28	1918／6／7	午後7時	スパッドⅦ	ヴィレー・ソトレ東	リヒトホーフェン戦隊
29	1918／6／13	午後5時45分	スパッド	ファベロル北東	リヒトホーフェン戦隊
30	1918／6／14	午後8時	スパッド	サン・ピエール・エーグレ北	リヒトホーフェン戦隊
31	1918／6／23	午後12時10分	ブレゲー14	ラ・フェルテ・ミオン	リヒトホーフェン戦隊
32		午後8時15分	ブレゲー14	グロイェ	リヒトホーフェン戦隊

番号	日付	時刻	機種	場所	所属部隊
33	1918／6／24	午前10時	サルムソン2A2	モンティニー南東	リヒトホーフェン戦隊
34	1918／6／25	午後6時45分	スパッド13	ロンポン北の森	リヒトホーフェン戦隊
35			スパッドⅦ	シャビニ＝フェルム	リヒトホーフェン戦隊
36	1918／6／30	午後8時	スパッド13	ファベロル	リヒトホーフェン戦隊
37	1918／7／1	午前11時45分	ブレゲー14	ピエールフォン＝モルツ	リヒトホーフェン戦隊
38		午後8時55分	スパッド	ファベロル東	リヒトホーフェン戦隊
39	1918／7／2	午前8時15分	ニューポール28	サン・ジェルマン	リヒトホーフェン戦隊
40	1918／7／3	午前8時25分	スパッド13	ロフィン東	リヒトホーフェン戦隊
41		午前9時30分	ニューポール28	グラマイ北東	リヒトホーフェン戦隊
42	1918／8／1	午後12時15分	ブレゲー14	ミュレ＝グルッツ北	リヒトホーフェン戦隊
43		午後8時30分	スパッド	ボニュー北	リヒトホーフェン戦隊
44	1918／8／4	午後8時5分	スパッド13	ブレズネ南	リヒトホーフェン戦隊
45		午後5時30分	S.E.5a	フォンテイン・レ・ギャピ	リヒトホーフェン戦隊
46	1918／8／8	午後6時30分	S.E.5a	バルルー南東	リヒトホーフェン戦隊
47		午後8時40分	ソッピース・キャメル	フーコール南東	リヒトホーフェン戦隊
48		午後4時25分	ソッピース・キャメル	ボウヴィレ南	リヒトホーフェン戦隊
49	1918／8／9	午後9時20分	ソッピース・キャメル	エルレビル南東	リヒトホーフェン戦隊

50	1918/8/10	午前11時30分	ソッピース・キャメル	マルクール南	リヒトホーフェン戦隊
51	1918/8/10	午後7時45分	ソッピース・キャメル	ファイ南	リヒトホーフェン戦隊
52	1918/8/11	午前10時	デハビランド9	ショウルネ	リヒトホーフェン戦隊
53	1918/8/12	午前11時30分	S.E.5a	ペロンヌ近郊	リヒトホーフェン戦隊
54	1918/8/14	午後7時	ブリストル・ファイターF.2b	ベルマンドヴィレ南	リヒトホーフェン戦隊
55	1918/8/15	午後5時15分	ソッピース・キャメル	エルレビル	リヒトホーフェン戦隊
56	1918/8/16	午前10時40分	スパッド13	フーコール南	リヒトホーフェン戦隊
57	1918/8/21	午後6時30分	S.E.5a	エビュテルン南	リヒトホーフェン戦隊
58	1918/8/21	午後7時15分	ソッピース・キャメル	グルセル南	リヒトホーフェン戦隊
59	1918/8/22	午前8時30分	ソッピース・キャメル	ブライ北	リヒトホーフェン戦隊
60	1918/8/22	午後12時30分	S.E.5a	マリクール西	リヒトホーフェン戦隊
61	1918/9/26	午後5時10分	デハビランド9	モンテニン	リヒトホーフェン戦隊
62	1918/9/26	午後5時20分	デハビランド9	メッツ南	リヒトホーフェン戦隊

＊ウーデット撃墜記録については一九三五年版原書所収のものに基づき、最近の諸史家の研究成果を参照し、訳者が日付、機種に若干の修正を加えた。

主要参考文献

（1）ウーデット関係

・"Ernst Udet, Biographie eines grossen Fliegers", Armand van Ishoven, 1977, Paul Neff Werlag, Wien
・"Kreuz wider Kokarde, Ernst Udet, 2016, Omnium Verlag, Berlin
・"Hals-und Beinbruch, Ernst Udet, 2016, Omnium Verlag, Berlin
・"Ernst Udet, Der Flieger", Hans Herlin, 1974,
・"Jagd in Flanderns Himmel", Karl Bodenschats, Knorr & Hirth G.m.b.s, 1935, Muenchen
・"Malaula! Der Schlachtruf meiner Staffel", Julius Buckler, Steiniger Verlag, 1939
・"Stuermisches Leben", Ernst Heinkel, Mundus Verlag, 1953
・"Udet, vom Fliegen besessen", Heinz J. Nowarra, Podzun Pallas Verlag
・"Als waer's ein Stueck von mir", Carl Zuckmayer, Deutscher Buecherbund, 1966
・"Die Tragoedie der Deutschen Luftwaffe", Daivid Irving, Ullstein Verlag, 1979
・"An der Seite meines Mannes, Emmy Goering, Arndt Verlag, 2016
・"For Kaiser and Hitler", Alfred Mahncke, Tattered Flag Press, 2011

（2）航空隊及び航空戦関係

・"Deutschlands Krieg in der Luft", Ernst, W.A.von Hoeppner, K.F.Koehler Verlag, 1921
・"Die Deutschen Luftstreitkraefte Im Weltkrieg", Georg Paul Neumann, 1920
・"Die deutschen Luftstreitkraefte im Ersten Weltkrieg", Nikolas Napp, Verdinand Shoeningh Verlag, 2017
・"The Jasta Pilots", Norman Franks, Grub Street, 1996
・"Above the lines", Norman Franks, Grub Street, 1993
・"Oswald Boelcke", R.G.Head, Grub Street, 2018
・"Pour le merite-Flieger", Walter Zuerl, Luftfahrtverlag, 1987

光人社NF文庫書き下ろし作品

NF文庫

ドイツ最強撃墜王ウーデット自伝

二〇二一年四月二十日　第一刷発行

著　者　エルンスト・ウーデット

訳　者　濵口自生

発行者　皆川豪志

発行所　株式会社　潮書房光人新社

〒100-8077　東京都千代田区大手町一-七-二

電話／〇三-六二八一-九八九一(代)

印刷・製本　凸版印刷株式会社

定価はカバーに表示してあります

乱丁・落丁のものはお取りかえ致します。本文は中性紙を使用

ISBN978-4-7698-3209-6　C0195

http://www.kojinsha.co.jp

NF文庫

刊行のことば

第二次世界大戦の戦火が熄んで五〇年——その間、小社は夥しい数の戦争の記録を渉猟し、発掘し、常に公正なる立場を貫いて書誌とし、大方の絶讃を博して今日に及ぶが、その源は、散華された世代への熱き思い入れであり、同時に、その記録を誌して平和の礎とし、後世に伝えんとするにある。

小社の出版物は、戦記、伝記、文学、エッセイ、写真集、その他、すでに一、〇〇〇点を越え、加えて戦後五〇年になんなんとするを契機として、「光人社NF（ノンフィクション）文庫」を創刊して、読者諸賢の熱烈要望におこたえする次第である。人生のバイブルとして、心弱きときの活性の糧として、散華の世代からの感動の肉声に、あなたもぜひ、耳を傾けて下さい。